CONRAD AMBER

BÄUME AUF DIE DÄCHER

—

WÄLDER IN DIE STADT!

Liebe Claudia!

Auf daß Dich immer viel
Gesundes Grün im Leben
begleiten und bereichern
möge! Herzlichst

Conrad Amber

2018

BÄUME AUF DIE DÄCHER

—

WÄLDER IN DIE STADT!

Projekte und Visionen eines Naturdenkers

Vom Erfolgsautor der »Baumwelten«
CONRAD AMBER

KOSMOS

Zur leichteren Lesbarkeit werden in diesem Buch nur die männlichen Artikel verwendet, die selbstverständlich für alle Geschlechter gelten. Danke für Ihr Verständnis!

Bildnachweis:
Mit 67 Fotos: alle nicht näher bezeichneten Fotos von Conrad Amber

Umschlaggestaltung von Gramisci Design unter Verwendung eines Fotos von Hanna Mathis (Dachgarten), einer Illustration von Teresa Wagenhofer (Stadtansicht) sowie der Textur shutterstock_223876018 (suwin)

Unser gesamtes Programm finden Sie unter **kosmos.de**
Über Neuigkeiten informiert Sie regelmäßig unsere Newsletter, einfach anmelden unter **kosmos.de/newsletter**

Gedruckt auf chlorfrei gebleichtem Papier

© 2017, Franckh-Kosmos Verlags-GmbH & Co. KG, Stuttgart
Alle Rechte vorbehalten.
ISBN 978-3-440-15403-8
Projektleitung: Dr. Stefan Raps
Redaktion: Elmar Klupsch, Stuttgart
Gestaltungskonzept: Conrad Amber, Dornbirn
Gestaltung und Satz: TEXT & BILD, Michael Grätzbach, Kernen i. R.
Produktion: Markus Schärtlein
Druck und Bindung: Těšínska tiskárna, a. S.
Printed in The Czech Republic / Imprimé en République tchèque

Inhalt

Vorwort

Die Bäume melden sich heute für viele unerwartet in unser Leben zurück. Immer mehr Menschen erkennen, dass sich unsere Gesellschaft mit einem Wirtschaftssystem, das auf ewigem, exponentiellem Wachstum beruht, in einer Sackgasse befindet. Ein maßloses Wegwerfsystem, das angeblich immer kürzere Nutzungszyklen benötigt, um Wohlstand zu sichern, hat sich als verantwortungslose Zerstörungsmaschinerie der Lebensgrundlagen unserer Kinder und Enkel entlarvt.

In dieser Situation vermittelt der Wald mit seinen Bäumen die Botschaft eines geschlossenen Kreislaufs, eines Wettbewerbes, der am Ende in die große Brüderlichkeit der Waldgemeinschaft übergeht, eines dezentralen Managements der Energie, von dem wir unglaublich viel lernen können. Es lohnt sich, die Weisheit der Bäume zu studieren.

Conrad Amber ist einer, der das getan hat – und daraus ganz eigene Schlüsse zieht. Er stellt zahlreiche Ideen vor, die in einer Debatte, in der sich unser Verhältnis zum Wald teilweise sehr polarisiert zeigt, wertvoll sind. Die einen misstrauen den Förstern und vermuten in der modernen Forstwirtschaft die altbekannten Motive von Gier, Monokultur und naturwidrigem Verhalten aus Gründen des Profits. Die anderen finden alles rund um Bäume romantisch, tun sich aber mit der Idee schwer, dass Bäume das Holzmaterial liefern, das ein zeitgemäßes Leben durchaus bereichert. Bäume nicht als Holzlieferanten zu nutzen, führt zwingend zu mehr Plastik und anderen problematischen Ersatzstoffen.

Es ist eine Tatsache, dass Holz als Bau- und Werkstoff unverzichtbar ist. Holzhäuser machen uns nachweisbar gesünder, stärken das Immunsystem und lassen uns ruhiger und, statistisch gesehen, länger leben. Jeder Baum, der nicht nachhaltig geerntet wird, führt somit zu einem Schaden für die Umwelt. Beton- und Steinhäuser, giftige Dämmungen aus reiner Chemie sowie Kunststoffe aller Art sind die belastende Alternative zum nachwachsenden Rohstoff Holz.

In einem zeitgemäßen, ganzheitlichen Sinn kommt es darauf an, in unseren Wäldern – wie im Biogarten – für Artenvielfalt und gesunde, standortgerechte Mischungen der Baumarten zu sorgen. Dazu gehört auch, die Bäume am Ende ihres Lebens zu ernten, damit der Jungwuchs Raum bekommt und nachwachsen kann. Die deutsche Forstwirtschaft darf im internationalen Vergleich in punkto Nachhaltigkeit als Vorbild gelten und liegt an der Weltspitze. Das Bild langweiliger und anfälliger Monokulturen hat die Köpfe der Förster hierzulande Gott sei Dank schon lange verlassen.

Heute kommt es vor allem darauf an, dass wir das geschlagene Holz immer sauber und chemiefrei verarbeiten, damit es am Ende wieder in den Kreislauf des Lebens eingehen kann, ohne dort zu Umweltschäden zu führen. Schonend bewirtschaftete Wälder und eine regionale Holzverwertung sind der effektivste Naturschutz, den es gibt. Conrad Amber zeigt dazu viele Beispiele und Projekte.

Darüber hinaus hat er visionäre Vorschläge entwickelt oder weiterentwickelt, in welcher Weise die Bäume unser Leben bereichern können: beispielsweise für grüne Städte und Häuser, eine neue Art von die Lebensvielfalt fördernder Alleen, die zukunftsorientierte Form der Waldnutzung entlang der Autobahn oder für Hausbäume und persönliche Baumpatenschaften. Auf konstruktive und undogmatische Weise macht er Lust auf mehr Natur. Vieles ist als Anstoß zu sehen und muss sicher noch weiterentwickelt und in der Praxis erprobt werden. Dennoch: Jeder kann etwas für eine grünere Zukunft tun – im Sinne der Bäume, und vor allem im Sinne unserer Nachkommen.

Erwin Thoma

Die Zukunft beginnt jetzt!

Wir schreiben das Jahr 2040. So gut wie in der letzten Nacht habe ich schon lange nicht mehr geschlafen. Wahrscheinlich liegt das am vorangegangenen Abend.

Zusammen mit meinen Kollegen erlebe ich zum ersten Mal dieses gigantische Abenteuer, über 150 Meter senkrecht gen Himmel zu klettern. Sie schwärmten mir immer wieder davon vor. Gestern war es dann so weit. Um 18 Uhr stehen wir vor dieser überwältigend grünen Fassade an dem Waldhochhaus mitten in der Stadt. An der Außenfassade ranken sich dicke Efeustämme empor. Baumäste ragen über die Balkone, und von oben ergießt sich ein rauschender Wasserfall mit moosigem Untergrund und herrlich kühlendem Nass in die Tiefe. Nachdem die Sicherungsseile angelegt sind, geht es los.

Meter um Meter klettert unsere kleine Gruppe nach oben. Über Baumstämme und Steingebilde, über Äste und Blattwerk, entlang der Ranken, immer weiter. Zwischendrin erwischt uns manchmal eine aufstäubende Wolke des Wasserfalls. Ein grandioses Erlebnis! Auf etwa 100 Meter Höhe ist der Rundblick auf die grünen Dächer und Gebäude der Großstadt atemberaubend.

Dort drüben, nur eine Querstraße von unserem Gebäude entfernt, spielen sie auf einer riesigen Rasenfläche Fußball. Im Schatten der Bäume hat das johlende Publikum Platz genommen. Auf der anderen Seite dösen ein paar Schafe unter blühenden Birnbäumen und erholen sich offenbar vom anstrengenden Leben in solcher Höhe. Geradeaus sitzt eine Gruppe fröhlicher Menschen in einer Art Schrebergarten auf dem Flachdach des Rathauses. Sie haben Bierkrüge in den Händen und lassen den Arbeitstag gemütlich ausklingen.

Auf unserem begrünten Hochhaus gibt es eine Bar, in der Mixgetränke aus den Obst- und Gemüsesorten des Hauses angeboten werden. So machen es viele der vertikalen Waldhäuser. Sie preisen ihre eigenen Obstmarken an, die ungespritzt und von intensivem Geschmack sind und keine langen Transportwege zurücklegen mussten. Alles direkt vom Erzeuger! Dieser köstliche, erfrischende Trunk belebt unsere beanspruchten Muskeln.

Auf dem Dach wollen wir im Grünen picknicken. Alles, was es zu essen und trinken gibt, wächst am und auf dem Haus und wird als vegetarische Kletterkost angepriesen. Nur der Honig stammt aus einem anderen Dachgarten, einem mit einem Wald aus Weidenbäumen, der von hier aus aber zu sehen ist. Ein dichtes Geäst aus niedrigen Weidenbäumen überzieht das gesamte Gebäude. Dazwischen stehen die Bienenstöcke. Per Drohnen werden die Honigtöpfe an die verschiedenen Dachrestaurants der Stadt geliefert.

Gegen 21 Uhr machen wir uns auf den Heimweg. Dazu kann man entweder mit dem Außenlift – einer offenen Plattform, auf der man angegurtet wird – auf der anderen Seite des Hauses nach unten schweben, oder es geht per Flugdrachen im Kombiflug hinaus zum Waldpark. Nach kurzer Bedenkzeit entscheide ich mich als Einziger für den Tandemflug. Nach entsprechender Einweisung geht es los, und lautlos gleite ich über die grüne Stadt.

Hier lebe und arbeite ich, mache Urlaub, erhole mich, treibe Sport und besuche alle möglichen kulturellen Veranstaltungen und sonstigen Events. Deswegen bin ich viele Jahre schon nicht mehr aus der Stadt herausgekommen und habe das auch nie vermisst. Es fehlt mir nichts. Hier zu leben bedeutet, sparsam, gesund und effizient zu leben. Ein Großteil unserer Nahrungsmittel wird auf den Dächern und in den Waldgebieten in der Stadt und im Umland angebaut.

Der Korridorwald entlang des Stadtflusses bietet mir an den drei Tagen, an denen ich ins Büro gehe, einen gesunden Weg zur Arbeit. Den Rest der Woche arbeite ich zu Hause. Den Weg zum Forschungsgebäude am Stadtrand im Schatten der Bäume lege ich entweder zu Fuß zurück oder bewege mich mithilfe meiner Federschuhe vorwärts.

Das ist eine Art Sprungschuh, mit dem ich die sieben Kilometer in rund 20 Minuten bewältige. Die gute Luft ist ideal für meinen Früh- und Abendsport.

In unserem Planungsteam entwickeln wir neue Techniken, in welcher Weise die vertikalen Wälder an unseren Häusern die statische Funktion der Gebäude stärken oder sogar übernehmen können. Immerhin reichen die höchsten Waldhochhäuser schon jetzt über 500 Meter in die Höhe. Begrünte Balkone mit großen Bäumen gibt es außen wie im Innenbereich, wo sie über dem riesigen Atrium hängen – einer Waldschlucht ähnlich.

Der Tandemflug nähert sich dem Ende, und wir setzen zur Landung auf einer herrlichen Wiese an. Diese liegt inmitten des Waldparks und ist durch Positionsleuchten gekennzeichnet. Die anderen erwarten uns schon, wir werden gefilmt und mit Applaus empfangen. Das war ein herrlicher Ausklang unserer sportlichen Aktivitäten. In der Waldbar stoßen wir noch mit einem köstlichen Gebräu aus Naturhopfen an, das an ein frisches Bier erinnert, nur ohne Alkohol.

Den Heimweg legen wir per Magnetschwebern zurück. Mit einer Flughöhe von bis zu zehn Metern sind sie eine wertvolle Alternative an den Tagen, wenn am Boden allgemeines Verkehrschaos herrscht. Übrigens unternehmen meine Frau und ich demnächst seit Jahren wieder die erste längere Bahnreise. Mit der Rapidbahn reisen wir in den Norden, wobei die 800 Kilometer in rund drei Stunden zurückgelegt werden. Wir wollen uns ein Erfolg versprechendes Projekt in den Fjorden Norwegens vor Ort anschauen.

Dort ist es gelungen, Häuser mit lebenden Bäumen zu bauen und statisch zu stabilisieren. Immerhin wird das Versuchshaus bereits seit drei Jahren bewohnt und ist rund 90 Meter hoch. Die Lebensdauer dieses Hauses wird auf etwa 300 Jahre geschätzt, ein enormer Fortschritt. Ich werde weiter davon berichten.

Zurück ins Heute

Gehören Sie zu den glücklichen Menschen, die einen Blick ins Grüne haben? Erleben Sie persönlich den Lauf des Jahres anhand der wunderbaren Verwandlung der Pflanzen? Genießen Sie die Düfte und Gerüche von Bäumen und Blumen? Oder spielt das für Sie alles keine Rolle?

Die Städte und Dörfer der Gegenwart verdrängen immer öfter die Natur, wo sie zum Wohlbefinden des Menschen eigentlich sein sollte. Natur in Form von Wäldern und Bäumen wird systematisch ausgeschaltet, verletzt und vernichtet. Verkehrsflächen, Wohngebäude, Gewerbegebiete, Einkaufszentren – all das und anderes mehr führt dazu, dass wertvoller Boden zugebaut und versiegelt wird. Doch zu welchem Preis?

Dort, wo ehemals ein Bauernhaus mit Obstbaumwiese war, steht jetzt ein Wohnblock. Und die romantische Allee von früher wurde durch eine vierspurige Straße mit angrenzenden Gewerbebauten ersetzt. Laut einer Studie des Mauna Loa Observatory auf Hawaii war der weltweite CO_2-Gehalt in der Luft noch nie so hoch wie heute.[1] Diese jahrzehntelange Entwicklung hat inzwischen offenbar den Höchststand erreicht, und ein Ende ist nicht absehbar.

In Deutschland leben 80 Prozent der Bevölkerung in städtischen Ballungsräumen, in denen aufgrund der immensen Nachfrage ein hoher Druck zur Bebauung und Umwidmung brachliegender Flächen besteht. Täglich wird eine Fläche von zirka 100 Fußballfeldern verbaut oder versiegelt. Das sind 70 Hektar pro Tag oder etwa 260 km² pro Jahr! So berauben wir uns unserer Atemluft.

Wir können, nein, wir müssen das ändern, sollen unsere Kinder eine lebenswerte Zukunft haben. Es gibt etliche Ansätze, einen Wandel selbst und mit wenig Aufwand herbeizuführen. Wir müssen das nur wollen und mithelfen, dass das weltweit schnell und an vielen

Orten gleichzeitig passiert. Jeder von uns kann für eine gesunde, natürliche Welt sorgen. Tatsächlich ist es unsere Pflicht. Unsere Generation hat den luxuriösen und ressourcenvernichtenden Lebensstil erfunden und zelebriert ihn nach wie vor.

Wer offenen Auges und mit gesundem, unverfälschtem Naturverständnis sowie mit kritischen Gedanken zur Zukunft durch Städte, über Land und durch den Wald geht, nimmt wahr, wo wir heute stehen. Solche Betrachtungen lassen nur einen Schluss zu: Wie wir mit der Natur, mit den Bäumen und Wäldern umgehen, ist weder logisch noch ökonomisch oder ästhetisch nachvollziehbar. Meiner Meinung nach haben wir es oftmals mit einer Spirale aus Aggression, Argwohn und Unwissenheit und bei manchen Menschen sogar mit einer nicht zu überbietenden Geringschätzung gegenüber allem pflanzlichen Leben und der Natur im Allgemeinen zu tun.

Vor diesem Hintergrund sollte man sich eine grundlegende Tatsache immer wieder ins Gedächtnis rufen: Bäume sind langlebige Wesen, sie überdauern uns alle, und die meisten von ihnen werden um ein Vielfaches älter als wir. Über Bäume und Wälder nachzudenken und mit ihnen die Zukunft zu gestalten bedeutet, über Generationen hinweg zu denken und zu handeln. Tief aus der Vergangenheit bis weit in die Zukunft. Das macht es uns, die wir im Jetzt und Heute leben, eher schwierig.

Denn wer kann sich eine Zeitspanne von 300, 400 Jahren wirklich vorstellen? Eine Linde oder Eiche wird leicht so alt oder älter. Und wer weiß schon, wie die Welt, unsere Umgebung und die Natur, unser Klima in 100 oder 200 Jahren sein werden? Wann oder wo auch immer ein Baum gepflanzt wird, ist zu bedenken, dass er bis zu seinem natürlichen Lebensende wächst. In die Höhe zumindest bis zur Lebensmitte, dann in die Breite und im Stammumfang.

Rabindranath Tagore hat dazu einmal ganz richtig bemerkt: »Wer Bäume pflanzt in dem Wissen, dass er nie in ihrem Schatten sitzen

wird, hat zumindest angefangen, den Sinn des Lebens zu begreifen.«
Für uns Heutige heißt das, für eine Zukunft vorzusorgen, die unsere
Kinder und Enkelkinder erleben werden. Je mehr wir richtig machen,
desto besser wird es ihnen gehen. Geht uns die Luft aus und fehlt uns
das Wasser, wird in Europa ein Wüstenklima herrschen, sodass wir
und unsere Nachkommen es sehr schwer haben werden.

Diese Erkenntnis muss eine Verpflichtung und eine vordringli-
che Aufgabe für alle Menschen sein, die ihre Verantwortung ernst
nehmen und aktiv werden wollen. Unsere Zukunft wird auf der Erde
stattfinden – und nicht auf irgendwelchen anderen Planeten. Mit
steigender Weltbevölkerung brauchen wir mehr Bäume. Denn sie
neutralisieren die Schadstoffe, die wir ausatmen und produzieren,
und wandeln sie in Atemluft um. Wir haben keine Wahl, sondern
müssen lernen und akzeptieren, dass unser Leben nur gemeinsam
mit Bäumen zu schaffen ist.

Es gibt zahlreiche Lösungen für unsere nahe und weitere Zukunft
mit Bäumen, die uns helfen, wesentlich gesünder zu leben, die Klimaerwärmung einzudämmen, Nahrungsmittel in unserer direkten
Umgebung zu produzieren. Das Motto lautet deshalb: Wir holen uns
die Natur zurück, nehmen uns den Wald zum Vorbild und verbünden
uns wieder mit den Bäumen.

Einiges, über das ich schreibe, ist an dem einen oder anderen Ort
bereits umgesetzt worden. So wurden, über die ganze Welt verteilt,
inzwischen Millionen von Bäumen in Städten gepflanzt. Das ist vor allem auf private Initiativen und ehrenamtlichen Einsatz zurückzuführen. Die Tradition der Dachbegrünung und der Dachgärten etwa wird
in manchen Teilen der Welt – beispielsweise in Norwegen – schon seit
Hunderten von Jahren gepflegt. Vor 200 Jahren wurden Alleen, also
von Bäumen gesäumte Straßen, quer durch Europa angelegt. Vieles
davon wird heute wieder belebt, neu definiert, in die heutige Zeit ein-
gepasst, die Vorteile werden aufs Neue entdeckt.

Manches passiert, weil es fünf vor zwölf ist. Einige haben verstanden, dass diese Veränderungen unser Leben verbessern können, dass sie die Gesundheit fördern und letztlich unsere Welt retten. Machen Sie mit, lassen Sie sich überzeugen und dazu animieren, das Ihre dazu beizutragen, an der überfälligen Rückbesinnung auf die Natur teilzunehmen. Es ist höchste Zeit und es ist wichtig!

Die Haltung zählt

Das vorliegende Buch gliedert sich in sieben Hauptthemen, die aus unterschiedlicher Perspektive alle mit dem Thema »Bäume und wir« zu tun haben. Die Kapitel haben nicht unbedingt direkt etwas miteinander zu tun in dem Sinne, dass sie aufeinander aufbauen würden. Es ist also möglich, in jedem Kapitel einzusteigen. Immer geht es aber konkret darum, wie wir unseren Alltag begrünen können. Wie also funktioniert es zum Beispiel, Bäume in dicht bebaute Städte zu bringen, die Fassaden und Dächer der Häuser mit richtigen Gärten aufzuwerten oder die vielen Straßen zu lebendigen bunten Adern des Lebens umzugestalten? Kurzum, wie holen wir eine möglichst vielfältige und gesunde Natur in unsere Nähe?

Mir ist bewusst, dass manche Themen, wie beispielsweise breite Alleen oder ein möglichst durchgängiger Waldstreifen an unseren Autobahnen von manchen vielleicht zunächst als reine Utopie belächelt werden. Dennoch glaube ich fest daran, dass wir nur dann etwas ins Positive verändern, wenn es dafür zunächst eine unverkrampfte, von Zwängen freie Vision gibt – und aus dieser dann eine Motivation, ein fester Wille wird. Das Motto sollte sein: *Wo ein Wille ist, ist ein Weg.* Und ein Teil des Weges, so sehe ich es, ist es, die in den Kapiteln zitierten Beispiele erfolgreicher Projekte jetzt auf eine größere Ebene zu heben.

Was die Idee eines Autobahnwaldes betrifft, so bedeutet das, sich zunächst ein grünes lebendiges Netz in Mitteleuropa vorzustellen, von den Alpen bis an die Küsten der Nord- und Ostsee – und sich dann konkret zu überlegen, was man selbst dazu beitragen möchte, an welchen konkreten Stellen es verwirklicht werden kann. Ein reger Gedankenaustausch dazu und Gespräche darüber setzen bereits Impulse in diese Richtung …

Außerdem gilt: Selbst wenn eine Vision nicht hundertprozentig umsetzbar ist, wurde schon viel erreicht, wenn auch nur ein Teil dessen Wirklichkeit wird. So ist mir klar, dass wir beispielsweise nicht von heute auf morgen die Fläche von Urwäldern als wertvolle Lebensräume für Tiere und Pflanzen – und als wertvolle Erholungsräume für den Menschen – verdoppeln oder verdreifachen werden können. Doch wenn der Wille wach wird, damit anzufangen, zumindest manche geeignete Waldfläche wieder einfach sich selbst zu überlassen, wird das viel bewirken. Irgendwann wird es selbstverständlich sein, dass es in jeder Region solche Refugien gibt. Das schließt nicht aus, dass es in Deutschland, Österreich und der Schweiz in vielen Regionen weiterhin eine zeitgemäße und naturschonende Forstwirtschaft gibt, die im weltweiten Vergleich ohnehin in Sachen Nachhaltigkeit Vorbildcharakter hat.

Ja, manchmal bin ich ein Idealist, vielleicht sogar ein Romantiker, der von einer grünen Zukunft träumt, auch von heiler Natur – doch bin ich auch Realist genug, um zu wissen, dass es nur dann eine Chance auf Veränderung gibt, wenn möglichst viele Menschen nicht nur mit gesundem Menschenverstand, sondern auch mit dem Herzen an die Machbarkeit glauben. Erprobtes Wissen vieler anderer »pragmatischer Idealisten«, auch die verschiedensten Erfahrungen von Gärtnern, Baumpflegern oder Fassadenbegrünern gehören als solide Grundlage dazu, ebenso die heute technischen oder auch rechtlichen Möglichkeiten für die Umsetzung sowie zahlreiche wissenschaftliche

Studien und alle bereits verwirklichten Projekte. Es ist mir ein Anliegen, nicht zu theoretisieren, sondern ganz nah an der praktischen Machbarkeit zu sein. Die Listung der zitierten Quellen am Ende des Buches soll dazu dienen, bei Bedarf das eigene Wissen zu verdichten und sich tiefer mit den verschiedenen Themen zu beschäftigen.

Kurz gesagt: Meine Ausführungen sind durchaus im Sinne einer fruchtbaren, anregenden Provokation gemeint, und an manchen Stellen wird von mir bewusst auch ein wenig überzeichnet. Trotzdem und gerade deshalb lade ich Sie, liebe Leser, und alle, denen Sie von dieser Lektüre berichten, ein, sich mit diesen Themen auseinanderzusetzen und manches davon einmal auszuprobieren. Als Vordenker und Vorreiter werden Sie viele Menschen erreichen und in den jeweiligen Kreisen die Welt ein Stück verändern.

Schließlich ist Zeit Geld. Auf die Bäume übertragen heißt das, wir können deren Wachstum nicht beschleunigen. Erst wenn sie stattlich sind, können sie ihre enorme positive Wirkung für uns und die Umwelt entfalten. Dazu braucht es Jahrzehnte. Überall dort, wo bereits vor Jahren Bäume gepflanzt sowie Alleen und Stadtwälder angelegt wurden, ist dieser Zeitvorsprung bereits gegenwärtig. In diesem Sinne gilt: Packen wir die Zukunft an – heute!

Conrad Amber, Dornbirn

1 › Der Autobahnwald

Schlagadern für Mobilität und Wohlstand

Das europäische Autobahnnetz ist der sichtbare Ausdruck unserer heutigen Mobilität und auch der Wirtschaftskraft. Ein Großteil des wirtschaftlichen Austauschs zwischen den Staaten und Wirtschaftsräumen findet aber leider immer noch per Schwerlasttransport auf der Straße statt. Zu diesem Zweck ist ab der Mitte des vergangenen Jahrhunderts ein immer dichter geknüpftes Autobahnnetz entstanden. Doch um welchen Preis?

Im Vordergrund steht der schnelle und kostengünstige Transport der Güter von A nach B – ohne Rücksicht auf die Natur oder die Befindlichkeit des Menschen. Aber auch das Reise- und Freizeitverhalten des modernen Menschen soll durch ein dichtes Autobahnnetz ermöglicht werden. Aus diesem Grund sind diese Lebensadern unserer Gesellschaft nicht nur überall anzutreffen, sondern sie befinden sich zumeist in sehr gutem Zustand. Bereitwillig investieren die Staaten Europas in den Erhalt und den Ausbau dieser Verkehrswege.

Dabei wird aus sogenannten übergeordneten Gesichtspunkten ein Hauptaugenmerk auf die Verkehrssicherheit gelegt. Das heißt, nicht nur der Fahrdamm samt Straße und entsprechendem Fahrbelag unterliegen höchsten Kriterien der Verkehrssicherheit, sondern ebenso der Straßenrand wird unter diesem Aspekt angelegt und gestaltet. Meist jedoch in einer unangenehmen Optik, da langweilig und hässlich. Öde Lärmschutzwände, ohne Sinn und Verstand abgeholzte Böschungen, kurz geraspelte Rasenflächen samt bestens einsehbaren Müllhaufen, Betonmauern und Brachflächen sind die üblichen, ermüdenden Begleiter all derer, die sich auf Autobahnen fortbewegen. Nicht nur die Lenker der Lkw werden mit dieser Langeweile tagtäglich konfrontiert, sondern auch die zahlreichen Insassen von Reisebussen oder Pkw.

Muss eine solch einfallslose Straßenumgebung wirklich sein? Gäbe es nicht vielleicht etwas, das abwechslungsreicher und ansprechender daherkäme, gleichzeitig aber auch viel natürlicher, nutzbringender und schöner wäre? Dass in Sachen Ästhetik des Straßenrands einiges verbessert werden kann, zeigen uns die Streifen mit blühendem Mohn, die Blumenränder und Hecken, die vereinzelt anzutreffen sind.

Auf meinen langen Fahrten quer durch Europa habe ich immer wieder beobachten können, mit welch riesigem Aufwand Straßenböschungen baum- und strauchfrei gehalten werden. Die Arbeiter der Straßenmeistereien präparieren den Untergrund für Starkregen, Schneelast und Trockenheit. Sie legen Sickerflächen, Wasserrinnen und unterschiedliche Schrägflächen an. Manchmal säen sie Gras, manchmal entwickeln sich, sich selbst überlassen, Dornen und angewehte Stauden. Bei der nächsten starken Regenperiode wird dann wieder gebaggert, geschaufelt und betoniert.

Diese unterschiedlichen Wettersituationen hätte der Baum- und Strauchgürtel, der ursprünglich die Straße säumte, allesamt und ohne Schaden verkraftet. Solche natürlichen Befestigungen finden in den Augen der Straßenplaner jedoch kaum Gnade. Denn unter ihnen finden sich auch Hochstammbäume, die – vor allem, wenn sie alt und krank sind – bei Sturm, Starkregen oder unter hohen Schneelasten umfallen oder brechen können und damit auf die Fahrbahn fallen.

Im Sinne der Verkehrssicherheit und laut der gängigen Gesetzeslage wäre das Risiko einer damit verbundenen Sachbeschädigung zu groß. Allerdings sei angemerkt, dass es immer wieder zu solchen Baumstürzen kommt und dabei zumeist Sachschaden entsteht. Menschenleben fordern solche Ereignisse eher selten.

Wege aus der Ausweglosigkeit

Das Autobahnnetz in Deutschland umfasst derzeit 12.900 km, in Österreich sind es 2200 und in der Schweiz 1400 km. Würde man bei einem Drittel davon den Straßenrand beidseitig auf 15 bis 40 m Breite mit Sträuchern und Bäumen bepflanzen, entspräche das einer Fläche von insgesamt 20.000 Hektar: Das sind 200 Millionen m²! Eine solche Fläche böte, ausgehend von einem Platzbedarf von 16 m² pro Baum, Platz für mindestens 12 Millionen Bäume. Bei dichterer Bepflanzung wären es gar 15 Millionen Bäume oder noch mehr.

Rechnen wir zu obigem Beispiel noch Schnell- und Überlandstraßen hinzu, könnte sich das Ergebnis leicht verdreifachen. Dadurch würde eine riesige Fläche an zukünftigen Erntewäldern – Energieplantagen – entstehen!

Was macht den Unterschied aus zur bisherigen Bepflanzung mit Bäumen und Sträuchern? Die bislang beliebig anmutende Bepflanzung oder natürlich entstandene Gehölzmischung am Straßenrand wird im Fall eines Erntewalds durch gezielt ausgewählte und entsprechend nutzbare Gehölze ergänzt. Auch die Reihung und

Anordnung erfolgen nach bestimmten Kriterien. So werden zur Straße hin niedrigwüchsige Sträucher angelegt, dahinter höherstämmige Bäume. Ein solcher erntefähiger Straßenwald ist etwas ganz Besonderes und kann unglaublich viel leisten. Sein Vorbild ist der Nieder- oder Schneitelwald, eine Waldform, die besonders in der Zeit vor der Entdeckung des Erdöls und seiner industriellen Nutzung in Europa stark verbreitet war.[2] Damals war der Bedarf an Holz als Heizmaterial riesig.

Es kommt hier nicht auf hohe, dicke oder gerade gewachsene Baumstämme an, sondern darauf, dass die angepflanzten Baumarten auf Stock gesetzt (den Austrieb aus einem tief abgeschnittenen Baumstamm nennt man Stockausschlag) oder auf einer bestimmten Stammhöhe geschnitten werden. Die auf Stock, also bodennah geschnittenen Bäume treiben wieder aus und können etwa ein bis zwei Jahrzehnte später abermals geschnitten werden, um die Äste und Zweige zu ernten. Höher am Stamm geschnittene Bäume allerdings können wesentlich schneller wieder austreiben und sind bereits nach zwei oder drei Jahren wieder erntereif.

Je nach Gehölzart wird bei dieser Form der Nutzung etwa auf Höhe der ersten Starkäste (Mittelwald) geschnitten. In einigen Hainbuchen-Eichen-Wäldern im Nordwesten Deutschlands lässt sich noch heute das Schnittbild der früheren Jahrhunderte an der ungewöhnlichen Wuchsform der Bäume ablesen. Und in Teilen von Afrika oder Indien ist diese Schnitttechnik noch immer üblich.

Auf einem meist niedrigen Stamm von einigen Metern bildet sich eine dichte Krone aufragender Starkäste oder es treiben zahlreiche Zweige aus. Diese Baumform nennt man auch Besenwuchs, womit die Optik recht gut getroffen wird. Mancherorts sieht man noch die »Korbweiden« oder »Kopfweiden«, deren junge Zweigtriebe jährlich geschnitten und für Korbwaren verwendet werden. Der Baumstamm wird dabei dicker und älter, er wächst aber nicht höher.[3] Diese früher erfolgreich praktizierte und bewährte Form der Waldbewirtschaftung bildet den Ausgangspunkt für das von mir entwickelte Konzept der neuen Autobahnwälder.

Anstelle der bislang an Bäumen entlang von Straßen oder Autobahnen angewandten Schnitttechnik, die den Pflanzen eigentlich nur schadet und sie insgesamt anfälliger macht, geht es hierbei um den regelmäßigen Rückschnitt der oberen Astkrone oder des Zweigbereichs bis auf eine entsprechende Stammhöhe. Das verkraftet der Baum gut und treibt rasch wieder neue Triebe aus. Je nach Baumart ist das unterschiedlich und findet auf einer Stammhöhe von drei bis fünf Metern statt. So treiben die Eschen und Ahorne in meinem eigenen Waldgarten nach dem Rückschnitt Hunderte von Zweigen nach oben aus, die unfassbar schnell wachsen und nach zwei Jahren bereits drei Meter und länger sind.

Die verschiedenen Baumarten werden sinnvollerweise nach dem natürlichen Standort und dem vorherrschenden oder zu erwartenden Mikroklima ausgesucht. Eine wesentliche Rolle spielen dabei natürlich Sonnenstand, Windrichtung und vor allem die Bodenbeschaffenheit. Daraus ergibt sich für die jeweils vorgesehene Bepflanzung eine ideale Mischung aus vornehmlich heimischen Gehölzen, meist Laubgehölzen.

So sind zum Beispiel Weiden und Pappeln an feuchten Plätzen gut geeignet, Hainbuchen und Eichen auf trockenen Flächen. Für Stellen mit geringer Bodentiefe eignen sich vornehmlich flachwurzelnde Baumarten. Dort dagegen, wo tiefe Erden sind, kommen pfahlwurzelnde Bäume zum Einsatz. Die richtige Auswahl gibt die umgebende Natur oft vor.

Für den regelmäßigen Rückschnitt hat sich mancherorts die Hainbuche bewährt, ferner verschiedene Arten von Eichen und Pappeln, Erlen, Eschen, unterschiedliche Ahorne und die meisten Weidenarten, Vogelbeere, Kastanie oder Birke, daneben Wildobstarten wie der

Speierling oder die Elsbeere.[4] Alle diese Arten wachsen rasch, sind anspruchslos und lassen sich gut zurückschneiden, sodass sie in der darauffolgenden Zeit neue, kräftige Zweige austreiben.

Die Gehölzgesellschaft, ob nun von Baumexperten ausgewählt oder in der Natur bereits vorhanden, wird in den ersten Jahren in entsprechenden Abständen gepflanzt, verdichtet und beobachtet. Eine besondere Pflege ist nicht vonnöten, da die Natur ihre Arbeit allein macht.[5] Aufgrund des gleich großen Abstands zwischen den Bäumen und des regelmäßigen Schnitts entwickeln sich die Bäume derselben Art ähnlich rasch, sodass maschinell geerntet werden kann. Die gesamte Ernte dient als Biomasse zur Gewinnung von Wärme und für die Stromerzeugung, da sich junge Zweige und krumme Äste – von Autoabgasen und Feinstaub belastet – für andere Zwecke kaum eignen.

Je nach Erntetechnik kann der Laubabfall auch vor Ort belassen werden. Er trägt zur Bodenbildung und zum wertvollen Nährstoffeintrag, zur Düngung bei. Die gesamte Biomasse wird vor Ort zerkleinert und auf große Hänger geladen. Stellen Sie sich eine Art Ernte- und Transportzug vor, der hocheffizient vom Straßenrand aus arbeitet und auf diese Weise in kurzer Zeit große Strecken bestellen und ernten kann.

In diesem Zusammenhang möchte ich eine kurze Betrachtung zu den beliebten Biomassekraftwerken einfließen lassen. Sie sind die letzten Jahre über allerorten entstanden, nicht zuletzt als Antwort auf die Kraftwerke, die fossile Brennstoffe verwenden, und als Alternative zu den Atomkraftwerken. Sie alle erzeugen Energie in Form von Strom und Wärme, die wir zum täglichen Leben brauchen.

Die Idee des nachwachsenden Rohstoffs aus heimischen Wäldern ist im Prinzip richtig. Auch ich habe mein Haus von Gasenergie auf Fernwärme aus einem Biomassekraftwerk in meiner Nähe umgestellt. Der Nobelskiort Lech am Arlberg hatte früher ein erhebliches

Luftproblem, da aufgrund der Kessellage zwischen hohen Bergen kaum Luftaustausch stattfand. Im Winter jagten hunderte Hotels die Abgase ihrer Ölheizungen in die frische Gebirgsluft, was schließlich dazu führte, dass irgendwann die Urlaubsgäste ausblieben. Inzwischen hat sich Lech dank zweier Biomasseanlagen, die den gesamten Ort mit Fernwärme versorgen, zu einem Luftkurort gewandelt. Die Luftqualität ist hervorragend.

Angeblich stammen die Hackschnitzel aus den Wäldern der Umgebung – der Haken dabei: Das trifft leider nicht immer zu. Für viele Biokraftwerke wird in Wahrheit viel Biomasse aus Billigländern importiert. Noch schlimmer ist, dass unsere Wälder – in denen in den letzten Jahrzehnten viel Totholz liegen geblieben ist, weil man den hohen Wert für den Waldboden erkannt hatte – neuerdings wieder systematisch auf- und ausgeräumt werden. Gerade verarmten Böden werden dadurch Nährstoffe vorenthalten, wertvolles Moderholz entsteht in zu geringem Maß. Mit Totholz und alten, dürren Ästen lässt sich offenbar mancherorts wieder Geld verdienen.

Der Hunger der Biomasseanlagen ist gigantisch und wird immer größer, wie in den Studien der Agentur für Erneuerbare Energien zu lesen ist.[6] Der zukünftige Autobahnwald als Erntewald ist ein Beitrag, um aus diesem Dilemma herauszukommen.

In Dornbirn gibt es zwei engagierte und vordenkende Energiewirte, Tobias und Bernhard Ilg vom Energiewerk.[7] Sie haben schon vor Jahren den Plan einer Energieplantage entwickelt. Dabei handelt es sich um Kurzumtriebsflächen mit schnellwachsenden Pappeln, die nach etwa fünf Jahren komplett geerntet werden. Meine Zahlen beruhen auf ihren Berechnungen und sollten als Modell verstanden werden, da es je nach Region, Klima, Baumart und Bodenbeschaffenheit große Abweichungen davon geben kann.

Ein Hektar Autobahnwald kann gemäß der Modellberechnung den Jahresenergiebedarf von drei Einfamilienhäusern decken. Ein

Kilometer einseitiger Autobahnwald könnte jährlich etwa den Bedarf von zwölf Einfamilienhäusern oder etwa 20 Wohnungen versorgen. Das mag im ersten Moment als nicht allzu viel erscheinen. Zu bedenken ist aber, dass es sich hier um den gesamten Energieverbrauch handelt und dieser mit einem heimischen nachwachsenden Rohstoff gedeckt wird.

Je nach den Umständen – beispielsweise Auswahl bestimmter Baumarten, Stärkung des Wachstums durch Düngung, Verdichtung der Bepflanzung oder Optimierung der Erntemethoden – würden sich diese Werte erheblich verbessern lassen. Und wenn dann ein 30 km langer, beidseitiger Autobahnwald den gesamten Energiebedarf von 2000 Wohneinheiten abdeckt, wird die Rechnung schon wesentlich spannender.

Zum Vergleich: Ein mittleres Biomassekraftwerk benötigt etwa 30.000 Schüttmeter Biomasse – wie Hackschnitzel –, um damit rund 2000 Wohnungen oder Einfamilienhäuser beheizen zu können. Dafür werden etwa 1500 Hektar traditionell bewirtschaftete Waldfläche in Anspruch genommen. Die Hackschnitzel sind größtenteils ein »Abfallprodukt« aus der Nutzholzerzeugung oder werden von Sträuchern und von Bäumen mit nicht geradem Wuchs, von kranken Bäumen und aus Baumkronen sowie Starkästen gewonnen.

Es gibt zahlreiche Studien von Forst- und Energiefonds[8, 9], die unter dem Aspekt der Wirtschaftlichkeit sogenannte »Energiewälder«, die ihr Dasein letztendlich rein der Erzeugung von Biomasse opfern, untersuchen. Die Beschäftigung mit diesem Thema bekommt sehr viel Aufmerksamkeit. Als Hilfe zur besseren Vorstellung: Allein in Österreich gibt es bereits über 2200 Biomasseheizwerke[10], und, obwohl die Energiepreise momentan nicht sehr attraktiv sind und sich mancherorts die Einspeisung erzeugten Stroms in die öffentlichen Netze kaum mehr lohnt, ist die Tendenz hin zu diesen Kraftwerken deutlich steigend.

»Sanfte« Landung

Die Neuanlage oder Neugestaltung der Straßenränder mit ernte-
fähigen Waldflächen bietet zusätzliche, sehr sinnvolle Lösungen, was
die Verkehrssicherheit betrifft. Damit meine ich den Auffang- oder
Sturzraum direkt neben der Straße. Bislang wird der Straßenrand
mit stählernen Leitplanken, Fangzäunen oder Mauern begrenzt.
Das sichert zwar das Umland der Straße, nicht aber das Leben der
Verkehrsteilnehmer. Wer mit überhöhter Geschwindigkeit in einen
harten Schutzwall rast, wird auf die Fahrbahn zurückgeworfen,
was ihn selbst und natürlich auch andere Verkehrsteilnehmer ge-
fährdet. Die Auswirkungen solcher Unfälle sind den Medien tagtäglich zu entnehmen.

Ganz anders wirkt es, wenn wir einen Sturzraumstreifen an den
Straßenrändern pflanzen. Dicht gestellte Büsche und Stauden fe-
dern jeden Aufprall viel sanfter ab und ermöglichen so die »weiche«
Landung des Fahrzeugs, was das Leben der Fahrzeuginsassen sowie
unbeteiligter Personen schützt. Die Sträucher stehen direkt am Straßenrand, sind zwei bis fünf Meter hoch und bilden nur sehr langsam
dickere Stämme. Mit anderen Worten, sie behalten eine biegsame
Stärke und bieten so eine ideale, weil federnde und dämmende Auf-
prallfläche. Ich kann mir gut vorstellen, dass diese Wirkung dem
Effekt der Strohballen an gefährlichen Stellen von Autorennstrecken
ähnelt, eine ausreichende Breite des Streifens und Stärke der Stämme
vorausgesetzt. Studien dazu gibt es allerdings bisher nicht.

Für diesen Zweck kommen viele heimische Sträucher infrage, die
sich neben der Straße – zum Teil jetzt schon – schnell und gesund
entwickeln und eine im Vergleich mit Leitplanken wunderbar weiche
und natürliche »grüne Wand« darstellen. Ebenso wie die erwähnten
Bäume werden sie ab einer bestimmten Höhe in regelmäßigen Zeitab-
ständen zurückgeschnitten. Ihre Zweige sind ein wertvolles Erntegut.

Zur Auswahl stehen dafür die verschiedenen und anspruchslosen Hartriegel, die Kornelkirsche und Glanzmispel, der Weißdorn, das Pfaffenhütchen, die Hasel, die Hainbuche und der Wollige Schneeball, auch diverse Sorten von Eiben sowie Weiden in kleinwüchsiger Buschform und viele andere strauchförmig wachsende heimische Gehölze. Im Lauf der Zeit wird sich automatisch herausstellen, welche Strauchart sich in welcher Region besonders eignet. Das hängt mit den jeweiligen Gegebenheiten zusammen, wobei auch die Schräge der Böschung ein Faktor ist.

Der »Große Bruns«, die Gärtnerfibel für jedermann, hält für Ratsuchende Tipps und Wissenswertes über mehrere tausend Pflanzenarten bereit, wobei auch die jeweilige Abstammung sowie die passenden Klimaregionen berücksichtigt sind. Außerdem kann man auf der dazugehörigen Homepage Näheres zu Wuchsform, Verträglichkeit, Schnitttauglichkeit und vieles mehr nachlesen. Privatleuten wie Verantwortlichen von Behörden und Firmen steht heutzutage ein immenses und wertvolles Wissen für regionsspezifische Bepflanzungen zur Verfügung.[11]

Neben den erwähnten Sträuchern oder einem Blühstreifen bietet sich auch das verlässlich und schnell wachsende Elefantengras an, sofern das klimatisch wie räumlich möglich sowie ökologisch sinnvoll ist. Es wächst in einem Jahr bis zu drei Meter und verholzt über den Winter. Bereits im darauffolgenden Frühjahr kann es geerntet werden – und wächst, ohne mühevolle Nachsaat, rasch wieder nach. Ein breiter Gürtel aus Elefantengras am Straßenrand eignet sich zusätzlich als eine natürliche »Auffangwand«. Und als wäre das noch nicht genug: Diese Pflanze, die seit Jahren für die Produktion von Pellets eine Rolle spielt, kann aufgrund eines guten Brennwerts für die Gewinnung von Energie verwendet werden.

Was die Begrünung unserer Straßen und Autobahnen betrifft, sind die Kompetenz und Weitsicht der Förster, Gärtner und Biologen gefragt. Welche heimischen und vielleicht auch südlicheren Gehölze zum Einsatz kommen sollen, können sie am besten beurteilen.

Natürlich wirken sich neue Pflanzengesellschaften auf die Umgebung aus. Gerade bei der Bepflanzung längerer Autobahnstrecken werden sich die Gehölze binnen Kurzem in die Umgebung ausbreiten, was zu einer neuen Durchmischung der Wälder und Hecken führt. Ebenso sind sie Lebensraum für bestimmte Insekten, Vögel und Pilze. Das kann zu einer Steigerung der Artenvielfalt beitragen und somit zu einer Bereicherung werden, sofern die Pflanzenarten mit Bedacht gewählt sind.

Den Veränderungen des Klimas und der durch den Verkehr verursachten Schadstoffe ist auch die Pflanzenwelt, vor allem in Straßennähe, unterworfen. Die Gehölze neben den Premium-Verkehrswegen sind aber alles in allem gesund und weisen gute Wachstumsraten auf. Die Biomasse von Randstreifen ist ohne Frage schadstoffbelastet, was zu Rückständen in der Asche führt. Auch können giftige Abgase entstehen, die sich heute technisch aber ohne Weiteres beispielsweise durch effektive Filter beheben lassen. Außerdem wird die Belastung durch Autoabgase in den kommenden Jahren wohl eher sinken. Saubere Motoren, weniger Verbrauch und die Zunahme von Hybrid-, Elektro- sowie Wasserstoffantrieben werden sich auswirken.

Nutzen und Auswirkung des Autobahnwaldes

Ein Autobahnwald mit seinen enormen Ausmaßen bietet mehrfachen Nutzen:

› Besseren Schutz durch »weichen« Aufprall bei Unfällen.
› Gewinnung riesiger Mengen an natürlichem Heizmaterial aus Zweigen und Ästen.

> Ein Meer blühender Bäume und Sträucher, das Vögeln, Bienen und anderen Insekten gerade im Frühjahr Nahrung und Lebensraum bietet.

> Herausragend: Bindung von Schadstoffen und Feinstaub, Reinigung der Luft genau dort, wo schädliche Abgase entstehen, also in direkter Verkehrsnähe, außerdem Produktion von gesunder, sauerstoffreicher Luft.

> Guter Schutz vor Seitenwind und Schneeverwehungen durch eine dichte Bepflanzung am Straßenrand.

> Natürlicher Schallschutz und Schalldämmung durch die Gehölze, was an manchen Stellen teure Erdwälle und Schallschutzwände überflüssig macht.

> Bequeme und kostengünstige Arbeit vom Seitenstreifen aus, das heißt für die Bewirtschaftung und Ernte der Autobahnwälder braucht es keine eigens aufwendig zu errichtenden oder zu unterhaltenden Forststraßen.

> Keine Transporte zu weit entfernten Biomassewerken, da alle Ernteerträge regional verwertet werden.

> Enorme Einsparung von Ressourcen für Leitplanken oder Schallschutzwände – die zudem im Unterhalt kostenintensiver sind.

Die anfallenden Forstarbeiten können durch die Straßenmeisterei, die Forstverwaltung oder ausgegliederte Privatbetriebe ausgeführt werden. Eine Möglichkeit ist dabei, die Erntearbeiten an die Nachnutzern, wie beispielsweise die Betreiber von Bioheizkraftwerken, zu übertragen. Das kann durchaus eine sinnvolle, weil synergetische Lösung sein.

Die Investitionen in solche Maßnahmen sind darüber hinaus deshalb mehr als gerechtfertigt, weil durch möglichst lange Straßenwälder der naturnahe Wald geschont oder gar erweitert werden kann. Außerdem werden die »natürlichen« Leitplanken aus weichen und federnden Büschen dazu führen, dass es weniger Verkehrstote auf den Autobahnen gibt. Jedes gerettete Leben ist ein schlagendes Argument für die Vision einer neuen, naturnahen Straßenrandgestaltung.

Blick in die Zukunft: Riesenchance für Energie aus der Natur

Durch den Ausstieg aus den fossilen Brennstoffen und – zumindest in manchen Ländern – auch aus der Atomenergie ist der Bedarf an nachwachsendem Heizmaterial unermesslich groß geworden.[12] Einen gesunden Baum zu fällen, um ihn anschließend zu verfeuern – wie es öfter bei Billigimportholz der Fall ist –, ergibt aber ähnlich wenig Sinn wie das Vernichten der Erdöl- und Gasreserven in Millionen von Verbrennungsmotoren und Heizungsanlagen. Bäume brauchen Jahrzehnte, um Holzmasse zu bilden.

Mit Erntewäldern entlang der Autobahnen und anderer Straßen können wir auf sinnvolle Weise Energierohstoff erzeugen. Neben den positiven Auswirkungen auf unsere Luft, unser Klima und die Tierwelt entsteht wie nebenbei die heute und in Zukunft dringend benötigte Biomasse. Sie ist leicht zu vermehren, einfach und kostengünstig zu pflegen und kostengünstig zu ernten. Und sie wächst immer wieder in kurzer Zeit nach.

Im Gegenzug entlasten wir unsere Wälder von Raubbau. Billighölzer – bei denen oft weder die Standorte noch der Schutzstatus kontrolliert werden – aus Drittländern einzuführen, ist damit meist nicht mehr nötig. Die Wertschöpfung bleibt bei uns, denn sie findet direkt an den heimischen Straßenrändern statt. Außerdem sind die Transportwege zu den nächstgelegenen Biokraftwerken kurz.

Worauf warten wir noch? Mit der vorgeschlagenen Aufforstung sollte umgehend begonnen werden. Die Umsetzung ist klar: bestehende Grünränder, wo möglich und nötig, umbauen, dabei zusätzlich passende Baumarten pflanzen, die vorhandenen Büsche und Sträucher auf ihre Eigenschaften prüfen und gegebenenfalls austauschen – das geht in vielen Fällen maschinell und lässt sich von der Fahrbahn aus erledigen; bei dieser Gelegenheit gleich die Grünstreifen ausweiten und vertiefen sowie die Brachflächen einbinden; aufgelassene landwirtschaftliche Flächen bewalden; dann Leitplanken rückbauen und imzugedessen entscheiden, an welchen Stellen Schallschutzwände sinnvoller sind als ein grüner Schallschutzwald. Je nach verfügbarem Raum kann auch beides, hintereinander platziert, gut funktionieren.

Auch die Flächen im Autobahnbereich – etwa Auffahrten oder Kreuzungen – sollten konsequent bewaldet sein. Immer wieder stoße ich auf sinnfreie Handlungen wider die Natur, wie jüngst bei St. Margrethen im Schweizer Rheintal, wo einige solcher Flächen rigoros abgeholzt und gerodet wurden. Anstelle von Bäumen und Büschen wachsen dort nun Dornen und Stauden.

Was die Beerntung der Erntewälder betrifft, bin ich überzeugt, dass menschlicher Erfindergeist, wirtschaftlicher Druck und die Einbindung moderner Techniken angesichts des riesigen Ausmaßes künftiger Straßenwälder eine neue Generation von Pflanz- und Erntemaschinen hervorbringen werden. Eine solche zukunftsfähige Entwicklung ist nicht auf Europa begrenzt. Hinzu kommen neue Berufsfelder, um die möglichst optimale Bewirtschaftung sicherzustellen. Zahlreiche qualifizierte Jobs entstehen.

Ich bin sicher: Spätestens, wenn die ersten ausreichend langen Versuchsstrecken in Betrieb sind und wissenschaftlich erforscht wurden, ist klar, dass Straßenwälder nicht nur in einem Höchstmaß sinnvoll sind, sondern sich auch unter ökonomischem Aspekt auszahlen – ganz abgesehen von der positiven Wirkung auf die Umwelt. Fangen wir am besten gleich damit an!

2 › Neue Baumwege

Landalleen – Wissen über Bäume früher

Die meisten Alleen in Europa wurden im 17. und 18. Jahrhundert angelegt. Einige davon gibt es heute noch, so etwa die 300-jährige Lindenallee in Ascheberg oder die ebenso alte Eichenallee in Gudow.[13] Die Allee bei Schloss Hellbrunn in Salzburg wurde 1615 im Auftrag von Fürsterzbischof Markus Sittikus von Hohenems gepflanzt. Viele der Alleenstraßen in Brandenburg und Mecklenburg-Vorpommern oder die alten Eichenalleen in Hessen sind mit ihren über 300-jährigen Bäumen schlichtweg beeindruckend. Für mich sind sie die idealste Form der Verbindung zwischen Mensch und Natur.

Doch sind sie nicht nur kleine Naturwunder, sondern haben seit jeher nützliche Funktionen. So beschatteten sie die Straßen, auf denen die Pferde die Kutschen zogen. Dadurch wurde den Tieren nicht so schnell heiß, und in den engen Kabinen herrschten für die Reisenden erträgliche Temperaturen. Auch die Soldaten der europäischen Armeen wurden auf dem Marsch an die Front kühlend beschützt.

Schon von Weitem konnten Ortsunkundige gut erkennen, in welche Richtung die Straße verlief. Die auf beiden Seiten der Wege gepflanzten Baumreihen beschirmten die Passanten und schützten sie vor Sturm, Schnee, Regen oder intensiver Sonneneinstrahlung. Die Wurzeln der Bäume trugen dazu bei, den Straßenrand zu befestigen, und bildeten auf diese Weise oft natürliche Dämme und Schutzwälle durch sumpfiges Land. Zusätzlich sorgten sie dafür, dass sich die Landwege bei Starkregen nicht in Matsch auflösten.

Die deutlich spürbare Wirkung einer Allee als Windbarriere wird augenscheinlich, wenn man in ländlichen Gebieten die Getreidefelder zwischen dem Geviert von schützenden Alleenwegen betrachtet und dabei wahrnimmt: Die windbrechenden Alleen schützen und schonen nicht nur Reisende, sondern auch die gesamte gewachsene Kulturlandschaft (Bild Nr. 1). Auch verhindern sie im Winter übermäßige Schneeverwehungen.

In einigen Fällen legten unsere Vorfahren vorausschauenderweise Alleen aus Obst- und Nussbäumen an, um das Landvolk der Umgebung mit Essbarem zu versorgen. In der Nähe von Lüttenhagen in Mecklenburg-Vorpommern – wo auch der wunderbare, uralte Buchenwald »Heilige Hallen«[14] liegt, der zum UNESCO-Weltnaturerbe zählt – fuhr ich durch solche ganz bezaubernden Obstbaumalleen (Bild Nr. 5). Ebenso in der Umgebung von Schwerin. Sie wirken auf mich wie aus einer anderen, Mensch und Natur zusammenführenden Zeit. Auch in der traditionsreichen, landwirtschaftlichen Region des Mostviertels[15] in Niederösterreich gibt es neben unzähligen Streuobstwiesen – das sind gemischt genutzte Wiesen mit Hochstammobstbäumen – nach wie vor straßenbegleitende Baumreihen aus hohen Birnen- und Apfelbäumen sowie andere vitale Obstbaumalleen. Es gibt heute wieder vermehrt Neupflanzungen, wie sie mir in Bayern aufgefallen sind. Alles in allem hat sich dieses System der Baumnutzung über Jahrhunderte hinweg bewährt.

Die Bedeutung der Baumwege in Deutschland erschließt sich aus dem »Alleenerlass von 1841«,[16] der an sämtliche königlichen Regierungen erging. Maßgabe war, die alten Alleen unbedingt zu erhalten, da sie die erwähnten wichtigen Funktionen zu erfüllen hätten. Nur in Ausnahmen war das Fällen von Alleenbäumen erlaubt.

Die alten Baumwege sind bis heute mit großem Abstand das Schönste, was unser Straßen- und Wegenetz zu bieten hat. Sie gestalten weiträumig ganze Landschaften und haben zum Glück zumindest in manchen Gegenden den Status geschützter Kultur- und Naturgüter.

In Deutschland werden – das mag zunächst überraschend hoch erscheinen – immerhin rund 23.000 Alleen aufgeführt. Vor allem in den neuen Bundesländern sind viele erhalten geblieben, da in der ehemaligen DDR aufgrund des geringeren Verkehrsaufkommens und wegen fehlender finanzieller Mittel die Verbreiterung der Straßen – und damit das Fällen der Bäume – schlichtweg nicht möglich war. Aus diesem letztlich banalen Grund blieben in diesen Landstrichen viele wertvolle Baumreihen erhalten (Bild Nr. 6). Umgekehrt wurden in den 1950er- und 1960er-Jahren im Westen zahllose Alleen rigoros vernichtet, um im Zuge einer autofreundlichen Politik breitere Straßen für das hohe Verkehrsaufkommen anzulegen. Um sich das Ausmaß dieser Zerstörung besser vorzustellen: Im 19. Jahrhundert waren fast alle Wege Über-Land-Alleen!

Obschon unter römischem Einfluss in Ländern wie Italien und Frankreich sehr viele Chausseen angelegt wurden, sind diese inzwischen weitgehend verschwunden. Vor allem Frankreich hatte einst eine herausragende Alleentradition. Das eingedeutschte Wort für die Baumstraße – Allee – stammt aus dem Französischen: *aller* und *Allée* bedeuten *gehen* und *Gang*. Für straßenbegleitende Baumreihen würden sich auch noch andere Bezeichnungen anbieten. Denn Alleen sind nicht nur an Überlandstraßen anzutreffen, sondern auch immer häufiger im städtischen Bereich (siehe »Duftalleen« Seite 46).

Doch zurück zum Baumkulturerbe in Form von Alleen. Bestehende Anlagen gehören gepflegt und gewartet. Das ist zum einen für die Gesunderhaltung der älteren Bäume wichtig, zum anderen für die Verkehrssicherheit notwendig. Äste und selbst ganze Baumstämme können bei Sturm und unter hoher Schneelast brechen und stellen damit für die Straßenbenutzer eine Gefahr dar.[17]

Wenn die Bäume allzu früh ihre Kraft und Gesundheit verlieren, hat das jedoch selten mit dem Alter oder dem straßennahen Standort zu tun, sondern ist sehr häufig auf falsche Pflege und rigorosen Schnitt zurückzuführen. Der zerstörerisch wirkende Eingriffstrieb von Männern mit Motorsägen wird leider meist nicht genug hinterfragt oder von erfahrenen Fachleuten wie Baumpflegern kontrolliert.

Warum um alles in der Welt dürfen Säulenpappeln ihre untersten Äste erst auf zehn Meter Höhe haben? So stellt es sich – als ein Beispiel von tausenden – bei einer kümmerlichen Restallee bei Naturns in der Nähe von Meran in Südtirol dar. Die stattlichen Pappeln werden beinahe jährlich sogar immer weiter nach oben entastet und stehen wie gefesselte Säulen am Straßenrand. Die wie Mahnmale aussehenden Bäume leiden sichtbar unter der wiederkehrenden Tortur. Sind italienische Lkw wirklich höher als anderswo?

Ein Gegenbeispiel erfreute mich rund um die Autobahnen bei Freiburg im Breisgau, wo unzählige alte Pappeln leben. Die meisten von ihnen stehen direkt neben der Straße in ihrem natürlichen Säulenwuchs, wobei Äste die Stämme bis hinunter zum Boden säumen. Herrlich grün, dicht bewachsen und kerngesund. Kommt da nur ein anderes Schnittmuster zum Ausdruck – oder eher ein wahres Naturverständnis?

Ich plädiere für einen wertschätzenden Blick auf das Thema: Eine erwachsene oder gar ältere Allee darf niemals gefällt werden, wenn eine Straßenverbreiterung ansteht. Man zerstört hundertjähriges Leben – und das nur, um eine breitere Straße zu bauen. Für mich sind das vollkommen falsche Prioritäten. Es gibt mindestens drei alternative Lösungen, die geprüft werden müssen:

1. Die Verantwortlichen belassen den bestehenden Zustand und versuchen durch auffächernde Maßnahmen, den Verkehr umzulenken oder der vorhandenen Straßenbreite anzupassen.
2. Vielleicht kann, möglichst ohne eine größere Zerschneidung der Fläche, eine zweite Fahrbahn außerhalb der Allee – im Sinne von zwei Einbahnstraßen – gebaut werden. Die Gegenfahrbahn läuft entweder parallel zur Allee oder weiter abseits.
3. Sollten beide Möglichkeiten bei ernsthafter Abwägung nicht infrage kommen, wird nur eine Seite der Allee geopfert und die Straße einseitig verbreitert. Die gefällte Baumreihe muss dann verbindlich – mit entsprechendem Abstand – neu gepflanzt werden, um den alten Zustand der Allee in den folgenden Jahren wiederherzustellen.

Das angebliche Gefahrenpotenzial von Alleen für den fließenden Verkehr darf durchaus etwas kritischer betrachtet werden: Wer bewegt sich da eigentlich mit höchster Geschwindigkeit, und wer steht ganz ruhig und fest verankert sowie weithin sichtbar am Straßenrand? Leiden wir unter Umständen seit Jahrzehnten unter einer verdrehten Perspektive? Auch die Mär vom rutschigen Laub auf der Straße hält sich bei manchen Menschen wacker, wie ich immer wieder hören durfte. Bei Regenwetter und im Herbst stimmt das schon – aber nur dann. Doch gilt für die Kapriolen des Wetters und der Jahreszeiten generell die Verpflichtung, dass sich die Benutzer von Straßen, im Speziellen die Autofahrer, sinnvollerweise an die Fahrbahnverhältnisse anpassen sollten. Das ist bei Starkregen, Eis oder Schnee auf jeder baumfreien Straße selbstverständlich – warum also nicht genauso bei Alleen?

Heute stehen für spezielle Situationen machbare technische Lösungen zur Verfügung: Um die Sicherheit für uns Autofahrer zu gewährleisten, was bei kurvigen und hügeligen Baumwegen plausiblerweise notwendig sein kann, können die Alleebäume mit Leitplanken oder Säulen vor den Stämmen geschützt werden. Erdwälle und Säulen, die mit Efeu überwachsen sind, eignen sich ebenso. Dadurch wird das Leben der Bäume gerettet und natürlich auch das der Autofahrer – egal ob diese an die Verhältnisse angepasst fahren oder eher einen riskanten Fahrstil praktizieren.

Stadtalleen – Nutzen und Bereicherung heute

Gerade bei Fahrten im Stadtgebiet muss ich immer wieder feststellen, wie viel an den straßenbegleitenden Bäumen herumgesägt und -geschnitten wird. Dass jedes Jahr an ein und demselben Baum ein oder zwei Äste mehr abgeschnitten werden, ist keine Ausnahme. Das Motto scheint zu lauten: Immer höher hinauf. Was bleibt zurück? Vernarbte Stämme, Wülste und Überwallungen der Wunden. Der Baum versucht eben, auszugleichen und – seiner Art gemäß – die vorgegebene Grundform zu halten. Mit jungen Trieben bemüht er sich, den Astverlust zu kompensieren. Doch den Wettlauf um sein Leben wird er immer verlieren: Im nächsten Jahr werden garantiert auch die Neutriebe radikal gekappt.

Für Baumkenner und Baumliebhaber zeigt sich immer wieder: Nicht jeder, der eine Kettensäge oder Baumschere in die Hand nimmt, weiß damit umzugehen und den Schnitt fachgerecht durchzuführen. Da das von den Gemeindezuständigen mit dem Baumschnitt beauftragte Personal immer wieder wechselt, weiß der nachfolgende Baumschneider oft nicht, was sein Vorgänger mit dem Zurechtstutzen im Vorjahr im Sinn hatte.

Der Verlierer ist das Lebewesen Baum. Denn jährlich neu hinzukommende Verletzungen bedeuten für den Baum jährlich neue Anstrengungen, um zu reparieren. So verbraucht er seine Energie und Kraft in die Vernarbung der Schnitte hinein, anstatt sie für Neuaustrieb oder eine gesunde Krone einzusetzen oder das stabilisierende Wurzelwerk auszubauen. Wiederkehrender Schnitt schwächt den Baum – so lange, bis er schließlich krank oder zumindest anfällig für Schädlinge wird. Damit ist sein Ende eingeleitet.[18]

Diese Art des Vorgehens findet noch immer Jahr für Jahr statt – und das Jahrzehnte nach Alex L. Shigo, jenem weltbekannten Experten für Baumschnitte, der Dutzende hervorragender Bücher zu diesem Thema herausgebracht hat.[19] Diese Lektüre sollte für all jene obligatorisch sein, die sich mit spitzen, scharfen und kreischenden Geräten bewaffnet an die Bäume heranmachen. Seriöse Baumpfleger und Dendrologen kennen die Grundsätze und Vorgaben im Sinne einer echten lebenserhaltenden Baumpflege, die den Namen verdient. Sie haben sie verinnerlicht.

Shigo hat seine jahrelangen Beobachtungen beim Rückschnitt der Bäume notiert und gibt Antworten zu den wesentlichen Fragen: Wie reagiert ein Baum nach einem Eingriff? Was passiert, wenn Starkäste entnommen werden? Wie viel Zeit braucht der Baum für Wundverschluss und andere Maßnahmen bei übermäßiger Verletzung? Es ist wichtig zu wissen, dass Bäume keine automatisch immer weiterwachsenden Organismen sind, sondern ihnen Pilze und Insekten stark zusetzen können, sobald der Grad an Verletzungen zu groß ist. Krankheiten und Verwucherungen sind die Folge, der Baum wird stark bis lebensbedrohend geschädigt.

Der fachgerechte Baumschnitt ist ein sehr komplexes Thema, da Bäume schließlich komplexe Lebewesen sind, mit einer naturgegebenen Fähigkeit zur Regeneration und Gesundung. Trotz ihrer manchmal unglaublichen Lebens- und Wuchskraft werden aber auch sie irgendwann, wie andere Lebewesen, krank. Oder sie sterben bei zu mächtiger Einwirkung sogar innerhalb kurzer Zeit ab. Was allein schon am Boden in punkto Abfälle, Salz- und Streuwasser und anderen unnatürlichen Belastungen samt oftmals zu kleinen Pflanzballen vielen Bäumen zugemutet wird, ist an sich schon tragisch genug. Solche Bäume haben, selbst wenn sie als abgasresistent gelten, die schlechtesten Voraussetzungen, gesund zu bleiben oder älter als vielleicht 50 Jahre zu werden.

Ich habe manchmal den Eindruck, dass genau dies das Ziel der Straßenbehörden ist, denn sonst würden die Bäume zu hoch, zu dick, zu morsch und zu gefährlich werden. Lieber vorzeitig fällen, bevor sie zu einer Gefahr werden. Dann wird ein junges Bäumchen anstelle des alten gepflanzt – und alles ist gut. Wenn's denn so wäre! Denn dieses wird in den gleichen Schicksalsweg gezwungen wie sein Vorgänger. Und eines kommt noch hinzu: Durch solche wider die Natur gerichteten Beschäftigungsmaßnahmen werden unterm Strich um ihrer selbst willen Kosten erzeugt, die – bei echtem Sachverstand und wirklich gewollter Weitsicht – stark verringert werden könnten.

In einem meiner zahlreichen Gespräche mit Baumpflegern erfuhr ich, dass in einer Vorarlberger Gemeinde eine Allee mit unterschiedlichen Baumarten gepflanzt wurde. Das hat mich natürlich gefreut. Um Kosten zu sparen, wurden bei dem löblichen Projekt allerdings die anstehenden Arbeiten an den örtlichen Bauhof, die Straßenmeisterei, übertragen. Was passierte? Die Pflanzlöcher waren viel zu klein, sodass ein Jahr später fast ein Drittel der fünf Meter hohen Bäume abstarb. Das ist nur ein kleines Beispiel dafür, wie oftmals rein durch Unkenntnis große Kosten entstehen.

Davon kann auch Stefan Gieselbrecht vom Baumpflegeteam Vorarlberg[20] ein Lied singen. Seit Jahren ist er mit seinem Team von Fachleuten für tausende Bäume der Region zuständig. Er lässt sie regelmäßig vermessen, beobachten und pflegen. Es gibt wohl kaum

Bäume auf seiner langen Liste, auf die er nicht schon selbst geklettert ist. Oder Christoph Ölz vom Baumpflegeteam Gehölz in Dornbirn[21], ein sehr engagierter Baumfachmann, mit dem ich mich immer wieder austausche und der mich ausführlich über falsche Grabungsarbeiten einer Baumfirma, die einen Kindergarten baute, informierte. Die Arbeiter schätzten das Wurzelwerk der bestehenden Bäume falsch ein und gruben viel zu nahe an den Stämmen. Solche Fehler machen sich mitunter erst nach fünf oder mehr Jahren bemerkbar. Zu stark verletzte Bäume sterben einen langsamen Tod, und niemand weiß dann angeblich, warum.

Meine Bitte an alle Heckenschneider und Meister der Motorsäge lautet: Lkw sind keine zehn Meter hoch. Und ein Zweig ist kein Ast, wird es auch nie werden. Sollte ein Zweiglein ein Lkw-Dach von oben mal berühren, ist das lange noch kein Grund, gleich den kompletten tragenden Starkast am Stamm zu kappen. Man bedenke: In Europa ist die Normhöhe aller Lastkraftwagen auf vier Meter limitiert. Manche Tunnel sind nicht höher als fünf Meter, die Zweige der Äste unserer straßenbegleitenden Bäume müssen das also auch nicht sein.

An dieser Stelle seien einige Überlegungen zur Naturästhetik erlaubt. Das Betrachten der Natur und die damit verbundenen Empfindungen spielen für alle Menschen eine wichtige Rolle – vielleicht manchmal mehr unbewusst als bewusst. Ist eine Landschaft gesund oder krank? Ist ein Baum vital, grün und blühend, oder wirkt er müde, ungesund und angeschlagen? Kann sich eine Pflanze natürlich entwickeln und wachsen, oder wird sie darin abgebremst, beschnitten und gezüchtigt?

Alles, was damit einhergeht, wird von uns wahrgenommen und gespeichert. Auch ohne Fachwissen über den richtigen Baumschnitt zu besitzen, nehmen wir die optischen Reize am Straßenrand in jedem Fall unterbewusst in uns auf. Wer sich beispielsweise in einem gesunden Wald bewegt, wird eine tiefe, ganz positive Wirkung empfinden, die Lebendigkeit und Energie spüren, die kräftige Bäume ausstrahlen.

Anders bei einer dressierten, zurechtgestutzten Baumreihe. Der Betrachter nimmt dann oftmals brutal und willkürlich wirkende Verletzungen und Eingriffe wahr. Ob wir wollen oder nicht, ob wir das mögen und akzeptieren oder eher kritisieren – die visuellen Botschaften erreichen uns und vermitteln uns ein Bild der Straße, des Quartiers oder der Stadt, durch die wir uns bewegen. Negative Eindrücke sind nicht zu unterschätzen, gerade weil heute die Zerstörungen mancherorts nicht nur hässlich sind, sondern geradezu unfassbar und vollkommen unverhältnismäßig, am gesunden Menschenverstand vorbei.

Ein Beispiel, das mich schockierte: Die gesamten Bäume einer Platanenallee nach Lindau hinein – der wunderbaren Inselstadt am Bodensee, in der der Fremdenverkehr eine sehr große Rolle spielt – wurden an den Stämmen bis etwa acht Meter hoch vollständig entastet. Das doppelt Unfassbare dabei war: Die Bäumen standen bereits etwa 30 Jahre und hatten in keiner Weise die Verkehrssicherheit beeinträchtigt.

Diese »Schnittphilosophie« hat mit dem wichtigen Thema Verkehrssicherheit schon deshalb nichts zu tun, da die geschnittenen Äste und die Bäume als solche vollkommen gesund waren. Meine Vermutung ist: Irgendjemand in irgendeiner Behörde hatte die Innenhöhe der Allee neu festgelegt, und das wurde dann einfach ohne Sinn und Verstand »nach Vorschrift« umgesetzt. Die eigentliche Tragik solchen Maßnahmen besteht immer darin, dass das Ergebnis unumkehrbar ist. Derartige Radikalschnitte beeinträchtigen die gesamte restliche Lebensdauer der Bäume, und dabei reden wir von immerhin 100 bis 200 Jahren.

Außerdem: Wie wirkt eine solche verstümmelte Baumreihe auf die Einheimischen und auf die Touristen? Was bewegt sich unter solchen Umständen in der Seele? Und: Welches Bild entsteht von einer Stadt, die ihre Besucher auf diese Weise empfängt? Jeder mag sich diese Fragen selbst beantworten.

Theo Rosing aus Heek im Münsterland, der sich sein ganzes Leben mit dem Schnitt von Bäumen befasste, hat über derartige Zustände ein lehrreiches Buch verfasst. In »Ein Herz für Bäume« unterscheidet er die notwendigen von überflüssigen Schnittmaßnahmen. Er erklärt das Lichtraumprofil sowie das Kaputtpflegen von Bäumen. Sein Buch will er nicht verkaufen, sondern an die zuständigen Stellen verschenken. Fachleute und Pioniere wie Theo Rosing verdienen Aufmerksamkeit. Nicht nur die Natur wird es danken, sondern auch die stets überforderten Budgets der Gemeinden. Weniger ist in diesem Fall mindestens doppelt mehr.

» Die Duftallee

Ob Linde, Vogelkirsche, Apfelbaum oder Kastanie – die auffallende Blütenpracht dieser Bäume und ihr unbeschreiblicher Duft üben eine faszinierende Wirkung aus. Warum also nicht eine Duftallee planen und zum Wohl der gesamten Umgebung anlegen?

Ein Beispiel ist die Linde. Stellen Sie sich einmal eine Allee aus hunderten von Lindenbäumen bildlich vor. Wenn der Boden gut aufbereitet ist und der Pflanzballen ausreichend groß ist, wachsen die Bäume rasch und gedeihen prächtig. Zusätzlich stellen Sie sich ein grünes Band aus Büschen und Stauden in Bodennähe vor. Die Astreihen der Bäume beginnen zur Straße hin in einer Höhe, bei der Lkw gerade noch passieren können. Auf der anderen Seite, etwa zu einem Gehweg hin, reichen die Äste wesentlich tiefer bis auf drei Meter.

Auf jeder Straßenseite steht somit eine geschlossene Baumreihe oder bei entsprechendem Platz sogar zwei wie in Berlin, Wien oder Paris. Eine solche Allee aus Lindenbäumen entwickelt im Juni, spätestens im Juli ihren unverkennbaren, weithin wahrnehmbaren, süßlichen Duft, der über dem gesamten Straßenbereich schwebt und natürlich auch in die Umgebung reicht. Alle, die in dieser Gegend leben oder unterwegs sind, nehmen das wahr und ordnen automatisch »ihrem Viertel« oder »ihrer Straße« den besonderen Duft zu. Das ist die *Lindenstraße* der Zukunft.

Ich denke, uns steht damit eine genial einfache und zugleich wegweisende Lösung zur Verfügung, um bestimmte Lebensräume mit einer positiven Erinnerung zu verbinden – oder, ganz lapidar, auch damit man eine bestimmte Straße schnell findet. Für Geschäfte, Restaurants oder Museen ist das eine perfekte Orientierungshilfe. Wer weiß, vielleicht wird der Name des Straßenzugs oder gleich die ganze Gegend umbenannt? Neben der Lindenstraße gibt es dann den Kastanienplatz, das Apfelbaumviertel oder den Kirschhügel …

In der Bonner Altstadt – als besonders herausragendes Beispiel – wurden in den 1980er-Jahren zahlreiche Straßenzüge mit japanischen Zierkirschen bepflanzt. In der Breiten Straße sind es rund 60 Nelkenkirschen, die heute ihr Blüten- und Blätterdach ausbreiten. Ursprünglich bot die Innenstadt Bonns außer zahlreichen Amtsgebäuden keine verschwenderische Pracht an Architektur oder sonstigen Besonderheiten. Gegen anfängliche Skepsis wurden die Alleepflanzungen von den Bonnern immer mehr angenommen und begrüßt. Ein alle verbindendes Ergebnis: Seit Jahren gibt es die beliebten Straßenfeste zur Kirschblüte.[22]

Unzählige Touristen aus aller Welt strömen zu diesem jährlich im April wiederkehrenden Naturereignis in die Altstadt, wenn die Kirschbäume ihr rosarotes Blütenmeer entfalten. Ein verzauberndes Fotomotiv der Sonderklasse! Und ein nachahmenswertes Beispiel, wie mit einer guten Idee, etwas Willen und dem Einbinden von Natur eine belebende Attraktion in ansonsten vielleicht eher unspektakuläre Städte Einzug halten kann. Schöne Nebeneffekte: Die Lebensqualität nimmt zu und öde Betonlangeweile weicht der einzigartigen Veränderung der Natur im Jahreslauf (Bild Nr. 4).

Eine ähnlich außergewöhnliche Blütenallee mit Kirschbäumen wurde vor ein paar Jahren in Ascona am Lago Maggiore im Tessin angelegt. Im Frühling, rechtzeitig zu Saisonbeginn des Ferienortes, werden dort die Gäste mit einer rosafarbenen Farbenpracht begrüßt und zum Besuch der Stadt eingeladen.

» Die Wanderbaumallee

Eine Initiative von GreenCity in München[23] möchte ich besonders hervorheben: Seit 1992 werden dort 15 heimische Bäume, die schon respektabel hoch gewachsen sind, mittels fahrbarer Behälter in baumlose Straßenzüge gebracht und an passender Stelle, meist als Allee, wenigstens fünf Wochen lang aufgestellt. Das zeigt Bewohnern wie Passanten dieses Viertels anschaulich, wie sich durch eine Allee das Straßenbild positiv verändert und sich auch die Wohnqualität erheblich verbessern kann.

Für die Zeit ihres »Einsatzes« werden die Bäume von den jeweiligen Baumpaten, vor deren Häuser sie aufgestellt sind, engagiert und liebevoll mit Wasser versorgt und betreut. Das Projekt führte inzwischen dazu, dass von der Stadtverwaltung in einigen Straßenzügen Bäume dauerhaft gepflanzt wurden. Bei einer Besichtigungstour vor Ort erzählte mir Silvia Gonzalez von GreenCity, der jeweilige Umzug der mobilen Bäume wird inzwischen unter großer öffentlicher Teilnahme vorgenommen. Eine Musikgruppe und viele freiwillige Helfer begleiten den Zug, manchmal mehrere Stunden lang, durch die Stadt von einem Quartier zum nächsten.

Solche Aktionen müssen behördlich bewilligt werden, denn dabei handelt es sich um eine Sondernutzung der Gehsteige, auf denen die Bäume vorerst aufgestellt werden. Das entspricht – auf Amtsdeutsch – einer »Zweckentfremdung von öffentlichem Raum«. Dennoch lohnt sich das Ganze. Denn bevor Alleebäume trotz aller Akzeptanz durch die Bevölkerung und trotz Einverständnisses der Stadtverwaltung gepflanzt werden, vergeht mitunter sehr viel Zeit. Manchmal bis zu zehn Jahren!

Von Silvia Gonzalez lernte ich viel über die zahlreichen Hürden, die bei den unterschiedlichen Behörden zu überwinden sind. Je nach Breite des Straßenzugs lässt sich das Pflanzen der Bäume manchmal nur auf Parkplatzflächen umsetzen, was bedeutet, dass einem Baum ein Parkplatz geopfert werden muss. Weil die Anlage einer Allee bisher keine oberste Priorität genießt, muss eine geplante Bepflanzung auf notwendige Arbeiten am Straßenbelag oder gar eine völlige Umgestaltung des Straßenraums warten. Das braucht Geduld. Und trotzdem hat mich begeistert, zu erfahren, dass inzwischen 18 Straßenzüge in der Münchner Innenstadt begrünt und mit Bäumen bepflanzt wurden.

Das neueste Projekt in der bisher baumlosen Schwanthalerstraße lässt hoffen. Durch die Initiative von Greencity kam es zu einer Petition von fast tausend Anwohnern: pro Allee. Diese wurde von der Stadtverwaltung positiv beantwortet. Die gesamte Straße wird umgestaltet und soll Bäume und Grünflächen erhalten (Bild Nr. 2).

Die Initiative führte übrigens auch Grünpaten in anderen Stadtteilen dazu, dass der Bodenbereich der Stadtbäume Heimat von anderem »Pflanzengrün« werden durfte, was zu einer weiteren Aufwertung des Straßenraumes beiträgt. Die Bepflanzung nimmt in München die Stadt vor, was sehr zu begrüßen ist. Das Wässern und Reinhalten liegt aber in den Händen der jeweiligen Baumpaten. Ein wirklich schönes Beispiel für Artenvielfalt und natürliche Flächen mitten in einer Großstadt.

Die Kosten für die Aktion trägt übrigens das Sozialressort der Stadt München. Dort hat man erkannt, dass das Engagement pro

Baum für die Bewohner der jeweiligen Straßenzüge sehr verbindend ist. Trotzdem sollte man nicht vergessen, dass ein solches Projekt samt den unvermeidlichen zeitintensiven Behördengängen nur mit großem Bürgereinsatz zu realisieren ist. Angesichts der positiven Auswirkungen solcher Begrünungsvorhaben wäre es schön, wenn aufseiten der Behörden ein Umdenken und eine Vereinfachung der Verfahren erfolgte. Schließlich geschieht das alles zum Wohl und für die Gesundheit der Bewohner – und das sollte bei allen Überlegungen doch immer oberste Priorität haben.

» Start frei für Baumwege!

Wussten Sie, dass es in Deutschland etwa 640.000 Kilometer, in Österreich 107.000 Kilometer und in der Schweiz 70.000 Kilometer Straßen gibt?[24] Was wäre, wenn davon nur 20 Prozent in Alleen umgewandelt würden? Dann gäbe es in diesen drei Staaten auf rund 160.000 Kilometer beidseitig rund 20 Millionen Bäume. Zwanzig Millionen Bäume – über alle Landesflächen verteilt – erzeugen eine riesige Menge Sauerstoff für unsere Atemluft. Und sie nehmen die Schadstoffe (wie CO_2 und den gefährlichen Feinstaub) dort auf, wo diese entstehen: über und neben den Straßen (siehe S. 185 / 186 »Modellrechnung«).

Außerdem: Durch den Schatten der Bäume wird im Sommer der Asphaltbelag der Straßen nicht so sehr erhitzt, was zu seinem Schutz und seiner Langlebigkeit beiträgt. Die Straßenränder müssen nicht eigens mit Mauern oder Beton befestigt werden, sondern Baumwurzeln können diese Aufgabe genauso gut übernehmen. Und alle anderen oben erwähnten Vorteile der Allee gelten natürlich heute noch immer – manche von ihnen eher mehr als anno dazumal.

Die Anlage neuer Alleen sollte richtig erfolgen. Am besten ist es, einen Baumexperten hinzuzuziehen. Ich beobachte immer wieder, dass Bäume auf zu kleinen Pflanzflächen oder auf zu beengten Stellen zwischen den Verkehrsflächen wie Rad- oder Fußgehweg und Fahrbahn eingegraben werden, wo der Boden viel zu stark verdichtet ist. Wichtig sind vor allem tiefe Pflanzlöcher. Andernfalls finden die Baumwurzeln weniger Nährstoffe und entwickeln zu wenig Halt.

Ebenso wichtig ist das richtige Substrat – Humus- und Füllmaterial –, das dem Pflanzballen beigefügt wird und ein rasches sowie gesundes Anwachsen des Baumes fördert. Hilfe und Information bieten Anleitungen für das Einpflanzen größerer Bäume in der Straßenumgebung, wie vom Bund deutscher Baumschulen e. V.[25] Zum Schutz von Gehölzen im Stadtbereich gibt es unter anderem eine Reihe von Normen (in Österreich: Önorm L1121-L1127) mit zahlreichen sinnvollen und hilfreichen Regeln.[26]

Gerade bei Neupflanzungen ist die richtige Pflanz- und Schnittzeit unbedingt zu beachten. Werden Bäume nach zehn Jahren Wuchszeit an einen neuen Standort versetzt, entsteht für die Pflanze erheblicher Stress. Sie braucht in den folgenden Jahren viel Energie zum Anwachsen – Energie, die ihr fehlt, um sich in dieser Zeit gegen Schädlinge, Trockenheit, Astschnitt und andere Verletzungen zur Wehr zu setzen.

Ebenso können ungeeignete Baumarten später Schwierigkeiten verursachen, also nicht standortgemäße Bäume, die beispielsweise aus anderen Regionen und Höhenlagen stammen oder für das hiesige Klima nicht geeignet sind. Sie werden unweigerlich zu Problemfällen. Krankheiten, Pilzbefall, früher Astbruch oder vorzeitiges Absterben sind damit verbunden. Planerische Voraussicht und artgerechtes Fachwissen können solche Widrigkeiten zumeist verhindern und damit Kosten reduzieren.

Auch die Mischung verschiedener Baumarten, wenn es einmal nicht die typische Linden- oder Eichenallee sein soll, erfordert Fachwissen. Nicht immer vertragen sich Baumarten untereinander. Typische »Lichtarten« wie Eichen brauchen viel Sonne und gedeihen im Schatten anderer Bäume nicht gut. Typische »Halbschattenarten« wie Linden oder Ulmen vertragen engen Kontakt dagegen sehr gut. Bei Erlen oder Buchen wiederum weiß man, dass sie sich den Platz mit anderen Baumarten nur ungern teilen.[27]

Die unterschiedliche Wuchsgeschwindigkeit ist ebenso zu beachten. Wachsen Eschen oder Pappeln im Eiltempo gen Himmel, brauchen Hainbuchen oder Eiben ein Vielfaches an Zeit. Sie werden auch nicht so groß wie ihre Baumkollegen. Entsprechend müssen sie – je nach Himmelsrichtung – auf der richtigen Straßenseite gepflanzt werden.

In einem Dorf in Mecklenburg-Vorpommern habe ich eine besondere Allee entdeckt: Auf der Schattenseite der Straße mit nur wenigen Häusern gediehen prächtige Linden. Auf der gegenüberliegenden Straßenseite, entlang der dichten Häuserzeile, waren kleinwüchsige Mehlbeerbäume gepflanzt worden. Sie werden einerseits die Häuser nicht überragen, da ihre Wuchshöhe gering bleibt, und kommen andererseits mit den wenigen Sonnenstunden bestens zurecht. Wegen ihrer behaarten Blätter sind sie überaus wirksame Abgas- und Feinstaubfilter, was den Hausbewohnern zugutekommt.

Damit ein solches Jahrhundertprojekt wie die Anlage einer Baumstraße gelingt, müssen Dendrologen – Baumbiologen, Baumpfleger oder Baumkenner aus der Region – zur Planung und Pflanzung unbedingt hinzugezogen werden. Nach der Pflanzung werden die Bäume mit Stützen gegen Starkwind gesichert. Die Fachleute prüfen den Zustand über die Jahre der Akklimatisation regelmäßig und sorgen bei Trockenheit verlässlich für die Bewässerung.[28] Gesunde Alleebäume können ein Alter von 200 bis 300 Jahren erreichen. Darüber werden sich also bei fachgerechtem Vorgehen viele Generationen von Stadtbewohnern freuen!

» Bäume am Straßenrand für mehr Verkehrssicherheit

In der überaus spannenden und detaillierten Studie »Verkehrssicherheitsgrün« weist Gerhard Anhäuser, ein ehemaliger Polizeidirektor aus Reichelsheim, anhand von Tests und Studien nach, dass Hecken und an gefährlichen Stellen gezielt gesetzte Bäume insgesamt zur Erhöhung der Konzentration bei Autofahrern führen und damit zur Verbesserung der Verkehrssicherheit mit reduzierter Unfallgefahr beitragen.[29] Diese Studie stammt zwar aus dem Jahr 2004, ihr Inhalt ist aber bislang offenbar noch nicht bis zu den Verantwortlichen und Entscheidern vorgedrungen. Nach wie vor ist man dort der Meinung, eine offene, gerade und einsehbare Fläche sei für die Verkehrssicherheit besser.

Leider entspricht diese stark vereinfachende Sicht der Dinge nicht der Realität. Gerhard Anhäuser belegt: Baumreihen, mit Bedacht gesetzt, unterbrochene Grünbegleitung und gezielt gestaltete Sichtschwellen mit Hell-Dunkel-Kontrast führen dazu, dass sich das Durchschnittstempo der Fahrenden verlangsamt. Mit anderen Worten: Bei wechselnder Helligkeit durch Sonne und Schatten schauen die Verkehrsteilnehmer konzentrierter auf die Fahrbahn – die Aufmerksamkeit erhöht sich. Bei der Fahrt durch einen langen geraden Tunnel mit immer der gleichen Beleuchtung, Wandfarbe und Rhythmik ermüdet man dagegen rasch, und die Konzentration lässt nach.[30]

Zahlreiche Testreihen und die genaue Analyse von Unfallstrecken untermauern die Erfahrung, dass gezielt gepflanzte Bäume und Hecken an kritischen, unübersichtlichen und kurvigen Strecken mehr Aufmerksamkeit erzwingen und zu einer Drosselung des Tempos führen. Das alles klingt sehr überzeugend und sollte durch die zuständigen Stellen für Straßenplanung und -begrünung alsbald beherzigt werden. Dann würden die Straßenränder in unseren Breiten schon bald ganz anders aussehen – und nicht nur schöner, sondern auch sicherer sein.

Hierzu ein Beispiel aus meiner Wohnstraße, die keine Durchgangsstraße mit starker Verkehrsdichte ist: Unsere Bäume und die des Nachbarn gegenüber bilden eine Art grünen Tunnel. Scheint die Sonne, beschatten die Bäume die Straße, machen sie dunkler und lassen sie enger erscheinen. Durch diesen Tunneleffekt passieren die motorisierten Verkehrsteilnehmer dieses Straßenstück merklich langsamer, denn es wird dunkler, scheinbar enger und erfordert erhöhte Aufmerksamkeit. Auch die Tatsache, dass es keinen Gehsteig gibt, hat einen klaren Vorteil: Die Geschwindigkeit der Autos wird der Situation angepasst und reduziert, weil ja ein Schulkind auf der Straße stehen könnte. Außerdem gibt es keine Ausweichmöglichkeit.

So weit, so gut. Doch beinahe jedes Jahr führe ich mit den Beamten der Straßenmeisterei die gleiche Diskussion: Denn diese wollen die Bäume zurück- und nach oben stutzen, weil das so Vorschrift ist. Um die Verkehrssicherheit zu erhöhen, muss die Straße laut Gesetz in Österreich frei geschnitten und einsichtig gemacht werden. Unglaublich, aber wahr: Durch eine Vorschrift wird die gegenteilige Wirkung dessen erreicht, was bewiesenermaßen sinnvoll ist. Laut Vorschrift und auch aus Tradition sind Baumreihen und Hecken bei uns in einem vorgeschriebenen Abstand zum Fahrbahnrand zu halten.

In Berlin habe ich jedoch etwa 150-jährige Eichen fotografiert, die hinter schützenden Leitplanken direkt neben der Stadtautobahn stehen. Was dort offenbar seit vielen Jahren problemlos funktioniert, wäre in Österreich oder in der Schweiz unvorstellbar. Ein Hochstämmer direkt am Straßenrand – viel zu gefährlich! Entweder werden sie immer wieder rigoros zurückgeschnitten, wobei Schneiden eine mehr als schmeichelhafte Umschreibung für die mancherorts praktizierten Verstümmelungsaktionen ist. Oder sie werden sofort gefällt, um den Kosten für zukünftige Arbeiten vorsorglich aus dem Weg zu gehen. Doch es geht auch anders.

Zu hinterfragen ist dabei vor allem der Abstand der Hecken zur Fahrbahn. Denn vor allem das Beispiel Südengland führt zu einer spannenden Frage: Dort wachsen die Hecken, Büsche und Bäume direkt am Straßenrand. Bäume ragen über die Fahrbahn, lassen ihre Zweige tief auf Lkw-Höhe hängen. Trotzdem gibt es dort, statistisch gesehen, nicht mehr Unfälle oder Sachbeschädigungen als in einem vergleichbaren anderen europäischen Land. Heißt das nun, dass Engländer besser Auto fahren können als die Resteuropäer, oder ist das alles nur eine Folge des Linksverkehrs? Eher unwahrscheinlich. Oder ist man dort entspannter oder naturnaher im Umgang mit bewachsenen Straßenrändern?

Und was ist mit dem Herbstlaub, mit der Verkehrssicherheit, mit der Mehrarbeit durch den Rückschnitt? Wachsen die Pflanzen dort anders, langsamer oder »ordentlicher« als hierzulande? Warum ist das dort kein Problem, bei uns aber schon? Hat das möglicherweise mit einer naturfeindlichen Einstellung manches Bürokraten zu tun, mit einer Ordnungswut und einer Flut an Vorschriften? Bestimmt liegt es nicht daran, dass die Mitarbeiter der Bauämter und Straßenmeistereien unterbeschäftigt wären. In Zeiten klammer Kassen erschließt sich da ein fast unendliches Potenzial, Kosten einzusparen.

Allen Einwänden hierzulande zum Trotz wird die Tradition der Straßenbegleitung in England seit Jahrzehnten beibehalten, da sie sich bewährt hat. Ganz augenscheinlich funktioniert es dort. Was hindert uns also daran, mit gesundem Menschenverstand und realitätsbezogenem Verantwortungsgefühl diesem erprobten Beispiel zu folgen?

» Grüne, blühende Tunnel – Wege der Zukunft

Die normale Form von Straßen und Wegen über Land und in der Stadt sollen in Zukunft besondere Alleen sein – von Bodengrün umfasste und überdachte Lebensadern. Es geht mir dabei um das Neubeleben der Alleentradition weit über das heutige Maß hinaus. Nicht nur über Land und in großen Städten, wo sie heutzutage recht präsent sind, sollte es wieder mehr Alleen geben. Auch alle Dörfer und kleineren Städten sollen sich damit schmücken. Dort sind sie meist seit Jahrzehnten verschwunden (Bild Nr. 34).

Ihr Erscheinungsbild, das ist meine Vision, ist maximal naturnah. Das betrifft dann beispielsweise grüne Bodenflächen mit blühenden Sträuchern, dadurch auch insgesamt eine steigende Artenfülle (Bilder Nr. 35 und 36). Zum Gesamtbild zählen Rad- und Wanderwege, auf denen ein Vorwärtskommen ganz wesentlich mit Bewegung und Gesundheit zu tun hat. Der Schatten der Bäume, die sauerstoffhaltige Luft, der Duft und das Zwitschern der Vögel tragen dazu bei, dass wir entschleunigen, uns sammeln, gesunden. Grünen Tunneln gleich werden dann viele Straßen aussehen.

Das Besondere dieser Alleen ist, dass sie nicht nur von Bäumen auf beiden Seiten der Straße flankiert wird, sondern auch ganz gezielt Hecken zur Gestaltung gehören. Zwischen den Bäumen, auf den Grünstreifen, wächst also oftmals Buschwerk und anderes blühendes pflanzliches Leben in seiner schönsten Vielfalt. Solche lebendigen Baumwege wechseln sich mit anderer Bepflanzung ab, auch mit angelegten Blumenrabatten. Sie führen nicht schnurstracks gerade durch die Landschaft, sondern haben leichte Biegungen und, wo nötig, auch Kurven. Dort werden dann andere Baumarten mit eigener Blatt- und Nadelfarbe angepflanzt – um, wie oben erklärt, die Aufmerksamkeit der Verkehrsteilnehmer zu erhöhen (siehe S. 53).

Vielleicht haben Sie Lust, sich das vor dem inneren Auge einmal in Ihrer Region vorzustellen: Hellgrüne Linden und Eichen wechseln sich mit sattgrünen Platanen und Pappeln ab. Dazwischen finden sich zarte Zedern und Douglasien. Dann wieder Kastanien und Nussbäume, die mit blühenden Kirschbäumen aufgelockert werden. Dunkelrote Blutbuchen wirken wie Rubine im Laubgrün der Baumkronen und im silbergrauen Blätterwerk der Weiden. Tannenbäume finden sich ebenso wieder wie der ehrfurchtsvolle Ginkgo mit seinem herrlichen goldgelben Herbstlaub oder die südlich anmutende Edelkastanie mit ihrem fingerartigen Blattfächer. Manchmal reicht das Astwerk weit in die Straße hinein oder überschirmt diese in passender Höhe.

Vielleicht sind Ihnen die Koniferenalleen aus Italien, Frankreich oder Griechenland bekannt, wo Pinien und Zedern viele Landwege säumen. Nun, einige dieser Arten werden sich bestimmt für verschiedene Sonneninseln auch bei uns in Mitteleuropa eignen. Die Gegend um Freiburg im Breisgau beispielsweise, aber auch die um Wien oder Graz sowie um Genf käme in klimatischer Hinsicht für solche Alleen bestens infrage. Kiefern, Föhren und Douglasien eignen sich ebenfalls für Baumreihen, selbst wenn in den betreffenden Regionen die Sonne nicht so häufig scheint. Natürlich müssen manche Baumarten erst ausgetestet werden, um für die praktische Umsetzung neue Erfahrungswerte zu gewinnen.

Besonderes Augenmerk gilt bei den Alleenwegen den schon heute zahlreichen und in Zukunft vielleicht sogar überwiegenden Straßenbenutzern: den Radfahrern. Ob mit Elektro-, City- oder Mountainbike, die Zahl der Radfahrer wird auch dank neuer Techniken, wie man es bereits bei den E-Bikes sieht, stark zunehmen. Diese Verkehrsteilnehmer sind dem Wetter in besonderer Weise ausgesetzt und müssen vor Sonne sowie vor Sturm und Starkregen geschützt werden. Das alles lässt sich auf natürlichem Weg durch intelligent gepflanzte Begleitbäume lösen. Radfahrer werden wahrscheinlich ganz automatisch schon aus diesem Grund die Allee den unbeschatteten Straßen vorziehen – und genießen.

Konstanz und Kopenhagen sind übrigens, was die Radfahrdichte bezogen auf den Gesamtverkehr betrifft, Europameister. Der Anteil der Radfahrer am Gesamtverkehr liegt derzeit in Deutschland,

Österreich und in der Schweiz bei etwa zehn Prozent. In einigen holländischen Städten beträgt er bis zu 40 Prozent, Tendenz steigend.[31, 32]

Die interessantesten Alleen werden die Baumreihen mit Obst- und Nussbäumen sowie Edelkastanien sein. Die Blütenpracht im Frühling ist unbeschreiblich und lässt sich wie eine Sinfonie oder Choreographie gestalten und steigern. Zuerst blühen die Kirschen, dann die Birn- und Apfelbäume, je nach Region auch Aprikosen, Pflaumen und Pfirsiche.

Zukünftig sind dann auch andere, dem Leben und der jeweiligen Alleeoptik näher stehende Wegbeschreibungen denkbar. So könnte es bei Google-Maps folgende Angabe geben: »Folgen Sie zunächst drei Kilometer der Eichenallee, biegen Sie dann rechts in die rotblätterige Allee ein und folgen dieser bis zum Abzweig an der Bienenwiese. Von dort aus sind es noch zwei Kilometer durch die Zedernallee bis zu Ihrem Hotel. Wir wünschen eine angenehme und erholsame Reise.« Auf diese Weise wäre jede Fahrt mit dem Auto – oder mit dem Fahrrad – nicht nur kurzweilig, sondern ein echtes Erlebnis.

Mehr Straßengrün am Straßenrand

» Für naturnahe Hecken

Private Flächen werden von öffentlichen für alle sichtbar gerne durch natürliche Begrenzungen abgetrennt. Sich dicht verzahnende Zweige und Äste schnittfähiger Sträucher und Bäume eignen sich besonders gut, um nahezu undurchdringliche, gut zu beschneidende, blickdichte Begrenzungen zu gestalten.

Buchs, Lorbeerbaum, die heimische Hainbuche, der die Sonne liebende Liguster oder die früher häufig eingesetzten Thujen werden mancherorts besonders meisterlich und mithilfe von Senkblei und Wasserwaage zu wahren Kunstwerken getrimmt. Hecken in pfeilgeraden, eckigen Formen oder in wellig geschnittenen Fantasiege-bilden begleiten Straßen- und Wegränder. Sie zeigen unverkennbar den Gestaltungswillen, an mancher Stelle vielleicht sogar eine Art Gestaltungszwang des Besitzers, allenfalls seines Gärtners.

Ich vermag mir nicht vorzustellen, wie diese – leider oftmals nicht heimischen – Gehölze das jährliche Prozedere verkraften, geschweige denn überleben. Fast immer wurde nur eine Strauchart gepflanzt, um eine möglichst dichte, gleichförmige und geschlossene Grünwand he-ranzuziehen. Sie ist einfach zu schneiden, wächst gleichmäßig schnell und eng heran und kann fast wie eine einzige Pflanze über die ganze Länge gestutzt werden. Manchmal ist das durchaus zweckmäßig und erfüllt eine sinnvolle Funktion.

Gäbe es einen Wettbewerb für einförmige Naturgeometrie, ange-wandt an Hecken, würde ein Großteil der ersten Preise wahrschein-lich in die Vorarlberger Region vergeben werden, in der ich lebe. Viel-leicht wirkte das die Jahre über sogar wie eine starke Inspiration für dieses Buch. Die Hecken hier sind jedenfalls fast exakter als Mauern, dichter als Zäune und eintöniger als jede Schallschutzmauer.

Mindestens zwei, eher schon drei Mal pro Jahr wird mit unglaub-licher Akribie und unter hohem Zeitaufwand dem Nachbarn und allen vorbeikommenden Fußgängern bewiesen, wie Natur exakt zu bändigen ist. Dabei wird auch noch das störende »Unkraut« wie Löwenzahn oder Brennnessel unter, neben oder hinter der Hecke herausgerissen und vereinzelte Grashalme zwischen den Steinplat-ten und dem Asphalt entfernt. Das Ergebnis ist in klinisch steriler Hinsicht und Perfektion kaum zu überbieten.

Doch wozu all diese ständigen unnötigen Not-OPs am lebenden Grün? Warum diese Anstrengungen? Wenn ich es richtig beobachte, so haben die Operateure, die in dieser gezüchtigten Natur leben, nicht einmal die Zeit, ihr Werk zu genießen. Ich nehme kaum wahr, dass sie sich auf ihrem super gepflegten Designerrasen entspannen – denn sie machen unentwegt weiter: schneiden Hecken, kürzen Äste, reißen sogenanntes Unkraut aus und sorgen dafür, dass die »unordentliche Natur« irgendwann bitte schön sauber, adrett und aufgeräumt ist.

Eines ist klar: Mit Natur oder einer organischen Wuchsform der Pflanzen hat das nichts zu tun. Insofern unterscheiden sich moderne Gärten im oben beschriebenen Sinn kaum von streng geometrisch angelegten klassischen Parkanlagen des Ancien Régime in Frankreich. Abgesehen von der grünen Farbe und der manchmal erkennbaren Blattform ist alles dem kopfgesteuerten Gestaltungswillen des Menschen untergeordnet. Manche Ergebnisse sind lustig oder gar putzig und nett anzuschauen, die meisten empfinde ich allerdings als öde, fantasielos und ausgesprochen langweilig. Was steckt dahinter, dass sich offenbar so viele Zeitgenossen möglichst weit von der Natur entfernen wollen?

Wie wohltuend unterscheiden sich von solchen künstlich wirkenden Hecken die lebendigen, naturnahen Hecken, die mit ihren vielfältigen Blattformen und -farben ganz unmittelbar ein optischer Genuss sind und zu unterschiedlichsten Zeiten blühen und duften. Eine solche Pracht erfreut nicht nur Auge und Herz, sondern auch zahlreiche Mitlebewesen – beispielsweise Vögel, Eidechsen, Wildbienen, Schmetterlinge und auch die wichtigen kleinen und kleinsten Bodenorganismen –, die in ihr, unter ihr und von ihr leben.

Ein Beispiel aus eigener Erfahrung: Die vom Vorbesitzer meines Grundstücks übernommene Thujenhecke wurde innerhalb von zwei Jahren zu einer grandiosen Efeuwand, gehalten von einem eingefügtem Stützgitter für den Kletterer. Ganz von selbst und ohne Aufwand.

» Grünes Band an der Straße

Das Diktat des kurzgeraspelten Rasens sollte heutzutage endgültig ad acta gelegt werden! Ich setze ihm eine wesentlich sinnvollere und vor allem kostengünstigere Methode entgegen, das Straßengrün am Straßenrand zu gestalten. Es ist höchste Zeit – und wird zum Glück inzwischen vielerorts bereits umgesetzt –, artenreiche Blumenwiesen, vielfältige Getreidefelder, die gesunden alten Heilpflanzen Brennnessel oder Giersch oder die viele Tiere beherbergenden Streuwiesen zu fördern. Von den immer wichtiger werdenden Bienenweiden ganz zu schweigen …

Was ist eigentlich gegen Brennnesseln einzuwenden, die für so viele Insekten überlebenswichtig sind? Oder gegen andere Wildkräuter? Ich frage mich immer wieder: Wann setzte sich die Fehlansicht durch, dass kurzgeschnittener Rasen schöner oder gar sinnvoller sei als ein Streifen hochwachsender Brennnesseln? Eine sich selbst überlassene Grünfläche müsste, wenn überhaupt, ein bis zwei Mal pro Jahr gemäht werden. Den Rest erledigt die Natur. Was dadurch allein für die Artenvielfalt getan werden kann, ist kaum zu beschreiben. Stellen Sie sich die tausende von Kilometern langen Grünbänder in natürlicher Fülle und Vielfalt auf beiden Straßenseiten vor: mit Klatschmohn und Wegwarte, der heute seltenen Kornblume, tanzenden Schmetterlingen oder musizierenden Grillen und Nachtigallen. Selbst im Stadtbereich kann es solche Naturflächen unter den Bäumen geben.

Zum Grünband auf und an der Straße gehören auch die Gleisflächen der Straßenbahnen, was sich in einigen Städten zum Teil schon seit einigen Jahren bemerkbar macht. In Stuttgart, Linz, Berlin und Hamburg beispielsweise habe ich, wie auch in Barcelona, diesen neuen, sinnvollen Trend beobachtet und bin begeistert. Alle Flächen zwischen und um die Geleise wurden begrünt. Wiesen und Rasen beleben auf diese Weise wunderbar das eintönige Grau der Straßen. Sie tragen dazu bei, im Sommer die Umgebungstemperatur zu kühlen, bieten vielen Insekten und anderen Kleintieren wieder Lebensraum – und dem Auge eine willkommene Ruhefläche (Bild Nr. 37).

» Her mit den Hecken!

Jedes Jahr verschwinden – zumeist bei landwirtschaftlich intensiv genutzten Flächen – immer mehr Naturhecken. Das oftmals undurchdringlich erscheinende Gewirr aus Sträuchern, Büschen und kleinwüchsigen Bäumen, durchzogen von hohen Gräsern und blühenden Pflanzen, wächst zwar in die Breite, nicht aber zu sehr in die Höhe.

Früher waren solche Naturhecken an Landwegen, wo sie die natürliche Grenze zwischen Fahrweg und Ackerfläche bilden, üblich. Sie wuchsen aber auch an Böschungen und abgeschrägten Rändern, weil an diesen Stellen das regelmäßige Mähen schwierig und eine landwirtschaftliche Nutzung unmöglich war. Seitdem aber jeder Quadratmeter Boden bewirtschaftet wird und die großen Landmaschinen Platz zum Wenden und zur Aussaat benötigen, sind diese Hecken im Weg und dem rein ökonomisch denkenden Menschen ein Dorn im Auge. In der Folge sind die lebendigen Grenzen mehr und mehr am Verschwinden.

Jüngste wissenschaftliche Studien belegen jedoch eindeutig, dass auf Acker- und Nutzland weit weniger oder gar keine Pestizide eingesetzt werden müssen, wenn sich Heckenränder und naturbelassene Wiesenstreifen in ausreichender Zahl finden. Demnach steigt der Ertrag von Feldfrüchten in Heckennähe – über eine Entfernung bis zu ihrer 15-fachen Höhe – um bis zu 60 Prozent. Faktoren wie Beschattung und Windschutz sind dabei bereits berücksichtigt.[33]

Die so manchen Landwirt störenden Hecken beherbergen eine Vielzahl an Tieren, beispielsweise Vögel, die den für den Anbau schädlichen Insekten den Garaus machen. Statt diese Tatsache endlich zur Kenntnis zu nehmen, werden nach wie vor anstelle der natürlichen Feinde Tonnen an Gift eingesetzt. Erst seitdem sich herausgestellt hat, dass dieses Gift auch uns schadet, findet ein gewisser Wandel im Umdenken statt. Die natürlichen Helfer treten wieder ins Bewusstsein.[34]

Über landwirtschaftliche Flächen hinaus bieten sich noch andere Bereiche für Naturhecken an. Warum sollten die bestehenden und künftigen Alleen nicht mit Hecken gesäumt und damit biologisch wie optisch aufgewertet werden? Nahe dem Straßenrand sind gerade Sträucher und Büsche nicht nur ein guter Sicht- und Blendschutz sowie eine natürliche Lärmabwehr, sondern auch ein Leben rettender Aufprallschutz für Autos. Eine üppige, fünf Meter breite Hecke ist der natürliche, federnde Schutzwall für die Fahrzeuginsassen und auch für die Bäume (siehe S. 28).

Eine weitere sinnvolle Möglichkeit bieten alle Grenzen zwischen Nutz- und Ackerflächen. Im Gegensatz zu Grenzsteinen sind lebende Hecken unverrückbar. Sie markieren für lange Zeit die Grenze zwischen den Besitzungen – und beide Nachbarn können obendrein einen biologischen Nutzen aus den Hecken ziehen. Ganz nebenbei verschönern sie die Landschaft und sorgen ohne menschlichen Aufwand dafür, dass die Artenvielfalt deutlich zunimmt. In heutigen Zeiten des dramatischen Bienensterbens stellen sie durch eine vorausschauende Pflanzplanung eine fast schon zwingende, da höchst wertvolle Nahrungskette dar: von Februar, wenn die ersten Gehölze blühen, bis in den August hinein.

Eine ökologisch wie kulturell sinnvolle Planung weist auch den vielen Wildobstarten den ihnen gebührenden Platz und Stellenwert zu. Auch sie sollten wieder eine geschützte Heimat finden und sich vermehren. Zahlreiche Strauch- und Baumarten eignen sich vorzüglich für solche Hecken, da sie wenigstens zum Teil schnittfähig sind und sich miteinander gut vertragen. Je nach Mikroklima und Himmelsrichtung sind einige davon besser geeignet, was sich aber problemlos bei ortsansässigen Gartenbaubetrieben erfragen und über Pflanzeninformationssysteme[35] oder über eigene Naturversuche herausfinden lässt. Gleiches gilt für die Hecken in Gärten, Parks und Naturflächen rund ums Haus.

Infrage kommen beispielsweise Ginster und Liguster, die unterschiedlichen Hartriegel, Beerensträucher wie Johannisbeere, Brombeere, Himbeere und der Maulbeerbaum, daneben Haselnuss und Weißdorn, Sanddorn, Schlehe und Schneeball, Holunder und die unterschiedlichen Weidenarten, auch Hainbuche und Eberesche, die wunderbaren Kirschbaumsorten, seltene Arten wie der Faulbaum, Feldahorn und Birke sowie verschiedenste alte Wildobstarten und -sorten. Jürgen Kruse listet für »engagierte Naturstreiter« auf seiner Website »Hecke und Heckenschutz« unzählige Berichte und Studien zum Thema auf und hilft bei Fragen: ein großer Wissensschatz, auf den man bei Bedarf jederzeit schnell zurückgreifen kann.[36]

Dank dem Kreisverkehr

Seit den 1980er-Jahren hat sich in Mitteleuropa bei den Verkehrsplanern die Auffassung durchgesetzt, dass Kreisverkehrlösungen sicherer und zeitsparender für alle motorisierten Verkehrsteilnehmer sind als konventionelle Kreuzungen mit und ohne Ampelregelung. Solche Überlegungen wurden in England bereits seit den 1960er-Jahren angestellt. Überall in Europa wurden also fleißig und mit enormer Geschwindigkeit Kreisverkehre eingerichtet und begrünt (Bild Nr. 7). Zur Gestaltung wurden im Sinn einer natürlichen Lösung zehntausende von Bäumen, zumeist Linden, gepflanzt – manchmal ein einziger Baum, manchmal mehrere. Daraus lassen sich drei zukunftsträchtige Schlüsse ziehen.

Erstens: Statt asphaltierten Flächen wurden Bäume gepflanzt – darunter oftmals auch Feuchtbiotope, Blumeninseln, Naturhecken, Strauchinseln und vieles mehr. Diese Naturinseln hat es zuvor nicht gegeben. Allein das ist ein echter Fortschritt!

Zweitens: Noch viel wichtiger ist, dass diese Bäume wahrscheinlich sehr lange dort stehen werden. Als Orientierungspunkt in der Landschaft machen sie schon von Weitem auf den Kreisverkehr aufmerksam und bezeichnen diesen genau. Da sie wenig strapaziert werden und einen großen Luftraum beanspruchen können, dürfen sie ungehindert wachsen und gesund groß werden.

Drittens: Es könnte gut sein, dass sie in einigen hundert Jahren die »Denkmalbäume« oder Bäume der Erinnerung sind, die auf die dann einstigen Kreisverkehre hinweisen. Vielleicht treffen sich dort Menschen zum Gespräch und Gedankenaustausch über die Vergangenheit, genießen den Schatten alter Linden und freuen sich über die Auswirkungen der heutigen Verkehrsplanung. Bei einer Linde reden wir von 500, 600 oder mehr Jahren Lebensspanne. Ein reizvoller Gedanke ganz im Sinne unserer Nachkommen …

Ich bin mir ziemlich sicher, dass es in weiter Zukunft wohl kaum die gleichen Straßen, Kreuzungen oder Kreisverkehre wie heute gibt. Entweder schweben die Menschen übers Land – oder sie benutzen wieder Fuhrwerke oder Ähnliches. Wie auch immer: Die Bäume, die heute auf diesen Flächen stehen, werden (hoffentlich) noch leben und von einer längst vergangenen Zeit künden.

3 › Grüne Häuser

Hitzespeicher und kühle Oasen

Ein heißer Sommertag in einer europäischen Großstadt. Die Luft flirrt vor Hitze, auf den Kiesflachdächern der Stadt, auf Steinböden und dem Asphalt herrschen 60 Grad Celsius und mehr. In der Nacht wird die Hitze gut gespeichert, um Mitternacht sind es noch 30 Grad. Ohne Klimaanlage schwitzen sich die Städter nicht nur durch den Tag, sondern auch durch die Nacht. Eine Abkühlung sowie der lang ersehnte Regen lassen auf sich warten. Das Stadtklima, im Durchschnitt um drei bis fünf Grad höher als im Umland, hat die Bewohner fest im – hitzigen – Griff.

Der Blick von oben auf Städte und Gewerbegebiete macht eines klar: Neben den Verkehrsflächen gibt es kaum freien Boden. Da in Ballungsgebieten sämtlicher verfügbarer Raum restlos überbaut ist, befinden sich die »freien« Bodenflächen zumeist einige Stockwerke weiter oben. Zunächst mag das kurios klingen. Doch neuere Bauten und große Gebäude haben heutzutage fast ausschließlich Flachdächer. Mit anderen Worten: Die unten verbrauchten Grünflächen finden sich im urbanen Raum weiter oben – meist als bekieste Flachdächer.

Diese Entwicklung ist jedoch endlich. Das liegt nicht nur an der begrenzt zur Verfügung stehenden Gesamtfläche, sondern in erster Linie auch an den Grundstückspreisen, die aufgrund der Enge und des Mangels an freien Flächen in astronomische Höhen klettern. Damit einher geht die Tatsache, dass in den Städten die Lebensqualität erheblich abnimmt, was die Gesundheit betrifft.

Eine weitere Folge der dichten Flächennutzung betrifft den Wasserhaushalt. Bei Starkregen oder großen Niederschlagsmengen an Regen und Schnee findet über den natürlichen, grünen Oberflächen kaum noch eine langsame Verdunstung statt. Stattdessen werden die Wassermassen in den Untergrund abgeleitet, was aber auch nur so lange funktioniert, wie die Abflusssysteme das verkraften.[37]

Zum urbanen Raum gehören inzwischen beinahe überall am Stadtrand angesiedelte Gewerbezonen. Die Gebäude dort werden zumeist unter dem Aspekt der Funktionalität und geringer Kosten errichtet, sind in den meisten Fällen also standardisiert und nicht sehr attraktiv. Einzig die Eingangsfassaden versprechen ein wenig mehr, da sich die Unternehmen in einem angenehmen, ansprechenden Licht zu präsentieren versuchen. Bei Industrieanlagen, Gewerbebauten und Einkaufszentren dominiert das Flachdach. Aber auch immer mehr Wohnanlagen samt Garagen werden bis heute in dieser Weise errichtet.

Flachdächer haben aufgrund ihrer Bauweise jedoch nur eine begrenzte Lebenszeit. Das ist hinlänglich bekannt. Neben Wasser und Frost in den Wintermonaten ist es vor allem die unmittelbare Sonneneinstrahlung, die jeder waagerechten Dachkonstruktion auf Dauer zusetzt. In der Wiener Innenstadt werden auf freien Kiesflachdächern an Hitzetagen bis zu 80 Grad Celsius und mehr gemessen. Zum Vergleich: Die Temperatur an der Bodenoberfläche benachbarter Dachgärten unter schützendem Pflanzendach und Gräsern liegt bei höchstens 35 Grad. Kaum zu glauben, aber unverfälschte Realität.

Dabei ist alles sofort nachvollziehbar – und Sie selbst kennen das auch: Betreten Sie an einem heißen Sommertag den Sandstrand am Meer, ist es so heiß, dass Sie barfuß darauf kaum laufen können. Der Rasen daneben, auf dem Sie vorher zur Abkühlung standen, ist im Gegensatz zum Sand wesentlich kühler, angenehm und feucht. Und das bei genau der gleichen Sonneneinstrahlung! Nicht anders verhält es sich bei den Oberflächentemperaturen auf Kiesflachdächern oder begrünten Dachflächen.[38, 39]

Im Wesentlichen wird der Wasserhaushalt beim Dachgarten durch das Aufbringen bestimmter Substrate geregelt. Das ist eine spezielle Bodenmischung aus Humus und strukturgebenden, feinen bis groben mineralischen Gerüststoffen für den Bodenaufbau. Sie sind leichter als Humus, können Wasser besser aufnehmen und abgeben und eignen sich – je nach Zusammensetzung – für die dauerhafte Bepflanzung des Daches. Je nach Schichttiefe lassen sich die Probleme umgehen, die bei Kiesflachdächern durch Starkregen oder hohe Hitzeeinwirkung auftreten. Auch wenn der damit verbundene finanzielle Mehraufwand – in Abhängigkeit der verschiedenen Ansprüche – zunächst nicht unerheblich ist, so amortisiert sich die Investition jedoch sehr rasch.

Unter extensiver Begrünung versteht man einen geringen Bodenaufbau von acht bis 15 cm Höhe. Damit kommen etwa 200 kg pro Quadratmeter als Gewicht aufs Dach, und es begrünt sich fast von selbst mit Pflanzen wie Moosen, Dickblattgewächsen, Gräsern und Kräutern. Bereits eine solch dünne Schicht wirkt sich nachweislich auf die Oberflächentemperatur eines Daches aus. Die Kosten hierfür sind gering.

Eine einfache Intensivbegrünung mit bis zu 25 cm Bodenaufbau nimmt das Regenwasser auf, und es können neben Gras und Kräutern problemlos auch Stauden und kleinere Gehölze angepflanzt werden. An Gewicht liegen jetzt bis zu 300 kg Boden pro Quadratmeter auf dem Dach. Ab einer solchen Schichthöhe werden die darunterliegenden Räume bereits gut isoliert, das heißt im Sommer gekühlt und im Winter vor Kälte geschützt.

Bei der Intensivbegrünung wiederum wird eine Substratdicke von bis zu 150 cm aufgebracht. Entsprechend erhöht sich das Gewicht auf bis zu 1000 kg pro Quadratmeter. Dafür wachsen auf dem Dach nun aber auch stattliche Bäume und Sträucher, ein echter Garten ist denkbar, Gemüseanbau also möglich. Außerdem: Die Isolierwerte verbessern sich erheblich für das gesamte Gebäude. Das bedeutet, im Sommer wird es gegenüber Kiesdächern um bis zu vier Grad gekühlt, im Winter schützt die Erdschicht auf dem Dach das Gebäude gegen Kälte und »wärmt« es ebenso auf bis zu vier Grad gegenüber herkömmlichen Flachdächern. Unschwer sich vorzustellen, dass dadurch hohe Energiekosten einzusparen sind!

Die Kosten für diese Art der Dachbegrünung mögen zunächst relativ hoch erscheinen. Allerdings zeigt eine Kosten-Nutzen-Rechnung des Umweltamtes in Hamburg über 40 Jahre einen deutlichen Kostenvorteil gegenüber herkömmlichen Kiesflachdächern[40]: Bei einer 300 m² großen Dachfläche kostet ein Kiesdach etwa 3000 Euro, ein Dachgarten dagegen – je nach Bepflanzung und Substrathöhe – rund 9000 Euro. Bereits nach 20 Jahren schaut die Rechnung aber anders aus. Dann liegen die Gesamtkosten gleich auf, denn üblicherweise muss die Dachhaut nach zwei Jahrzehnten repariert oder erneuert werden. Auch wirkt sich die Einsparung der Niederschlagsgebühren für das Dachwasser enorm aus.

Nach weiteren 20 Jahren sind die Dachgarteneigner finanziell betrachtet die Gewinner dieser Rechnung. Hinzu kommt: Der Mehrwert eines echten Dachgartens ist unbezahlbar. Naturliebende Mieter bezahlen für eine Wohnung mit Dachgarten sicherlich mehr – und vielleicht auch gerne. Auch verbessert sich die finanzielle Betrachtung noch durch Förderungen, die es in verschiedenen Städten wie in München und Hamburg bereits gibt.

Um nicht missverstanden zu werden: Ich habe großen Respekt vor Architekten und Ingenieuren. Was sie in den letzten Jahrzehnten geschaffen haben, ist atemberaubend, von großer Qualität und Einfallsreichtum. Als aufmerksamer Beobachter kann man ob der unglaublichen Formenvielfalt, der kühnen Ausmaße und der ungewöhnlichen Materialien, die zum Einsatz kommen, nur staunen. In den meisten Bauwerken wird gewohnt oder gearbeitet. Sie sind also für menschliche Ansprüche erdacht und erbaut worden.

In Zukunft werden sich Architekten jedoch nicht nur damit zu beschäftigen haben, wie und was verbaut wird, sondern vor allem auch die Frage beantworten müssen, wo und wie viel Natur im und am Gebäude stattfindet. Wie lässt sich die Natur integrieren und alltäglicher Bestandteil unserer Arbeit und unseres Lebens werden? Wo im oder am Haus leben Sträucher, Blumen, Bäume, auf welche Weise begleiten sie uns?

Man muss kein Prophet sein für die Aussage: Was bislang vielleicht noch nicht möglich ist, wird in absehbarer Zeit in vielen Fällen technisch machbar sein. Die ersten Wegbereiter für grüne urbane Lösungen haben bereits grandiose Projekte umgesetzt, und ich bin sicher, die Architektur der Zukunft wird an ihrem Umgang mit der Natur gemessen. Vorzeigebeispiele dafür: die beiden Waldhochhäuser »bosco verticale« in Mailand (S. 79), der MFO-Park in Zürich (S. 116), das Sargfabrikprojekt in Wien (S. 81) und die Dachgärten auf den Hundertwasserhäusern (S. 76), um nur einige zu nennen.

In der niederländischen Stadt Venlo, nahe der deutschen Grenze, wurde ein zukunftsweisendes Projekt umgesetzt. Das zehnstöckige

„Townhouse" wurde in modernster Architektur nach dem Prinzip „Cradle to Cradle" gebaut, und so wird dort auch gearbeitet und gelebt. Maßgabe war und ist, nur hundertprozentig wiederverwendbare Materialien zu verwenden. Beispielsweise sind der Beton und der Großteil der Holzmöblierung bereits wiederverwertet. Das gesamte Gebäude wird nahezu energieautark betrieben.

Während meines Besuches erklärte mir Yvonne Haagmans, wie die Grünfassade den Bau kühlt und isoliert und wie das Regenwasser daraus in Wasserbecken über den Tiefgaragen gelagert wird und der Toilettenspülung dient. Eine ziemlich schlaue Lösung ist es auch, in einem riesigen Glasaufbau ganz oben am Dach – dort gibt es grüne Pflanzenfassaden und Bäume – die Luft für die Belüftung des Hauses zu reinigen und gleichzeitig zu temperieren (Bild Nr. 26). Das Haus ist ein Ort, in dem viele richtungsweisende Techniken und Erkenntnisse zum naturnahen Bauen umgesetzt wurden. Über der Tiefgarage gibt es Bäume und Wasserflächen, auf einem Flachdach befindet sich eine Honigweide für Bienen und im offenen Atrium ist ein großer Baum zu bewundern.

Obwohl das Haus mit seinen rund 600 Bewohnern erst ein halbes Jahr in Betrieb ist, gibt es täglich Führungen – auch für interessierte Architekten und Bauherren aus aller Welt. Die Warteliste ist beachtlich.[41]

Der bisherige Weg, der uns der Natur immer mehr entfremdet hat, ist eindeutig falsch. Wir müssen ihn verlassen, uns mit der Natur wieder versöhnen, sie zulassen, in unser Leben hineinlassen. Ganz eng und verbunden mit ihr leben. Dabei sind Architekten wie Ingenieure und Stadtplaner gefordert, nachhaltige Antworten und Lösungen zu finden. Es geht um perspektivische Kreativität – die letztlich auch von den politisch Verantwortlichen und Entscheidungsträgern erlaubt und gefördert werden sollte. Beginnen wir jetzt!

» Die grünen Dächer Europas

Der durchschnittliche Stadtbewohner Mitteleuropas ist von einigem Grün umgeben. Dennoch sind die Unterschiede zwischen den Städten beträchtlich, wie die Beispiele einiger Hauptstädte zeigen. Weist Berlin rund 25 m² Grünfläche pro Einwohner auf, sind es in London sogar 45 m² – in Paris dagegen nur fünf.[42] In Zukunft soll jeder Einwohner Wiens spätestens ab 250 m Entfernung auf einen Grün- oder Freiraum treffen. Nach dieser Vision sind rund 16 m² Grünfläche pro Kopf verpflichtend.[43]

Angaben über die Grünflächenanteile von Städten sind jedoch stets mit Vorsicht zu genießen. Werden Grün- und Freiflächen zur gesamten innerstädtischen Fläche ins Verhältnis gesetzt, erreichen manche Städte bis zu zehn Prozent. Wird aber – wie im Falle von Wien oder Berlin – die gesamte Stadtfläche zugrunde gelegt – inklusive aller angrenzenden Waldflächen –, dann weisen diese Städte einen Grünflächenanteil von bis zu 50 Prozent oder 250 m² pro Einwohner auf. Bei aller Vorsicht gegenüber statistischen Angaben sagen sie dennoch etwas über die Lebensqualität für die Bewohner der einzelnen Städte aus.

Um begrünte Dächer zu fördern, gibt es in Deutschland neuerdings in fast allen Bundesländern als Anreiz die sogenannte Gesplittete Abwassergebühr, mit der die Dachbegrünung finanziell unterstützt wird. Mit anderen Worten: Wer sich dafür entscheidet, bei dem entfallen die Kanalgebühren. Der Hintergrund: Niederschläge verdunsten auf Dachgärten und werden somit nicht in kostenintensive Abwassersysteme eingespeist. Auch das Einsparpotenzial in Sachen Gebäudeklimatisierung ist so groß, dass man mittlerweile auf EU-Ebene auf eine Verabschiedung von Förderungsmaßnahmen für Flachdachbegrünung hin arbeitet. Das konnte ich in Wien in gut unterrichteten Kreisen in Erfahrung bringen (Bilder Nr. 13 und 14).

In Budapest war es eine gewachsene Bautradition, die dafür sorg-te, dass es dort wesentlich mehr Dachgärten gibt als zum Beispiel in Wien. Seit über hundert Jahren wird in der ungarischen Hauptstadt in vielen Fällen beim Hausbau der Humusaushub aufs Dach gelegt. Dadurch verbleibt zum einen wertvoller Boden in der Stadt. Zum anderen wird der Brandgefahr der dicht stehenden Häuser entge-gengewirkt. Alles ziemlich durchdacht und ressourcenschonend, wie man heute dazu sagen würde. Viele Dachgärten samt Bepflanzung sind dort also bereits viele Jahrzehnte alt. In Sachen Dachbegrünung lebt in der Stadt an der Donau ein großer Schatz an Wissen und Praxiserfahrung.

Das Beispiel lehrt auch, dass es nicht erst modernster Abdich-tungstechniken bedurfte, um eine Dachbegrünung langfristig zu gewährleisten. Verwunderlich bleibt umso mehr, dass solch vorbild-liche Lösungen nicht schon längst überall bekannt sind und umge-setzt werden.

In der Schweiz wird schon seit über 100 Jahren eine Dachbegrü-nung angewandt, die ganz praktische Gründe hat. Um die Flach-dächer auf dem Seewasserwerk Moos in Wollishofen[44] bei Zürich gegen Brand, Hitze und Frost zu schützen, hat man sie – wie viele andere öffentliche Gebäude auch – mit Erdreich von einem Meter Höhe belegt. Mit dieser Maßnahme bleibt darüber hinaus die Tem-peratur in den Wasserkammern über das Jahr beinahe unverändert kühl, was sich positiv auf die Wasserqualität auswirkt.

Auf der gesamten Dachfläche ist mittlerweile ein einzigartiges Biotop entstanden. Über 180 verschiedene Pflanzen, davon rund 100 Orchideenarten, sowie eine unüberschaubare Zahl an Insekten und Kleinstlebewesen besiedeln die Flächen und sorgen für eine Ar-tenvielfalt, wie sie in weitem Umkreis nicht zu finden ist. Daraus wurden schon in den 1980er-Jahren – zum Beispiel durch Professor Stefan Brenneisen – zahlreiche Projekte und Studien abgeleitet, die inzwischen Wirkung zeigen.[45 − 47] In vielen Regionen der Schweiz – so etwa in Basel – gibt es eine Verpflichtung zur Begrünung der Flachdächer, auch wenn diese Vorgabe von Kanton zu Kanton unterschiedlich umgesetzt wird.

Das hat man im österreichischen Linz um 1998 ebenfalls verstanden. Seitdem gibt es zumindest gewisse »Minimumkriterien« für Begrünungen. Mit anderen Worten, es entwickelten sich Flächen mit extensiver Dachbegrünung. Ein Schritt in die richtige Richtung!

In Wien wurde vor über 40 Jahren ein visionäres Wohnbauprojekt gestartet, das bis heute für Kontroversen sorgt und von Wienern immer noch kritisch kommentiert wird. Über Architektur lässt sich bekanntlich streiten, doch soll das hier nicht das Thema sein. Mir geht es um naturnahes Leben in der Stadt, und da bietet sich dieses Projekt bestens an, weil es schon sehr lange existiert.

Vom Architekten Harry Glück wurde Anfang der 1970er-Jahre die Satellitenstadt Alt-Erlaa mit über 3000 Wohnungen für 11.000 Menschen entworfen und gebaut.[48] Damals war der gemeinnützige Wohnbau geprägt von grauen Großwohnanlagen ohne Grün. Harry Glück wollte deshalb unter dem Motto »größtmögliches Glück für die größtmögliche Zahl« eine besondere Wohnsituation schaffen. Bemerkenswert daran ist, dass er die unteren zehn Geschosse – von insgesamt 20 – mit Balkontrögen ausstatten und entsprechend bepflanzen ließ (Bild Nr. 23).

In den vergangenen vier Jahrzehnten hat sich – passend zu den jeweiligen Bewohnern und ihrer Ansicht zur Begrünung – eine große Vielfalt an Pflanzengesellschaften entwickelt, die in ihrer Summe überaus reizvoll wirkt. Auf den Vorplätzen wurden ferner Waldwege und Parkanlagen angelegt. Auffallend viele Schmetterlinge und Vögel vervollständigen das Gesamterlebnis Natur vor Ort. Laut Befragungen in ganz Wien liegt die Zufriedenheit mit dem geförderten

Wohnbau in Alt-Erlaa am höchsten. Dabei wurden Kriterien wie Lebensqualität, Sicherheit und Nutzungsvielfalt an erster Stelle genannt.

In der österreichischen Hauptstadt steht seit 1986 außerdem das berühmte Hundertwasser-Gemeindehaus[49], realisiert nach einer Idee des Künstlers Friedensreich Hundertwasser und des Architekten Josef Krawina. Als bildender Künstler hatte sich Hundertwasser über 20 Jahre mit Fragen der Architektur beschäftigt. Ihm ging es in erster Linie nicht darum, tradierte Baunormen zu brechen, sondern er wollte vor allem die Dachbewaldung und Terrassenbauten fördern. Wichtig war ihm ein Leben der Menschen mit und in der Natur in allen nur denkbaren Formen.

Nach wie vor suchen täglich Tausende von Besuchern das berühmte Gebäude auf, um zu fotografieren – und zu staunen. Neben der organischen Architektur fällt vor allem der starke Baumbewuchs auf allen Ebenen auf. Die rund 250 über drei Jahrzehnte alten Bäume und Sträucher auf Balkonen und Dächern wurden inzwischen zu stattlichen Persönlichkeiten, die über so manchen Planungshorizont hinausgewachsen sind (siehe Bilder Nr. 8, 9 und 10).

Hundertwassers Thermenprojekt in Bad Blumau in der österreichischen Steiermark hat ebenfalls weltweite Beachtung gefunden.[50] Auf den geschwungenen Dachlandschaften, in Anlehnung an die umgebenden Wiesen und Haine naturnah angelegt, treffen sich täglich die Besucher und Patienten der Therme zu Erholungsspaziergängen, um auf schattigen Bänken auszuruhen und die Aussicht auf die Landschaft zu genießen. Unter den Dächern der Thermengebäude finden Wasserspaß wie Behandlungen statt. Seit vielen Jahren ist die Einrichtung ein Magnet, eine echt beliebte Attraktion und hat sich als besonderes Naturerlebnis einen weithin bekannten Namen gemacht (Bilder Nr. 11 und 12).

» Grüne Lösungen jetzt

Die unzähligen Quadratkilometer von Dachflächen in ganz Europa, die bislang fast ausnahmslos ungenutzt geblieben sind, bieten eine unglaublich große Chance. Mit grünen Augen betrachtet, sind sie fast Mahnmale für eine nicht nachvollziehbare Verschwendung an Fläche und Raum, eine bislang ungenutzte Möglichkeit zur positiven Beeinflussung des Klimas, eine im wahrsten Sinn des Wortes brachliegende Chance auf Verbesserung der Lebensqualität! [51] Wie so oft bei natürlichen Lösungen lassen sich wie nebenbei auch Kosten in ungeahnter Größenordnung einsparen. Sind Sie eher skeptisch? Dann lassen Sie sich überraschen (Bilder Nr. 13 und 14).

Durch die teilweise spektakulären Begrünungsprojekte des französischen Botanikers Patrick Blanc wurde die Begrünung von Fassaden weltweit bekannt. Seine künstlerische Auslegung pflanzlicher Fassaden ist regelmäßig Thema und sie finden, da mediengerecht angelegt, entsprechende Verbreitung. [52] An Großfassaden wie am Green Hotel in Paris, am Green Gate in Bahrain, am One Central Park in Sydney, am Jupiter-Gebäude in Sainte Geneviève des Bois oder bei vielen anderen Projekten ist seine unübersehbare Handschrift, mit Pflanzen umzugehen, in eindrucksvoller Weise abzulesen.

Abgesehen von der optischen Wirkung, tragen die grünen Fassaden ganz wesentlich zur Verbesserung der Lebensbedingungen in urbanen Gebieten bei. Nicht zuletzt durch Blancs Arbeit ist die Fassadenbegrünung heute nicht nur weithin bekannt, sondern auch akzeptiert. Mitunter scheint die Provokation der schnellere Weg zu sein, um etwas zu erreichen. Mühsames Argumentieren und langwierige Überzeugungsarbeit sind offenbar nicht immer die besten Mittel. Letztlich ist es egal, wie das Ziel erreicht wird. Hauptsache, es wird erreicht. Und das ist Patrick Blanc gelungen!

Ein Beispiel für die Auswirkung ist Stuttgart. Dort werden – in einer der ersten deutschen Städte überhaupt – private Dachbegrünungen schon seit Längerem gefördert. Dadurch sind in den letzten Jahren über 60.000 m² private Grünflächen entstanden, zusätzlich auf öffentlichen Gebäuden 130.000 m². In der baden-württembergischen Landeshauptstadt findet, bedingt durch die Kessellage, kein großer Luftaustausch durch den Wind statt. Bei rund 900.000 Fahrzeugen pro Tag, die in die Stadt rein- und rausfahren, ergibt das eine gewaltige Feinstaubbelastung, die im Jahr bis zu 60 Mal die erlaubten Grenzwerte überschreitet.

Beamte von Stadt und Land arbeiten deshalb intensiv an nachhaltigen Lösungen, um das »Inselklima« der verkehrsreichen Stadt zu verbessern.[53] Die Auswirkungen stellen sich allerdings erst langsam ein, da der Verkehr und die Luftbelastung nach wie vor zunehmen. Dennoch sind die Maßnahmen von großer Bedeutung, da die Pflanzen ja wachsen. Das wird sich also jedes Jahr stärker zeigen und zukünftig nicht nur spür-, sondern auch messbar sein.

In der Münchner Innenstadt ist eine verdichtete Bauweise nur dann erlaubt, wenn die Dachflächen begrünt werden. Dadurch werden auch dort verloren gegangene Grünflächen zwischen den Gebäuden auf den Dächern wiederhergestellt. Vom Denkansatz her genau der richtige Weg.

Auch London hat sich ein ehrgeiziges Ziel gesetzt: Um dem Klimawandel nachhaltig zu begegnen, will die Millionenmetropole auf der Basis von »The London Plan« die führende Metropole in Sachen Umweltpolitik werden.[54] Das Thema Gebäudebegrünung nimmt darin einen prominenten Platz ein. Rund 70 Prozent der bestehenden Dachflächen sollen in der Zukunft grün sein, so der ehrgeizige Anspruch.

Und in Mailand wurden anlässlich der Weltausstellung Expo 2015 ähnliche Maßnahmen eingeleitet, um vornehmlich die großen Flächen der ehemaligen Industrieareale stückweise zu begrünen. Die weltweit bekanntesten Beispiele sind die begrünten Hochhäuser Bosco verticale des Architekten Stefano Boeri[55] mit über 1000 Bäumen auf den Terrassen.[56] Als ich diese grünen Türme zum ersten Mal sah, war ich sofort unglaublich begeistert. Inmitten zahlreicher moderner Glaspaläste ragen sie in den Himmel, doch keiner beeindruckte mich in gleicher Weise wie diese beiden Bauwerke.

Die Standfestigkeit der sechs Meter hohen Bäume auf den obersten Stockwerken wurde übrigens dadurch erreicht, dass man in den Pflanztrögen verschweißte Stahlgitter befestigte. In diese winden sich die Baumwurzeln hinein und bekommen auf diese Weise sicheren Halt. So können die Bäume selbst in 100 m Höhe den starken Winden trotzen (Bilder Nr. 31 und 32). Die Belastung durch die großen Pflanztröge sowie die Gewichtszunahme der wachsenden Bäume wurde natürlich berücksichtigt und entsprechend statisch abgefangen.

Die Bauordnung von Basel sieht zwingend vor, dass Flachdächer mit heimischen Substraten und Pflanzenarten begrünt werden. Ebenso wurde in Paris von den Stadtplanern die Vergrößerung der Grünflächen festgeschrieben. 20 Prozent der Grundstücksflächen müssen begrünt werden. Falls nicht, sollen Flachdächer oder Fassaden begrünt werden.

Vera Enzi,[57] eine profunde Kennerin der Szene, hat bei diesem Thema durch ihre Forschungsarbeiten an der Universität für Bodenkultur (BOKU) Wien sehr viel Vorarbeit geleistet. Sie hat sich unter anderem mit Projektarbeiten und der Umsetzung an Fassaden in Wien beschäftigt und 2015 die erste europäische »Urban Green Infrastructure Conference« in der österreichischen Hauptstadt organisiert.[58]

Mit ihrem Projekt am Magistratsgebäude 48 Wien, direkt am Gürtel beim Hauptbahnhof, zeigen die Stadt Wien und die BOKU seit Jahren, wie Fassadenbegrünung erfolgreich funktioniert. Mittels Kaskaden in einem Trogsystem wird das Regenwasser zur Bewässerung der einzelnen Etagen wie nach natürlichem Vorbild genutzt, was ohne großen Aufwand machbar ist (Bild Nr. 22).[59] Der Kühleffekt dieser Fassade ist mit dem von vier ausgewachsenen 100-jährigen Buchen zu vergleichen (siehe S. 185f.).

2015 wurde ein weiteres Projekt realisiert: Auch am Beispiel des Magistratsgebäudes der 31er Wien lässt sich nach der grünen Renovierung zeigen, wie sich Kletterpflanzen in Trögen als Überhitzungsschutz im Sommer einsetzen lassen – und man dadurch auf einen technischen Sonnenschutz verzichten kann.

Vera Enzi geht mit gutem Beispiel voran. Sie lebt und arbeitet hoch über den Dächern von Wien in einem vor 19 Jahren von ihrem Kollegen Gerold Steinbauer, dem Vorsitzenden des Verbands für Bauwerksbegrünung Österreich, angelegten Dachgarten – einem kleinen Wasserbiotop, bestehend aus Schilf, Büschen, Sträuchern und Bäumen. Die schräg ansteigende Rasenfläche lädt zu einer kleinen Pause ein (Bilder Nr. 15 und 17). Das Ganze ist ein Wirklichkeit gewordener Traum eines funktionierenden und belebten Dachgartens und für mich immer wieder eine Quelle der Inspiration. Unentschlossene können dort auch praxisbezogene Hilfe finden.

Die Landschaftsarchitektin und grüne Aktivistin Helga Fassbinder,[60] die in Amsterdam und Wien lebt, arbeitet und unterrichtet, erzählte mir von ihrem Projekt BiotopeCity.[61] Auf der dazugehörigen spannenden Website, die von zahlreichen Redakteuren betreut wird, kann sich jeder über neue, außergewöhnliche Begrünungsprojekte auf der ganzen Welt informieren. Aufgrund der Kompetenz der Redakteure und der rund 120 Autoren genießt diese Seite in der Fachwelt einen überdurchschnittlich guten Ruf. Sie lebt von dem Anspruch, alle wichtigen städtischen Projekte vorzustellen und dabei mit viel Fachkompetenz zu analysieren. Ganz bedeutende Landschaftsarchitekten, Stadtplaner, Visionäre und Biologen veröffentlichen auf dieser ihre Forschungsergebnisse und bieten konkrete Lösungen sowie zukunftsweisende Visionen an.

Derzeit ist Helga Fassbinder mit der Planung eines neuen Wohnprojekts in Wien befasst, das auf einem aufgelassenen Industriegelände errichtet werden soll. Naturnähe, Begrünung aller Gebäude, niedriger Energieverbrauch und höchste Lebensqualität sind die selbst gestellten Vorgaben, um die es geht. Vor dem Hintergrund der Erfahrung der Architektin sind diese Ziele sicherlich zu erreichen.

In unseren Gesprächen verwies sie mich auch auf ihr Projekt der ehemaligen Sargfabrik,[62] die zu einem ganz besonderen Wohnpark umgebaut wurde. Die große Attraktion ist ein riesiger Dachgarten, der dem Besucher weite Grasflächen mit angelegten Blumen- und Staudenrändern sowie eine einladende Sitzgruppe im Schatten eines großen Kirschbaums anbietet. In einem anderen Teil des Dachgartens befinden sich zahlreiche kleine Ackerflächen, auf denen die Bewohner der Anlage Gemüse, Salat und Gewürzpflanzen ziehen (Bilder Nr. 19 und 20).

Das direkte Nebeneinander der verschiedenen Nutzungen und Ansprüche ist in meinen Augen wirklich bemerkenswert. Dazu gehört auch ein Steingarten mit spezieller Flora – vom alpinen Blumenreigen bis zur pannonischen Pflanzenpracht. Hier oben wurden bereits über 200 Arten der seltenen Wildbienen nachgewiesen. Ein beeindruckendes Beispiel für ein lebendiges Kleinbiotop auf dem Dach einer ganz normalen Wohnanlage, und das mitten in Wien!

Ein anderes Begrünungsprojekt der Extraklasse wurde durch die Hotelbetreiberin Michaela Reitterer ebenso in Wien realisiert. Dabei handelt es sich nicht nur um ein zertifiziertes und vielfach ausgezeichnetes Null-Energie-Bilanz-Haus, sondern um ein Projekt, das bereits seit sechs Jahren bestens funktioniert: das Boutiquehotel Stadthalle Wien (Bild Nr. 18).[63]

Die Fassadenbegrünung zur Straße hin bringt ein spürbar besseres Klima in die Zimmer und sorgt im Sommer für eine angenehme Kühlung. Der begrünte Innenhof erfreut jedermanns Herz und wird von zahlreichen Besuchern tagtäglich gelobt. Das Zirpen der Grillen ist im Sommer nicht zu überhören und sorgt mitten in der Stadt für eine beinahe urlaubsähnliche Stimmung. Und dann noch der duftende Lavendel auf dem Dach, in dem inzwischen einige Bienenvölker angesiedelt wurden – mitsamt hauseigenem Lavendelhonig. Dieses Haus kann nicht genug gelobt und empfohlen werden. Es ist ein sprechendes, nein summendes und Leben webendes Beispiel dafür, wie mit etwas Mut und etwas Fantasie eine naturnahe Stadtoase aufgebaut wurde (Bild Nr. 16).

Leben macht immer lebendig. So strahlen auch die Mitarbeiter die besondere Atmosphäre des Hotels aus. Ich habe mich mit Claudia Plot, der Direktorin des Hotels, unterhalten und bin mit ihr mehr als gerne auch aufs Lavendeldach geklettert, wohin es aus Sicherheitsgründen keinen offiziellen Zugang gibt. Tenor unseres Gesprächs: Alles läuft durchgehend so rund, dass es nur von positiven Erfahrungen zu berichten gibt und bislang nie Probleme mit den Gästen gab.

Von einer einzigen Ausnahme abgesehen: Ein amerikanisches Paar wandte sich höflich an den Mitarbeiter an der Rezeption und fragte nach, ob man in der Nacht nicht das Hintergrundgeräusch der Grillen ausschalten könne. Nachdem das Paar erfahren hatte, dass das nicht vom Band komme, sondern »all natural« sei, gab es sich zufrieden und quittierte das natürliche Spektakel mit einem Lächeln. So entspannend kann Natur mitten in der Stadt sein …

Eine andere Pionierin für grüne Städte ist Dr. Hanna Bornholdt. Auch sie ist außerordentlich engagiert und kompetent und arbeitet als Landschaftsarchitektin im Dienst der Behörde für Umwelt und Energie in Hamburg.[64] Sie zeigte mir das neue, beeindruckende Gebäude, das zur Internationalen Gartenschau und Bauausstellung 2013 zusammen mit weiteren energieautarken Projekten auf der Flussinsel Hamburg-Wilhelmsburg in Betrieb genommen wurde, und führte mich durch die gestalteten Gartenanlagen auf den verschiedenen Ebenen (Bild Nr. 30).[65]

Ganz oben werden auch hier – bei extensiver Dachbegrünung – Bienen gehalten. Weiter unten schlängeln sich Blumen- und Staudenlandschaften an den Wegen entlang bis hin zu den einzelnen Gebäudekomplexen. Ab und an wurden fünf Meter hohe Bäume angepflanzt, darunter spezielle Buchenarten und Rotahorne. Jede der Gartenflächen greift Landschaftsformen der Region auf, wie die typischen Tide-Auwälder oder die Marschlandschaft, überragt von einigen Windflüchtern. Das sind Kiefern, die sich in freier Natur den starken Winden an der Küste durch auffallenden Schrägwuchs anpassen. Mir gefällt die durchdachte Inszenierung der Natur ausnehmend gut, weil sie sofort erleb- und erfahrbar ist und den über 1500 Beschäftigten sowie zahlreichen Besuchern des Komplexes zeigt, welche Naturschönheiten es rund um Hamburg gibt.

Bei unserem Gespräch überreichte mir Hanna Bornholdt eine Liste mit sehenswerten Dachbegrünungsprojekten. Das Ziel der Hamburgischen Bürgerschaft ist ambitioniert: So sollen in den nächsten Jahren rund 100 Hektar Fläche mithilfe von Fördermaßnahmen, günstigen Rahmenbedingungen, eines informativen Werbeprospekts und viel Aufklärung begrünt werden (Bilder Nr. 27 und 28).[66, 67]

Gleich nebenan besuche ich das neue Wälderhaus, das – für Hamburg untypisch – durch eine Fassade aus Lärchenholz, diverse Wandbepflanzungen und eine interessante Dachnutzung besticht. Hier kamen neben Birken und Hainbuchen zahlreiche blühende Pflanzen zum Einsatz. Sonnenpaneele erzeugen den Strom fürs Haus, das großteils aus Massivholz erbaut ist. Offenbar ist der Wirkungsgrad der Fotovoltaikanlagen höher, wenn sie sich nicht überhitzen, sondern durch die Grünpflanzen auf dem Flachdach gekühlt werden. Ein eigenes Hotel mit Veranstaltungsräumen, das binnen kurzer Zeit große Beliebtheit erlangte, rundet das Angebot ab.[68]

Mit über 90 bereits verwirklichten Erdhäusern ist der Züricher Architekt Peter Vetsch Vorreiter in Sachen Niedrigenergiehaus und naturnahes Wohnen.[69] Der Pionier der kugelartigen Bauten unter der Erde setzt seit 1974 seine Vision konsequent um und hat zusammen mit seiner Frau selbst 16 Jahre in einem der Häuser gewohnt. Aufgrund der kuppelartigen Form lässt sich auf das Dach eines solchen Hauses eine ziemlich dicke Erdschicht zwischen 150 und 300 cm Höhe aufbringen.

Bei einem Gespräch in seinem Atelier wies mich Peter Vetsch darauf hin, dass der Bau in Hanglage besonders ideal sei. Dort könnten die »Gebäudehüllen«, wie er seine Häuser nennt, selbst in unbebaubar scheinenden Lagen errichtet werden. Alles unter 1,5 m Bauhöhe gilt in der Schweiz als unterirdisch oder als Untergeschoss und genießt den Vorzug, ohne sonst vorgeschriebenen Bauabstand und andere Auflagen gebaut werden zu können.

Das Prinzip dieser Art eines Niedrigenergiehauses ist denkbar einfach und genial zugleich. Durch die Lage in und unter der Erde braucht es weder Kühlung noch Heizung. Ein einfacher Kachelofen reicht für ein ganzes Haus. Diese Bauweise hat auch den Vorteil, dass sie durch Laien umzusetzen ist. Laut Peter Vetsch braucht es dazu zunächst eine Art »Bauanleitung«, die von ihm und seinem Team geplant und entwickelt wird, und darüber hinaus einen Fachmann, der die Arbeiten überwacht. Er entwickelte sogar ein konkretes Zukunftsszenario für dorfähnliche Anlagen aus solchen Häusern.[70]

Das Ganze stellt eine zukunftsträchtige Form des sozialen Wohnungsbaus dar. Alles in allem ist es überaus reizvoll, sich ein Leben nicht nur in, sondern auch auf dem Haus vorzustellen – Blumenwiese, Sträucher und Bäume inklusive (Bild Nr. 33).

» Dachgarten für alle

Jetzt heißt es nur noch, aus der Theorie in die Praxis zu finden: Also, Unternehmer, Investoren, Bauherren und Bauträger aufgepasst, hier kommt Ihre Chance! Die Begrünung eines Flachdaches ist in mehrfacher Hinsicht profitabel: Sie spart Kosten, steigert den Wert der Immobilie, verbessert das Image und ist ein Alleinstellungsmerkmal – allerdings nur, wenn Sie zu den Ersten gehören![71-74] Die Rede ist von Ihrem Flachdach, das wahrscheinlich, mit einer Kiesschicht bedeckt, ungenutzt vor sich hin gammelt. Investitionen in bestehende Dächer haben einen überschaubaren Umfang. Bei Neubauten können sie von vorneherein eingeplant werden.

Was heißt das konkret? Wichtig ist vor allem ein Wasseranschluss für die notwendige Bewässerung der Pflanzen, da auf dem Dach extreme Wetterbedingungen herrschen und die Sonne direkt einstrahlt. Licht, Wind und Regen kommen von der Natur kostenfrei. Zunächst treffen Sie bei Bedarf Sicherheitsvorkehrungen: Beispielsweise bauen Sie eine Umzäunung, sorgen für einen sicheren, einfachen Zugang zum Dach oder installieren Leitungen für Außenstrom, für Licht und strombetriebene Geräte. Dann bringen Sie Substrat auf und schaffen damit eine Fülle an Möglichkeiten, sich zu verwirklichen. Gestalten Sie Wiesen, Gärten und Beete, pflanzen Sie Stauden, Büsche und Bäume, legen Sie Wege mit Steinplatten an, richten Sie Bänke sowie Sitzecken ein. Keine Angst, das müssen Sie nicht alles selbst machen. Inzwischen gibt es eine große Anzahl spezialisierter Betriebe, die ihnen diese Arbeiten abnehmen. Von den Experten erhalten Sie nicht nur Beratung und eine Übersicht über die Kosten, sondern sogar die notwendigen Materialien, Pflanzen und – falls gewünscht – Unterstützung für die wiederkehrende Pflege (siehe Übersicht zu einigen zukunftsorientierten Spezialisten auf den Seiten 256–259).

Beachten Sie die Höhe des Substrats, da davon die jeweiligen Pflanzmöglichkeiten abhängen. Blumenwiesen gedeihen bereits auf etwa 20 cm, Stauden, Büsche und typische Gartenpflanzen benötigen 50 cm und mehr. Die Bedeckung der Dachfläche kann bis zu einem Meter gehen, was natürlich auch von der Statik des Gebäudes abhängt. In einem solchen Fall können Sie auch größere Obstbäume, große blühende Sträucher oder Hecken anpflanzen.

Für windgeschützte Ecken sehen Sie beispielsweise Rosen, Wein, Kiwi, Efeu oder anderen Kletterpflanzen vor. Sie bilden willkommene Plätze zur Entspannung und zum Austausch mit Gleichgesinnten. Sollten Wände von Liftschächten oder andere Aufbauten vorhanden sein, können Sie diese ebenfalls mit Kletterpflanzen begrünen.

Ein Anreiz für Firmenmitarbeiter ist, dass jeder, der möchte, eine eigene Fläche zur Bepflanzung und Bewirtschaftung erhält. Es werden also Anbauflächen für Gemüse, Beeren, Gewürzpflanzen oder Obstsorten geplant, angelegt und vergeben. Je nach Dachgröße können sich Mitarbeiter auch als Selbstversorger betätigen. Was ist gesünder, schmackhafter und naturnaher, als sein eigenes Gemüse zu ernten und zu essen? Keine Frage – sich an der freien Luft mit Pflanzen, mit Wachstum und Ernte zu beschäftigen, ist gesund, heilsam und hat sogar eine therapeutische Wirkung. Körperliche Tätigkeit an frischer Luft ist durch kein Fitnesstraining in klimatisierten Studios zu ersetzen. Das Erfolgserlebnis, durch sinnvolles Tun direkt am Arbeitsplatz und mitten in der Stadt die eigenen Früchte zu ernten, trägt auch eine wertvolle symbolische Bedeutung. All die genannten Faktoren vertiefen die Bindung zum Unternehmen.

Und natürlich ist ein solcher Dachgarten, je nach Anlage, auch ein sozialer Hotspot für die Mitarbeiter. Sie können sich in lockerer Runde treffen, miteinander ins Gespräch kommen, sich in entspannender Atmosphäre fachlich austauschen oder zusammen feiern. Alles ohne weite stressige Anfahrtswege oder zusätzlichen Aufwand. In einer solchen Naturinsel entsteht ganz von selbst ein kommunikativer Raum zum zwanglosen Austausch. Die Zugehörigkeit zu einem Team mit dem gleichen Ziel und der gleichen Arbeit bietet den Mitarbeitern und dem Unternehmen vielfältige Entwicklungschancen.

Schlussendlich noch ein Wort zum Werterhalt ihres Gebäudes. Weniger direkte UV-Strahlung und weniger Überwasser belastet die Dachhaut in geringerem Maß, die aufgebrachte Erde schützt sie und isoliert. Die Lebensdauer ihres Daches verlängert sich dadurch um das Doppelte und mehr.[75]

Vergessen Sie auch nicht die Tierwelt, die sich bald einfinden wird. Allen voran die Insekten und Vögel. Wenn Sie Naturliebhaber sind, halten Sie sich vielleicht Bienen: zum Bestäuben der blühenden Pflanzen, aber auch, um eigenen Honig zu gewinnen.

Sollten Sie nicht das gesamte Dach mit entsprechend hohem Substrat belegen können, empfehle ich, ein paar Hochbeete mit schnellwüchsigen Weiden anzulegen, die alle zwei, drei Jahre zurückgeschnitten werden. Das funktioniert auch hervorragend in Kombination mit Fotovoltaik-Paneelen und anderen bereits bestehenden Aufbauten. Im Frühjahr blühen die buschigen Zweige üppig mit schönen Weidenkätzchen und bieten so den fleißigen Bienen den ersten lohnenden Ausflug zum Honigsammeln. Am Boden der Beete wachsen allerlei Stauden, Kräuter und Blumen, die sich über das Jahr in Blüte und Frucht abwechseln und so Monat für Monat für neue optische Pracht und vielfältige Nahrung für die fleißigen Summer sorgen.

Irgendwann finden sich garantiert Schmetterlinge, Wildbienen und weitere Insekten ein. Für Singvögel stellen Sie in den Wintermonaten Futterhäuschen auf. Vielleicht reiften ja die Sonnenblumenkerne für die Winterfütterung im Jahr zuvor auf den eigenen Hochbeeten heran …

Den Bioabfall aus Altpflanzen, Wurzeln, Blättern und dergleichen sammeln Sie. Kompostieren Sie das wertvolle Material, um es einige Zeit später wieder als Biodünger zu verwenden. Dadurch lassen sich beinahe spielerisch die Naturzyklen erlernen. Zugleich ist das eine wertvolle Übung unter Gleichgesinnten für den eigenen Garten oder das Balkonbeet zu Hause. Was sich jeder Beteiligte beim gemeinsamen Tun aneignet, was er lernt, kann er natürlich auch gut im privaten Bereich nutzen und ausprobieren.

In optischer wie ästhetischer, aber auch in sozialer Hinsicht gewinnt der ursprünglich triste Gewerbebau einen kaum zu bemessenden Mehrwert. Welch freundlichen Eindruck kann Industriebau ausstrahlen, wenn vom Dach Rosen und andere Pflanzen grüßen, wenn sich dort die Mitarbeiter gerne aufhalten, weil sie sich wohlfühlen. Jedes Unternehmen mit solch einem Ambiente wird sofort als sympathisch, naturnah und menschenfreundlich gelten.

Vielleicht fällt die Ernte im Dachgarten so üppig aus, dass es in der Betriebskantine »Karotten vom Dach« oder »eigene Tomaten« gibt. Was mit möglichen Einnahmen aus der »Freizeit-Landwirtschaft« passiert, wäre ein hübsches Gedankenspiel wert.

Die Vorbildwirkung eines Teams, das nicht nur in der Arbeit, sondern auch in seiner Freizeit ähnliche Ziele verfolgt, strahlt ebenso auf die Kinder und die Jugend aus. Auf dem Dach gibt es keine Hierarchien, sondern nur das gemeinsame Ziel. Die Arbeit an der frischen Luft, das Setzen, Pflegen und Ernten im Einklang mit der Natur schweißt zusammen. Ein nachahmenswertes Modell für Schulen, Lehrwerkstätten und so ziemlich alle Bereiche der Arbeitswelt.

Die wirtschaftlichen Vorteile solcher Maßnahmen lassen sich sicherlich erst nach Jahren messen. Allerdings werden, da bin ich mir ganz sicher, die Zufriedenheit der Mitarbeiter und ihre Verbundenheit mit dem Betrieb, der Schule, der Institution oder wo immer sich solche Grünoasen auf Flachdächern etablieren, erheblich wachsen. Ebenso die Gesundheit der »Dachwirte«, was den Krankenstand verringert.

Und zu guter Letzt: Die Pflanzen auf den neuen Grünflächen werden die Stadtluft nachhaltig verbessern – was allen zugute kommt.[76,77] Das ist ein echtes Miteinander.

» Auswirkungen und Vorteile

In den letzten 15 Jahren wurden zahlreiche Studien und Messungen veröffentlicht, die die obigen Aussagen bestätigen und die positiven Auswirkungen für Umwelt, Klima und Hausbewohner belegen.[78–80] Beispiele: Grünfassaden wirken als Feinstaubfilter, grüne Dachflächen senken die Umgebungstemperatur, Grüngebäude schlucken Lärm. Trotz aller Vorteile und Einsparmöglichkeiten halten sich die Vorbehalte gegen solche Modelle aufseiten der Bauherren und Investoren hartnäckig. Natur ist komplex, lebendig und für Stadtmenschen oft fremd – offenbar ganz im Gegensatz zu einer Flachbedachung mit Kies samt den hinlänglich bekannten Nachteilen und der kurzen Lebensdauer.

Die Zeit und vielen erfolgreichen Projekte werden am Ende aber auch die Skeptiker und unverrückbaren Bürokraten überzeugen. Um diese Entwicklung zu beschleunigen, möchte ich an dieser Stelle die wesentlichen Punkte zusammenfassen, die auch Erkenntnissen der 1st European Urban Green Infrastructure Conference in Wien im November 2015 entsprechen.[81]

Die Vorteile für den Bauherrn und Nutzer eines Dachgartens liegen auf der Hand. Die folgende Listung fasst das zusammen:

› Ein Bodenauftrag mit Substrat von mehr als 15 cm schützt die Abdichtung, verlängert die Lebensdauer und unterstützt die Ansiedlung einfacher Pflanzenarten wie Moose oder Gräser.

› Bei Starkregen wirkt der Bodenaufbau wie ein Schwamm, der das überschüssige Wasser aufnimmt und anschließend langsam wieder abgibt. Je nach Substrathöhe können dies 60 bis 100 Prozent des Regenwassers sein, selbst bei Starkregen.

› Die Pflanzen führen das Wasser über die Verdunstung langsam wieder nach außen in die Luft. Dieser Befeuchtungsvorgang kühlt die Umgebungsluft merklich ab.

› Bei Schnee und Frost wirkt der Boden für die darunterliegenden Abdichtungsmaterialien isolierend. Ebenso werden sie gegen die aggressiven UV-Strahlen geschützt. Die Lebensdauer der Dachhaut erhöht sich mindestens um das Doppelte oder mehr.
› Der Schutz vor Lärm und Strahlung nimmt wesentlich zu, im Idealfall bei entsprechender Bodendicke geht das gegen null. Das betrifft vor allem die direkt unter dem Flachdach liegenden Geschosse. Eine Bepflanzung des Dachs – oder der Fassade – kann im Optimalfall sowohl im Innenbereich als auch außen zu einer spürbaren Verminderung des Lärms führen.
› Auch der Schutz vor Hitze im Sommer und vor winterlicher Kälte ist enorm. Bei einer mittleren Bodentiefe von etwa 50 cm sind die darunterliegenden Räume bei hohen Temperaturen um vier bis fünf Grad Celsius kühler als vergleichbare Räume ohne einen solchen natürlichen Schutz. Die Raumtemperatur des Dachgeschosses entspricht damit in etwa der des Erdgeschosses.
› Im Winter führt die Isolierung nach oben zu höheren Innentemperaturen. Angesichts dieser Wirkung würde sich in einigen Fällen sogar eine teure Klimaanlage erübrigen! Über die verminderten Heiz- und Kühlkosten ist die Erstinvestition einer Dachbegrünung in zwei bis drei Jahren finanziert.[82–84]

Der kühlende Effekt von Fassadenbegrünungen wurde durch Studien der BOKU Wien sowie durch Pilotprojekte von Vera Enzi und durch Claudia Plot vom Boutiquehotel Stadthalle in Wien bestätigt. Die Erfahrung zeigte hier: An heißen Sommertagen kühlte eine grüne Fassade im Schnitt um zwei bis drei Grad Celsius ab. Wer ein Fenster öffnet oder sich in der Nähe eines geöffneten Fensters befindet, spürt die Wirkung noch stärker. Die einströmende sauerstoffreiche, gefilterte und gekühlte Luft fühlt sich angenehm frisch an, selbst wenn draußen in der Sonne über 40 Grad herrschen (Bild Nr. 18).

Der Dachgarten eröffnet unschlagbare Vorzüge. Sie sitzen in einer gemütlichen Ecke, beschattet von einem wunderbaren Obstbaum, mit Blick auf Rasen, Blumen und das eigene Gemüsebeet. Vielleicht spielen Sie gern Federball oder Tischtennis, Boccia oder Frisbee … Dadurch ersparen Sie sich unter Umständen zeitraubende Ausflüge, Staus und lange Anreisewege. Lebensqualität pur finden Sie direkt über Ihrem Kopf!

Einen Dachgarten können Sie acht bis neun Monate im Jahr genießen, einen kosten- und wartungsintensiven Swimmingpool dort oben dagegen nur vier Monate. Die unmittelbare Umwelt und in gewisser Weise die gesamte Stadt profitieren: Jede Grünfläche, vor allem die auf den Dächern, hat eine Wirkung auf das »Inselklima« einer Stadt – je mehr Grünfläche, desto besser. [85 – 87]

Experten wie die von Green4Cities[88] können die Auswirkungen der unterschiedlichen Begrünungsmaßnahmen am und auf dem Gebäude berechnen. Es lässt sich feststellen, wie sich Temperatur, Lärm, Luftqualität usw. im und um das Gebäude bei flächig eingesetzten Pflanzen verändern. Auf diese Thematik hat sich Envi-Met in Essen spezialisiert. Auf seiner Website präsentiert das Unternehmen zahlreiche Modellrechnungen, wie und wo sich am Gebäude und in der Umgebung die Temperatur, die Luft und das Mikroklima verändern.[89]

Natürlich wird die Luftqualität des Umfeldes deutlich besser. Die Filterfunktion der Pflanzen, die Fotosynthese und die vergrößerte Oberfläche durch die Blatt- und Aststrukturen säubern die Luft von Feinstaub und Verunreinigungen und erhöhen den Sauerstoffgehalt erheblich. Gleichzeitig binden die Pflanzen schädliches CO_2. 100 m² begrünte Gebäudefläche entziehen der Luft jährlich etwa 20 kg Feinstaub und Schadstoffpartikel (Bilder Nr. 21 und 24).

Unsere Innenstädte heizen sich im Sommer tagsüber sehr stark auf, da die Wärmespeicherung durch die Steinfassaden, Asphaltböden und Flachdächer gewaltig ist. Je größer diese »Hitzeflächen« sind, umso stärker wirkt sich das aus. Im Vergleich zu Wien, mit seinen riesigen versiegelten Flächen am Boden und auf den Dächern, zeigt sich, dass die sommerliche Nachttemperatur in der viel kleineren Stadt Baden, 30 km südlicher, zwei bis drei Grad Celsius unter der der Wiener Innenstadt liegt. Baden hat große Grünflächen, viele Gärten und Parks; auch der Wald liegt näher an der Stadt. Diese Faktoren sorgen an Hitzetagen durchgehend für eine angenehme Temperatur.

Die 200 Seiten umfassende Dokumentation[90] der Technischen Universität Darmstadt, die unter der Leitung von Nicole Pfoser in Zusammenarbeit mit der Forschungsinitiative Zukunft Bau für das Bundesministerium für Umwelt, Naturschutz, Bau und Reaktorsicherheit (BMUB) erstellt wurde, listet für tiefer Interessierte alles bis ins Detail auf, was für die Anlage von Dachgärten, die Begrünung von Fassaden sowie alle denkbaren Varianten der Hausbegrünung relevant ist. Im Anhang dieses Werkes werden Hunderte von Pflanzen bis hin zu Gehölzen vorgestellt und eingehend im Hinblick auf ihre Tauglichkeit beschrieben – eine unverzichtbare Hilfe gerade für Architekten, Bauträger und Stadtplaner.

Ich kann diese umfassende Arbeit wärmstens empfehlen. Für mich ist sie ein Standardwerk für alle Fragen der Gebäudebegrünung, in der alle meine Antworten beantwortet wurden. Zu hoffen ist, dass es davon bald ein Lehrbuch gibt.

Leben mit und auf Dachgärten

Unsere Zukunft könnte ganz selbstverständlich so aussehen: Bei Neubauten wird eine »grüne« Dachnutzung von vornherein eingeplant. Kleine Aufbauten sorgen für Windschatten und lassen sich als Abstellfläche für Gartengeräte nutzen. Der Zugang über das Treppenhaus ist einfach, und die Wasserversorgung kommt der gesamten

Dachfläche zugute. Auch Sicherheitsvorkehrungen werden einbezogen und architektonisch ansprechend gestaltet. Kletterpflanzen bilden einen grünen, blühenden und sich in den Jahreszeiten verändernden Zaun sowie nach außen einen lebendigen Sichtschutz.

Sofort in die Augen fällt der große Baum im Atrium oder im offenen Dachbereich, ein Stockwerk unter dem Flachdach. Verglaste Lichthöfe von wenigstens fünf mal fünf Metern Größe gewähren von allen Seiten Einblick auf den grünen Innenhof. Dort steht im tiefen Boden ein Baum, der nach oben wachsen darf. Mit der Zeit reicht die Baumkrone über das Atrium und das Flachdach hinaus, wo der Baum Schatten spendet und mit seiner Blütenpracht verzaubert.

Da der durch das Gebäude geschützte Baum schneller heranwächst, wird es mit Starkwind oder hohen Schneelasten keine Probleme geben. Er ist durch den Innenhof behütet, da die Naturkräfte dort abgeschwächt werden und weniger wirken. Vom Flachdach aus gibt es einen bequemen Zugang zur Baumkrone, man steht förmlich mittendrin, atmet den Blütenduft ein und erntet Obst oder Nüsse.

Auch wenn mit gesetzlichen Vorgaben oft nicht das Ziel erreicht wird, das man erreichen möchte, bin ich in diesem Fall doch dafür, dass jedes neue Flachdachgebäude begrünt wird. Bei Bestandsflächen plädiere ich hingegen für eine Begrünung von mindestens 50 Prozent. Bei konsequenter Umsetzung dieses Plans werden kluge und verantwortungsvolle Unternehmer und Chefs die Vorteile und Vorzüge dieser Maßnahme binnen Kurzem erkennen.

Dazu braucht es Geduld und vorausschauendes Denken. Mit der Zeit und durch den Erfolg bestehender Projekte wird sich eine neue Sicht auf die Dachbegrünung ergeben und durchsetzen. Das kommt nicht nur sofort den Mitarbeitern zugute, sondern vor allem auch nachfolgenden Generationen.

Dass sich grüne Maßnahmen rasch und messbar auf das Stadtklima sowie die Luftqualität auswirken, ist in zahlreichen Studien nachzulesen.[91–93] Bei mehr Bäumen und Sträuchern auf Dachgärten und Balkonen, an Fassaden und in Höfen verbessert sich nicht nur die unmittelbare Luftqualität ums Haus und im Stadtviertel, steigt nicht nur die Lebensqualität all jener, die hier leben und arbeiten. Die Begrünung von Fassaden senkt darüber hinaus auch spürbar Lärmpegel – für die jeweiligen Hausbewohner und sogar für alle in der Stadt. Denken Sie an eine Straße mit Bäumen auf beiden Seiten, mit Büschen und Stauden, mit mehrheitlich begrünten Hausfassaden. Allein die Vorstellung entspannt und lässt einen durchatmen.

Wie auch bei der Baumallee übt die Art der Bepflanzung Einfluss auf die äußere Erscheinung des Straßenzugs aus. So können Baumarten mit unterschiedlichem Blattgrün, darunter immergrüne Nadelbäume, neben diversen Obstbäumen und Zierbaumarten mit versetzten Blütezeiten stehen. Über das Jahr verteilt findet dadurch ein ansprechender optischer Wechsel statt. Unterschiedlich angelegte Fassaden, Kletterpflanzen und blühende Sträucher in allen Farben sorgen für zusätzliche Abwechslung.

Das allgemeine Wohlbefinden steigt, die Sinne werden positiv angeregt: durch das Einatmen der Frühlingsdüfte oder der Herbstgerüche, durch die opulente Wirkung der Farben, wenn der Frühling die Baumkronen verwandelt oder der Herbst mit seinen Farbtöpfen über alle Blätter streicht. Wer sich gut fühlt und durch seine Sinne die Natur intensiv spürt, lebt gesünder, allergiefreier und länger.[94, 95]

Die Begrünung von Dächern und Wänden hat direkte ökonomische Auswirkungen auf jene Branchen, die auf diese Thematik spezialisiert sind. Die Anforderungen in Bezug auf Dachisolierung, Fragen der Statik oder das Einhalten von Sicherheitsstandards mit Zugängen und Geländer werden automatisch interessante neue und vor allem anspruchsvolle Arbeitsplätze nach sich ziehen.

Die Ansprüche für die Installation der speziellen Fassadengerüste zur Bepflanzung sowie der notwendigen Bewässerungsanlagen sind andere als bei normalen Gerüsten. Für die Pflege braucht es die Dienstleistung von Gartenbaubetrieben, die die gewählten Substrate und Pflanzen liefern. Pflanzenfassaden müssen laufend kontrolliert, geschnitten, gedüngt und gepflegt werden. Ein Boom für die in diesen Branchen tätigen Unternehmen ist absehbar. Und ich bin überzeugt, Fantasie und Einfallsreichtum werden noch viele nützliche Geschäftsideen hervorbringen.

Damit wird ein doppeltes Ziel erreicht: zum einen die sinnvolle, natürliche und gesunde Entwicklung unserer Städte, zum anderen – und eng damit verbunden – ein wirtschaftlicher Aufschwung für neue Firmen und grüne Arbeitsplätze. Die Wertschöpfung findet direkt bei uns statt. Das wird Ökonomen wie Ökologen begeistern und überzeugen![96]

Nicht trist – frisch!

Über Facebook erhalte ich beinahe täglich Bildbeispiele aus Städten und Dörfern im deutschsprachigen Raum, in denen Alleen gefällt, Grüngürtel zubetoniert, Parkplätze ausgeweitet, Hecken durch Zäune und Mauern ersetzt und mit Kletterpflanzen begrünte Fassaden beseitigt werden. Der menschlichen Ordnungs- und Gestaltungswut sind offenbar keine Grenzen gesetzt, und so werden viele natürliche Pflanzenflächen unserer Umgebung sinnlos vernichtet.

In manchen Fällen mögen diese Eingriffe begründet sein, so, wenn ein kranker Baum nicht mehr zu retten ist oder Efeu an der Hausmauer irreparable Schäden verursacht. Viele ziehen eine aus Glas, Metall und Beton gestaltete Architektur einer mit Bäumen unterbrochenen Außenraumgestaltung vor. Das eine wurde von Menschen erdacht, gestaltet und ist in sich stringent. Das andere stört womöglich die anvisierte klare Gestaltung, da Linien und Fluchten unterbrochen und von schwer kontrollierbarer Natur vereinnahmt und überwuchert werden.

Vielerorts wehrt sich die Bevölkerung allerdings gegen diese technokratische, seelenlose Ordnungswut. Die Basis regt sich, es formiert sich Widerstand, Gleichgesinnte rufen Initiativen ins Leben. Manchmal gibt es sogar den Fall, dass die Beamten von Behörden im Sinne einer naturnahen Lösung vorausschauend denken und handeln.

Ich plädiere stets für eine Sichtweise mit gesundem Menschenverstand und auf Basis des Erfahrungswissens, das uns zur Verfügung steht. Zumindest die Innenhöfe in der Stadt bieten sich auf jeden Fall zur Begrünung an. Wer braucht Asphalt oder Pflastersteine in einem nicht befahrenen Innenhof? Dort könnte stattdessen eine grüne Oase sein, in der sich die Bewohner treffen. Platz für die Müllbehälter und die Fahrräder findet sich immer, am besten an weniger prominenter Stelle – und überdacht und umrankt von blühenden Kletterpflanzen.

Was spricht gegen eine Blumenwiese, die Herz und Sinne erfreut, was ist gegen Rasenflächen für Spiel und geselligen Aufenthalt einzuwenden? Auch Bäume und Sträucher gehören dazu. Es gibt etliche Gehölze, die nur wenig Sonnenlicht brauchen. Solche Schattengehölze gedeihen nicht trotz, sondern wegen des verminderten Lichteinfalls ganz herrlich. Sie brauchen meist wenig Pflege, geben den Bewohnern aber viel an Natureindrücken zurück. Auch hier spricht bei der Bepflanzung alles dafür, übers Jahr eine wechselnde Optik mit unterschiedlichen Eindrücken zu gewährleisten (Bild Nr. 29).[97]

Wie schön und einzigartig ist das Schauspiel, einen Baum bei seiner jahreszeitlichen Verwandlung durchs Wohnungsfenster zu beobachten – gerade für Kinder, die sonst vielleicht nur wenig Grün in ihrem Lebensumfeld haben: die zarte Blüte im Frühling und der frische Austrieb der Blätter. Die schützende Baumkrone bei Regen oder bei Sonnenlicht, am Morgen ganz anders als am Abend. Und dann die wunderbare Färbung im Herbst. Selbst im Winter ist die

Natur ein einziges Wunder. Zweige und Äste mit ihrer fragilen, manchmal bizarren Ästhetik erinnern an das Geschenk des Lebens und den Lauf der Zeit.

Ein Wort noch zum Wasser. Es hat eine besonders beruhigende Wirkung. Per Umlaufpumpe strömt im Innenhof ein kleines Bächlein mit herrlich natürlichem Klang einen kleinen Hügel hinab. Im Sommer gibt das köstliche Nass kühlende Feuchtigkeit ab, im Winter ruht der kleine Wasserfall, so wie dann auch die gesamte Natur ruht. Technisch ist das heute einfach zu lösen und umzusetzen. Der Klang des fallenden Wassers hilft ebenso dabei, die typischen Geräusche der Stadt zu übertönen und zu besänftigen.

Lässt sich ein eigener kleiner Wasserfall im Hinterhof nicht einrichten, dann ist bestimmt Platz für ein kleines Feuchtbiotop mit Schilfgürtel. Das kann durchaus nur 20 cm tief sein und sollte eventuell eingezäunt sein, um Kleinkinder zu schützen. Schnell werden sich Insekten wie Wasserläufer und Libellen einfinden. Möglicherweise auch Frösche. So entsteht ein echtes Stück Natur auf kleinstem Raum, mitten im Hof. Hier ist das Leben zuhause – nicht die öde Langeweile versiegelter Flächen.

Lassen Sie sich bei der Gestaltung bei Bedarf durch Fachleute wie Gärtner, Landschaftsplaner oder Grünraumspezialisten beraten, gerade wenn Sie Blütenpflanzen so ansiedeln wollen, dass sie über viele Monate hinweg einen blühenden Farb- und Duftakzent setzen. Die Vorschläge für den Innenhof lassen sich ohne Schwierigkeit auch im Außenbereich eines Hauses oder Gebäudeblocks verwirklichen. Seien Sie kreativ und rege. Wo ist der nächste Baum, unter dem sich auf einer ausgewiesenen Fläche Pflanzen ansiedeln lassen?[98, 99] Wie breit ist der Gehsteig? Vielleicht lassen sich dort Topfpflanzen, ein Hochbeet oder eine Aufschüttung anlegen, auf denen Pflanzen leben und sich entfalten können? Vielleicht dürfen Sie sogar die Fassade begrünen? Ganz einfach ist das mit Efeu, das schnell wächst.

Reden Sie mit dem Hausverwalter oder den zuständigen Beamten der städtischen Behörden. Oft ist dort mehr Bereitschaft vorhanden, eine Initiative zu unterstützen, als man vermutet. Es muss nur jemand aktiv werden, den Stein ins Rollen bringen.

Kleine Grünflächen zeigen Wirkung und finden schnell Nachahmer. Bestimmt spricht man Sie auf das neu angelegte, herrlich erfrischende Stück Natur an. Interessierte fragen Sie, wie Sie das alles gemacht haben, wie viel Arbeit Sie damit hatten, welche Nachteile es gibt, wie sich das anfühlt. Mir sind zahlreiche Beispiele von Vorreitern bekannt, die im Lauf der Zeit ganze Straßenzüge und Stadtviertel verändert haben.

Bei meinem Besuch auf ihrem wunderbaren Dachgarten erzählte mir auch Vera Enzi, welche Auswirkungen ihre grüne Oase auf ihre Nachbarn hat. Seit 19 Jahren blüht und grünt es auf dem sechsten Stockwerk mit Blick aufs Wiener Belvedere. In der Folge entstanden weitere Dachgärten in der nahen Umgebung – inspiriert durch die Ausstrahlung des grünen Dachs. Außerdem wurden ein Innenhof an den Wänden sowie am Boden komplett begrünt und die Brachfläche eines benachbarten Hotels zauberhaft mit Pflanzen gestaltet. Und ein hoch aufragender U-Bahn-Schacht ist mittlerweile völlig mit Efeu und wildem Wein überwachsen (Bild Nr. 29).

Übrigens: Wenn mit Pflanzen nicht alles auf Anhieb gelingt, ist das kein Beinbruch. Manche Pflanzen und die für sie vorgesehenen Plätze passen nicht zusammen. Im Lauf eines Jahres wird sich herausstellen, wer gut miteinander kann. Bei »Unverträglichkeiten« wählen Sie eine andere Pflanzenart oder -sorte. Die Auswahl ist heute riesengroß und es wird so einige Pflänzchen geben, die sich bei Ihnen wohl fühlen. Die Absicht und die Freude zählen, das Ergebnis wird kommen und spätestens dann alle Bedenken beiseite räumen. Ziel ist und bleibt es, die Natur zu uns zu holen, ihr Platz und Zeit zu geben, damit sie wieder Teil unseres Lebens wird.[100–102]

4 › Die Rückkehr der Natur

Bestandsaufnahme: Zeit zu handeln

Wenn jemand krank ist, wird er zur Genesung wahrscheinlich nicht in eine Großstadt ziehen wollen. Der Lärm und die Hektik, die schlechte Luftqualität und die oftmals fehlenden Naherholungsmöglichkeiten im Grünen sind keine guten Voraussetzungen. Wir alle wissen, dass der Aufenthalt in der Natur, in gesunder Luft und im Wald wesentlich zum Wohlbefinden und zur Gesundung beiträgt.

In den Städten gibt es oft keine Wahl. Der Arbeitsplatz, die Wohnstätte, die Möglichkeiten für Fort- und Weiterbildung, die Karriere sowie die individuelle Gestaltung des Lebens zwingen immer mehr Menschen in die städtischen Ballungsräume hinein. Bilder aus China zeigen, wie schädlich die Stadtluft in vielen Fällen dort ist. Ist das schon ein Blick auf unsere Zukunft? Wollen wir mit Mundschutz zur Arbeit, zum Einkaufen oder zu Freunden gehen?

Das mag überzogen klingen. Doch Studien zeigen eindeutig: Ohne ausreichende gesunde Natur sind wir weniger glücklich, weniger ausgeglichen, weniger leistungsfähig – und wir sterben früher. Das Leben in modernen Städten macht oftmals krank.[103, 104] Wesentliche Auslöser sind Bewegungsmangel, Umweltgifte, Lärmbelastung, Stress und die Reizüberflutung, die in Städten vorherrscht. Andere Auslöser wie falsche Ernährung oder etwa Nikotingenuss kommen hinzu, sind aber nicht auf urbane Lebensräume beschränkt.

Park- und Grünflächen sorgen – nicht nur in optischer Hinsicht – für eine Beruhigung der Stadtkulisse. Das ist unbestritten. Wir brauchen das natürliche Grün, um uns zu entspannen und zu erholen. Je größer und naturnaher diese Flächen sind, desto wirkungsvoller. Evolutionsbedingt sind wir auf ein Leben ohne Natur in keinster Weise eingestellt. Wie der Biologe und Baumfreund Clemens G. Arvay in seinen Büchern anhand von zahlreichen Studien erklärt, nehmen Krebs und andere Zivilisationskrankheiten mit zunehmender Entfremdung von der Natur messbar zu.[105, 106]

Derzeit wird an einer EU-Richtlinie gearbeitet, wonach jedem Bürger, vor allem aber den Stadtbewohnern, bis zum Jahr 2030, statistisch gesehen, mindestens 5 m² Grünfläche an Dächern oder Wänden zur Verfügung stehen sollen. Bei einer Großstadt wie Frankfurt am Main mit über 700.000 Einwohnern wäre das dann eine Grünfläche von insgesamt 350 Hektar.

Dass solche Grünflächen einen direkten Einfluss auf die Luftqualität und das Stadtklima haben, kann man sich leicht vorstellen. In einem sehr hohen Maß würde sich die Lebensqualität der Bewohner mit Sicherheit spürbar verbessern. Mir ist es ein Rätsel, dass allein schon Pläne dafür oftmals große Widerstände und Gegnerschaft verschiedener Lobbygruppen mobilisieren.

Dass die simple Wahrheit »Mehr Grün sorgt für mehr Gesundheit« gar nicht so einfach umzusetzen ist, illustriert folgendes Beispiel: Die Forschungsgesellschaft Landschaftsentwicklung Landschaftsbau e. V. in Bonn verwaltet eine gigantische Flut an Vorschriften und

Regeln.[107] In über 70 Quellen werden da alle nur denkbaren und unmöglichen Situationen beleuchtet und Maßnahmen empfohlen. Da gibt es unter anderem Richtlinien für organische Mulchstoffe, die Jungbaumpflege, zahlreiche Regelwerke für die Dachbegrünung oder Richtlinien für die Pflege von Fassadenbegrünung und vieles mehr. Eine groteske Zahl an Regeln und Gesetzen, die es zu berücksichtigen gilt oder die nicht wirksam werden, wenn bestimmte Voraussetzungen fehlen.

Das Beispiel trifft auch für andere Städte und Verwaltungseinheiten zu. Wir haben es über die Jahre tatsächlich geschafft, dafür zu sorgen, dass Pläne und Maßnahmen für ein gesundes Leben heute durch eine teilweise menschenfeindliche Bürokratie erschwert oder gar verhindert werden. Welch dramatisch wichtige Aufgabe ist es, das zu ändern. Wer wird sich dafür einsetzen und diese Situation für uns und für künftige Generationen verbessern?[108]

Am Beispiel der Bäume in der Stadt Graz erklärte mir Johannes Gepp, Präsident des Steirischen Naturschutzbundes und Autor zahlreicher Fachbücher, dass das durchschnittliche Alter der Bäume dort höchstens halb so lange währt wie bei den Artgenossen im Umland. 108 Gründe dafür: eine belastete Stadtluft, Versiegelung des Bodens, hohe Schwankungen der Temperatur, Salzstreuung im Winter, viel zu oft durchgeführter Rückschnitt und weitere Stressfaktoren. Das macht viele Bäume krank und schwach, sie werden oft nur 40, 50 Jahre alt. Eine Linde in gesunder Umgebung kann sogar zehn Mal so alt werden wie ihre Schwestern in einer Großstadt.[109]

Im Zuge unserer gemeinsamen Gespräche und Erkundungen entdeckten Johannes Gepp und ich in einem Burgwald südwestlich von Graz einige bis zu 350 Jahre alte Eichen, die im Waldverbund bestens überleben konnten. In der Stadt gibt es keinen einzigen Baum, der auch nur annähernd so alt wäre. Das zeigt: Die bisherigen Umweltbelastungen im städtischen Raum waren alles andere als »baumfreundlich«.

Die Prognosen für unser Klima sind nicht gut. Danach kann sich der Jahresmittelwert in den kommenden 30 bis 50 Jahren um bis zu drei Grad Celsius erhöhen, was dramatisch wäre. Niemand kann voraussagen, wie lange das gut geht. Manche vermuten sogar, dass die Erderwärmung schneller vonstattengeht, als noch vor wenigen Jahren angenommen. Das Klima verändert sich aufgrund unseres Zutuns immer rascher.

Sollte es sich tatsächlich so stark erwärmen, sind die Folgen weitreichender, als das in wenigen Sätzen zu beschreiben ist. Bei uns würde dann südliche Flora vorherrschen. Mit anderen Worten, die meisten heimischen Baumarten könnten bei einem solchen trockenen, heißen Klima nicht überleben – sie würden aussterben. In den letzten Jahrtausenden gab es zwar auch immer wieder Schwankungen der Temperatur, doch in eher geologischen oder zumindest historischen Zeiträumen. Die Pflanzen hatten ausreichend Zeit, sich anzupassen, sich über Jahrhunderte oder Jahrtausende hinweg auf Neues um- und einzustellen. Die vor uns liegenden, menschengemachten Veränderungen finden aber so schnell statt, dass sich der größere Teil der Flora – wie auch der Fauna – nicht anpassen kann.[110–113]

Die meisten Fichtenwälder, aus denen ja heutzutage der größte Teil unserer Forste besteht, würden demnach absterben. Die überlebenswichtigen Bannwälder, die die Talsohlen vor Lawinen, Muren und Steinschlag schützen, gäbe es dann weitgehend nicht mehr. Kulturen aus Apfel- und Birnbäumen wären nur mithilfe aufwendiger Bewässerungssysteme zu betreiben. Die Frage dabei ist, ob das in einem solchen Szenario überhaupt noch sinnvoll wäre, da das Wasser dann so knapp sein könnte, dass es schlichtweg nur noch zum Trinken ausreicht.

Manche Täler und Ebenen würden zu Steppen, Macchie oder Ödland verdorren, sodass Ackerbau dort nur noch zum Teil möglich ist. In den südlichen Ländern könnte die Umwelt noch karger, zum Teil wüstenähnlich werden. Waldregionen und Landwirtschaft gehen im Szenario der Erderwärmung stark zurück, verschwinden zum Teil sogar vollständig. Damit fehlt weiten Teilen der Menschheit die Lebensgrundlage. Die Völkerwanderungen Richtung Norden werden noch mehr zunehmen, ganze Regionen im Süden werden sich entvölkern, während nördlich der Alpen aufgrund massiver Zuwanderung die Wälder gerodet und noch mehr Landfläche verbaut wird. Das wiederum führt zur weiteren Erwärmung des Planeten.

Derartige Bilder und Prognosen sind nicht an den Haaren herbeigeholt, sondern werden von manchen Wissenschaftlern bereits seit Jahren diskutiert. Wir müssen unsere Lebensweise also grundlegend ändern und den verhängnisvollen, maßlosen Ressourcenverbrauch eindämmen, der der unheilvollen Gier nach ständig Neuem und (vermeintlich) Besserem entspringt. Der gesunde Menschenverstand, das Maßhalten, die weise Voraussicht – solche Eigenschaften brauchen wieder den Stellenwert, den sie in früheren Hochkulturen hatten. Daraus werden ganz von selbst Maßnahmen entstehen, die sich positiv auf uns und auf unsere Kinder und Kindeskinder auswirken. Zu bedenken ist: Die Umkehrung der Klimaerwärmung wird wiederum Jahrzehnte in Anspruch nehmen. Denn: Ist ein Wald aber einmal abgestorben oder abgeholzt, braucht es Jahrzehnte, wenn nicht gar Jahrhunderte, bis wieder ein neuer, gesunder Wald entsteht. Die Natur findet einen Weg, dafür braucht sie allerdings Zeit und unsere Geduld.

Obwohl beim Klimagipfel 2015 in Paris eine gemeinsame Willenserklärung zustande gebracht wurde, sind es eben nur Erklärungen – also Empfehlungen und oft genug nur blumig formulierte Ziele. Ob und wie diese von einzelnen Staaten umgesetzt werden, wird die Zukunft weisen. Ob sich politisch definierte Ziele gegenüber wirtschaftlichen und nationalen Interessen durchsetzen, ist dabei immer eine Frage, die auf einen Kern der Widerstände hinweist.

Auf die vielen Fragen zur Klimaproblematik geben uns die Bäume und Wälder eine einfache Antwort. Selbst auf kleinen Landflächen können Wälder die Umgebungstemperatur im Jahresdurchschnitt um wenigstens zwei Grad Celsius senken, da sie durch Verdunstung von Wasser feuchte Luft erzeugen. Diese Luftfeuchtigkeit ihrerseits führt zur Bildung von Wolken, die wiederum regelmäßig abregnen. Das reinigt die Luft und befeuchtet den Boden. Das frische, klare Wasser, das von oben kommt, sammelt sich in Bächen und Seen und dient als Trinkwasser. Die Wurzeln der Bäume im Waldboden speichern das Wasser und heben den Grundwasserspiegel. Zudem sorgt der Waldboden dafür, dass das Regenwasser langsamer abläuft.

Heute weiß jedes Kind, dass der lebensnotwendige Sauerstoff zum großen Teil von den Bäumen stammt. Durch die Fähigkeit zur Fotosynthese können die grünen Pflanzen – und dazu gehören natürlich auch die Bäume – das für uns unverträgliche CO_2-Gas aus der Luft aufnehmen. Außerdem filtern und binden sie riesige Mengen von Feinstaub und Schadstoffen. Was liegt also näher, als Bäume vor allem dort zu anzupflanzen, wo die lebensfeindlichen Stoffe im Übermaß entstehen und in die Luft gelangen und wo die meisten Menschen davon betroffen sind, also gesundheitlichen Schaden nehmen? In den Städten und Ballungsgebieten![114]

Abgesehen von den meisten historischen Stadtzentren, die aus Energiespar- und Sicherheitsgründen eng bebaut wurden, hat man die in der Neuzeit nachwachsenden Stadtgebiete großzügiger, aber auch mit größeren Bauten belegt. Dabei sind die Verkehrsadern sehr wichtig, um einen immer höheren Grad an Mobilität zu gewährleisten. Aufgrund der damit zunehmenden Platznot, gerade in den Städten, wird heute allerdings wieder verdichtet und enger gebaut. Schließlich ist städtischer Raum Mangelware und kostet Geld.

Weil in diesem Konzept Natur und Bäume in den allermeisten Fällen keine Rolle spielten und als überflüssig angesehen wurden, waren die ersten Opfer die Grünflächen und Pflanzen, wenn es um Verbauungen ging. Wohn-, Geschäfts-, Bildungs-, Arbeitsflächen genießen bis heute meist oberste Priorität und gelten als übergeordnet. Alles andere muss sich dem beugen.

Tatsächlich war die Architektur in den Jahrzehnten nach Ende des Zweiten Weltkrieges im Wesentlichen gegen die Natur ausgerichtet. Ob Einkaufszentrum oder Produktionshalle, Parkplatz oder Sportarena – hatten bei solchen Anlagen Grünflächen mit Bäumen und Hecken einen echten Stellenwert? Im Grunde galten sie als überflüssige, kostspielige Investitionen, die darüber hinaus noch die teure Bodenfläche nutzlos verbrauchen und – in den Augen so mancher Architekten – die »reine« Architektur nur verschandelten. Bei genannten »Ausgleichspflanzungen« entsteht bis heute oft eher der Eindruck widerwilliger Feigenblattmaßnahmen denn echten naturnahen Willens und Verständnisses.

» Natürliche Gesundheit

Wer in der Nähe von Bäumen und Wäldern wohnt, ist gesünder und lebt länger. Der Baumkenner Clemens G. Arvay zitiert dazu medizinische Untersuchungen. Er führt aus, dass selbst der Anblick eines Baumes Heilung bringen kann.[115, 116]

Stehen in Ihrer Hausumgebung beispielsweise zehn Bäume, verlängert sich Ihr Leben um sieben Jahre. Das sind natürlich nur statistische Durchschnittswerte. Dennoch zeigen sie anschaulich, dass es dringend notwendig ist, die Wohn- und Arbeitsstätten, die Freizeit, das ganze Leben mit Bäumen und Wäldern zu bereichern – letztlich auch um unserer selbst willen.

Nicht nur die gefilterte, bessere Luft, die wir einatmen, tut uns gut, sondern vor allem auch bestimmte pflanzliche Botenstoffe und die so genannten Terpene, die wir über Haut und Lungen aufnehmen. Sie stärken die Gesundheit, unser Immunsystem. Wie wohltuend ist es, sich in wohltemperierter Luft zu bewegen, im natürlichen Schatten der Bäume, und den beruhigenden Anblick echter Natur zu genießen. Im Wald spürt ein jeder jene Verbundenheit mit der Natur, die tief in uns verankert ist.

Kein Wunder, sind wir doch ein Teil der Natur. Wir stammen aus ihr, wir gehören zu ihr. Je mehr wir diese Grundlage unseres Lebens unberücksichtigt lassen, desto schlechter geht es uns. Die Gesundheitsstatistiken – vor allem für die urbanen Regionen – sprechen eine deutliche Sprache. Es braucht eine gehörige innere Abwehr, um darüber hinwegzuhören, hinwegzusehen. Ich vermisse von den verantwortlichen Politikern und Beamten der zuständigen Behörden folgende klare Aussage: Es ist nicht zu akzeptieren, dass über die Hälfte aller Stadtbewohner unter den heute grassierenden Zivilisationskrankheiten leidet und dadurch bedingt auch früher stirbt.[117] Das muss nicht nur sein, das darf nicht sein.

» Bäume im urbanen Raum

Schauen Sie sich selbst um, machen Sie sich ein realistisches Bild, frei von immer wieder gehörten Argumenten »gegen dies« und »gegen jenes«. In den meisten Fällen gilt: Der Anteil von Bäumen und Grünflächen in unseren Städten ist heute dramatisch klein und für ein gesundes Leben viel zu gering.[118, 119] Bislang ist man davon ausgegangen, dass Grund und Boden zu teuer ist, um ihn baulich ungenutzt zu lassen. Andererseits ist er aber zu wertvoll, als dass er nur verbaut würde. Diese Grundspannung erfordert regelrecht ein grundsätzliches Umdenken.[120 - 122]

Wo es nur geht, müssen Bäume gepflanzt werden – am besten heimische Arten, die für unsere Breitengrade klimatauglich und schadstoffresistent sind. Für die Bepflanzung im urbanen Raum haben sich auch verschiedene, eher im Süden beheimatete Baumsorten gut bewährt, so die Zerreiche, die Hopfenbuche, die Akazie, die Robinie, die Platane sowie Französischer und Schneeballblättriger Ahorn. Diese Baumarten vertragen allesamt gut einen regelmäßigen Rückschnitt und haben – welch Geschenk der Natur! – keine Probleme mit den Schadstoffen in der Stadtluft. Vor allem kommen sie mit den für Innenstädte typischen heißen und trockenen Sommertagen gut klar. Die erwähnten und weitere Baumarten werden wir zukünftig wohl öfter bei uns sehen, falls sich das Klima wirklich erwärmt.

Um nachhaltig etwas zu bewirken, müssen sie überall zu finden sein: an Straßenrändern, auf Verkehrsinseln, in Parkanlagen, auf Dachgärten, in Gasthofgärten und Innenhöfen, auf Brachflächen, bei jedem Neubau, auf jedem Parkplatzareal, an Bachläufen und natürlich an allen stadtnahen Flächen. Gebraucht werden also öffentliche, gemeinnützige Flächen, die politisch gewollt und behördlich umgesetzt zur Verfügung gestellt, angekauft und ausgewiesen werden müssen. Sie sollten im Weiteren geschützt und genau für diesen Zweck Jahrzehnte im Voraus reserviert werden.[123]

Aus manchen Statistiken lässt sich ablesen, wie stark bewaldet manche Staaten auf dieser Erde sind und in welchem Verhältnis die Bevölkerungszahl dazu steht. Dazu ein paar ausgewählte Zahlen: In Kanada gibt es pro Einwohner rund 9000 Bäume, in Russland 4400, in China nur noch 100 und in Indien sogar nur 28. In Deutschland kommen auf jeden Einwohner etwa 500 Bäume.[124]

Im Wiener Stadtgebiet[125] wurden laut Forstamt von 1956 bis heute rund 550 Hektar neue Waldfläche angelegt, vorrangig am Stadtrand. Immerhin verwaltet das Wiener Forstamt – Magistratsamt (MA 49) – rund 8650 Hektar Stadt sowie etwa 19.000 Hektar Umgebungswald. Beide Waldgebiete dienen der Stadtbevölkerung vornehmlich zur Erholung und spielen für die Reinhaltung der Luft und beim Klimaschutz eine wesentliche Rolle.

Wie in den vorangegangenen Kapiteln vorgestellt, dienen solche Flächen bestens dazu, nicht nur in ästhetischer Hinsicht die Stadtviertel aufzuwerten, sondern sie ermöglichen es, gezielt verschiedene zukunftsfähige Bäume und Sträucher zu pflanzen. Kreative Gartengestalter können dabei mit variierenden Höhen und diversen Farben spielen sowie mit versetzten Blüten- und Fruchtständen.

Nicht zuletzt ist auch an eine Art Signalcharakter zur vorherrschenden Architektur und zum öffentlichen Angebot zu denken. Eine Lindenallee verweist auf Kosmetik-, Parfüm- und Modegeschäfte, die Platanen- oder Kastanienallee zeigt dem Besucher, dass er in unmittelbarer Nähe gemütlich einkehren kann. Eine Baumart wie einen lebendigen Wegweiser einzusetzen – ist das nicht ein faszinierender Gedanke?

Hamburg macht mit einer Vielzahl an Parks und Alleen einen sehr frischen, naturnahen Eindruck. Unter dem rührigen Senator Jens Kerstan hat der Stadtstaat seine Vorreiterrolle in Sachen Stadtbewaldung nochmals ausgebaut. Durch ihn wurde das Budget für Neupflanzungen verdreifacht, was angesichts der Tatsache, dass Hamburg schon jetzt mit über 240.000 Straßen- und dreimal so vielen Parkbäumen glänzt, besonders zukunftsorientiert ist.

Dank der Initiative des »Baumpapstes« Gerhard Doobe, weithin bekannt als Fachmann für Stadtbäume, verfügt Hamburg auch über den ersten vollständigen Baumkataster aller öffentlichen Straßenbäume. Dem Kataster ist der genaue Ort, das Alter, das Pflanzjahr, die Größe und Art eines jeden Baums sofort zu entnehmen.[126] Am häufigsten sind, wie andernorts auch, die Linden, dicht gefolgt von den Eichen. Darüber hinaus gibt es eine stattliche Anzahl an Obst- und Nussbäumen – ein wichtiger Beitrag zum Thema »essbare Stadt«, das eine immer größere Bedeutung einnimmt.[127]

In Kooperation mit der Loki-Schmidt-Stiftung regte die Planung Hunderte von Hamburgern dazu an, zu spenden, damit die Stadtbäume an bereits ausgesuchten Standorten gepflanzt werden konnten. Eine Baumpflanzung im Stadtbereich ist aufwendig und kostet mindestens 1000 Euro pro Baum, mitunter sogar ein Vielfaches mehr. In der Hansestadt lief das so: Sobald 500 Euro für einen Standort zusammengekommen waren, übernahm die Stadt die restlichen Kosten.

Mit dieser Aktion fühlten sich verantwortungsvolle Bürger angeregt, sich mit den Themen Bäume, Natur und gesunde Zukunft aktiv auseinanderzusetzen. Mittlerweile finden solche Baumspendeaktionen auch in anderen europäischen Städten statt.

Jens Schiller vom Bundesamt für Naturschutz (BfN) in Leipzig erklärte mir das Projekt »Urbane Wälder«, das mit einem fünf Hektar großen Areal im Schönauer Holz vor zwei Jahren umgesetzt wurde. Ausgangspunkt war die Brachfläche einer ehemaligen Gärtnerei, die bewaldet wurde. Diesem Projekt kommt in Leipzig besondere Bedeutung zu. Vor nicht allzu langer Zeit lebten in der »Eiger Nordwand«, einem riesigen, heruntergekommenen Siedlungskomplex, Tausende von Menschen unter unwürdigen Bedingungen. Die Gebäude wurden abgerissen, die Keller mit Erdreich aufgefüllt. Nach langwierigen und zähen Verhandlungen gelang es der Projektverantwortlichen Cathrin Regina Dietrich, dass die frei gewordene Fläche umgewidmet und auf Dauer vor Verbauung geschützt wurde. Hunderte Jungbäume wurden unter tätiger Mithilfe von Kindergärten und Schulen gepflanzt.

Die Einbindung der Bevölkerung hat dazu geführt, dass der zukünftige Wald von den Anwohnern akzeptiert und auch geschützt wird. Das betrifft vor allem Tiere wie Rehe, Wildschweine oder Hasen, die den Jungpflanzen gelegentlich Schaden zufügen. Mittlerweile zeigen sich viele gesunde Sprösslinge von über einem Meter Höhe, die zwischen etlichen Blumen und Kräutern herausragen.

Eine schöne Idee war dabei, zu zeigen, wie die einzelnen Baumarten in zehn Jahren aussehen. Je ein zehnjähriges Exemplar aller ausgewählten Baumarten wurde auf einer eigens ausgewiesenen Fläche angepflanzt. Informationstafeln geben weitere Auskünfte. Nach der Auslichtung in ein paar Jahren wird hier ein bewusst gestalteter Forstwald stehen. Die Anlage einer Parkfläche hätte ein Vielfaches der für dieses Projekt veranschlagten Kosten verschlungen. Der Wald wird ganz gezielt – mit gewissen Einschränkungen – als Wirtschaftswald betrachtet und dementsprechend gepflegt.[128] Um den Kostenvergleich konkret zu veranschaulichen: Die Anlage und Pflege eines Parks kostet pro Quadratmeter bis zu 70 Euro, die eines Waldes dagegen nur etwa zehn Euro.

Bald schon wird eine weitere Waldfläche in einem anderen Leipziger Stadtteil entstehen. Die Flächen ergeben zusammen 15 Hektar. Mit solchen und weiteren Maßnahmen haben es die verantwortungsbewussten Beamten dieser Stadt binnen weniger Jahren geschafft, den Waldanteil – bezogen auf die Stadtfläche – von sieben auf zehn Prozent anzuheben.[129] Seit 1990 wurden insgesamt rund 140 Hektar Wald aufgeforstet, was für die mitunter schlechte Luftqualität Leipzigs äußerst wichtig ist.

Es ist den beteiligten Entscheidungsträgern hoch anzurechnen, dass sie sich gegen den Widerstand anderer Interessensgruppen durchsetzen konnten. Längerfristig gedacht, wird sich ohnehin zeigen: Es entstehen hier naturnahe Waldflächen, die sich in 20, 30 Jahren als äußerst wertvoll erweisen werden. Dazu gehört auch, dass Wege wie Hochstände ebenfalls sorgfältig geplant und gebaut wurden – und dass auch einige seltene Baumarten eine Heimstatt finden sollten. Vielfältigen Walderlebnissen steht also bald nichts mehr im Weg.

Waldflächen wie diese sind in den meisten Städten bislang eher selten. Ich schlage vor, Flächen von abgerissenen Wohnbauten oder Brachflächen zukünftig schnell und unbürokratisch der Natur zurückzugeben.[130] Das aber weniger im Sinne von »Natur auf Zeit«, sondern als klares Votum für eine langfristige Entscheidung zugunsten der Natur – und damit zugunsten der Menschen vor Ort.

In fast allen Metropolen Europas werden inzwischen Maßnahmen zur Erhaltung und Wiederherstellung von Grünflächen gefördert. Das nennt man Renaturierung. Über die zahlreichen Aktivitäten, Forschungen und Projekte in München gibt das Zentrum Stadtnatur und Klimaanpassung auf einer informativen Website Interessierten Auskunft.[131] In Berlin unterstützen die Verantwortlichen zum Beispiel finanziell Maßnahmen für das Wassermanagement von Grünanlagen, die Anlage von Verbindungswegen zwischen bestehenden Grünflächen, die Begrünung von Fassaden und Dächern und vieles mehr. Dort wurde, wie auch andernorts, verstanden, dass sich solche Veränderungen auf das Mikroklima der Gebäude und – in ihrer Summe – auf das Klima der ganzen Stadt positiv auswirken.

In der deutschen Hauptstadt gibt es bereits über 440.000 Straßenbäume.[132] Aufgrund der zahlreichen Parks und riesigen Waldflächen, die teilweise schon über 100 Jahre im Besitz der Stadt sind, ist die Metropole eine der grünsten Städte der Welt. Ein Vorsprung, der zur Nachahmung anregen sollte – auch wenn sicherlich nicht jede Stadt über vergleichbare Möglichkeiten verfügt. Kaum ein Berliner Straßenzug ohne Alleebäume. Breite Straßen sind manchmal sogar von zweireihigen Baumalleen eingerahmt. Beneidenswert (Bild Nr. 3)! Angenehm beschattete und gekühlte Straßenzüge, Plätze und Parks sind die Folge. Die duftende, beliebte Linde ist am meisten vertreten.

Und weiterhin gibt es große Anstrengungen – beispielsweise durch Patenschaften und Spendenaufrufe –, um die in den letzten Jahren gefällten Bäume durch jährlich mindestens 30.000 neue Exemplare zu ersetzen. Erst kürzlich pflanzten die Stadtgärtner im Regierungsviertel 600 Alleebäume aus Eichen und Linden, manche von ihnen sogar als vierreihige Baumstraße.[133]

Auch Frankfurt am Main ist grüner, als allgemein angenommen. Meist hat man »Mainhatten« vor Augen, das Zentrum mit den Hochhäusern, das sicherlich bedeutend mehr Grün vertragen könnte. Dieses enge Bild trügt, besteht doch immerhin die Hälfte der Stadtfläche aus Grün und Wasser. Etwa 200.000 Stadtbäume gibt es bereits, dazu rund 40 Parks. Alle beteiligten Pflanzen arbeiten verlässlich daran, die Innenstadt mit Sauerstoff und kühlem Wind zu versorgen.[134] 2014 wurde Frankfurt vom European Abroricultural Council (EAC) für seine Anstrengungen in Sachen Baumpflanzung ausgezeichnet. Bewertet wurden der Umgang der Stadtverwaltung mit den Bäumen und ihre kulturelle Einbindung.

Nach meinem Dafürhalten ist der Grüngürtel, der sich auf über 70 Kilometer rund um die Innenstadt herumzieht, noch viel höher zu bewerten. Er weist auf einer Fläche von 8000 Hektar Bäume, Alleen, Parks und Waldflächen auf. Seit 1991 wurde er entwickelt, immer wieder verdichtet und ständig gepflegt – was sogar von der UN-Konferenz Habitat 1996 lobend erwähnt wurde.[135] Nun geht es darum, die wertvollen Flächen dauerhaft zu sichern und möglichst zu bewalden.[136]

Ein anderes Beispiel ist die Kunststadt Kassel mit ihrer wunderbaren Lage. Der bereits vor Jahrhunderten angelegte Bergpark Wilhelmshöhe mit einer für damalige Zeiten einmaligen Anlage, bei der das Wasser bergab in die faszinierenden Wasserspiele geführt wird, grenzt übergangslos an den Habichtswald, in dem die größte Waschbärenpopulation Deutschlands lebt.[137] Diese Tiere wurden 1934 von Forstbeamten am nahen Edersee ausgesetzt und vermehrten sich, dank fehlender Fressfeinde, explosionsartig. Ganz in der Nähe der Stadt liegt der zauberhafte Urwald Sababurg mit bis zu 600-jährigen Eichen. Zahlreiche, manchmal über 200 Jahre alte Eichenalleen säumen die Wege und überdachen die Straßen rund um die nordhessische Metropole.

Damit nicht genug. Für die Begrünung der Kasseler Innenstadt, die im Zweiten Weltkrieg gänzlich zerstört wurde, setzte Joseph Beuys 1982 mit seiner Aktion »Stadtverwaldung statt Stadtverwaltung«[138] eine grandiose Idee um: Er ließ sage und schreibe 7000 Eichenbäume pflanzen – und darüber hinaus noch zahlreiche Basaltsäulen aus der Umgebung aufstellen, die an die vulkanische Vorgeschichte der Region erinnern sollen.[139]

Die Beuys-Bäume – nicht nur Eichen, sondern ebenso Platanen, Eschen und Ahorne – werden in einigen Jahrzehnten ein unübersehbares grünes Wahrzeichen sein und an die documenta 7 erinnern. Einzigartig in Europa: Unglaubliche 63 Prozent der Stadtfläche bestehen aus Grün- und Wasserfläche.

Es gibt wie in Berlin mit dem Projekt 20 grüne Hauptwege[140] (Bilder Nr. 35 und 36) oder in Hamburg mit dem Grünen Netz[141] besondere Beispiele, an denen wir uns orientieren können, was die sinnvolle Vernetzung von Grünflächen betrifft. Einwohner wie Touristen sollen auf grünen Wegen vom innerstädtischen Bereich bis an den Stadtrand kommen sowie zu bestimmten Grünflächen, Parks und Waldbereichen gelangen. Ob und inwieweit diese nach dem Abschluss der Projekte erhalten bleiben und gesichert werden, hängt vom Flächenbedarf der wachsenden Städte ab.[142]

Eine eigene Geschichte haben die so genannten Industriewälder des Ruhrgebiets hinter sich. Heute gibt es solche an 17 Standorten und sie bedecken bereits mehr als 240 Hektar Fläche. Vornehmlich findet hier die natürliche Sukzession statt, das heißt die Flächen bleiben im Großen und Ganzen sich selbst überlassen. In ein paar Jahren werden sie die Luftqualität spürbar verbessert haben.

Wie Reto Sigel von Grün Stadt Zürich[143] mir voll Enthusiasmus erklärte, ist der MFO-Park dort ein ganz besonderes Projekt aus Architektur und Begrünung. Es wurde auf dem Gelände der ehemaligen Maschinenfabrik in Oerlikon in Zürich umgesetzt und besteht aus einem riesigen Metallgerüst mit Stiegen und Gängen, an dem sich Kletterpflanzen hochranken.[144] Einige erreichten bereits das Gerüstdach und werden den riesigen Raum wohl schon bald mit ihrem Blätterdach überspannen. Hier sind es also keine Bäume, die den freien Platz begrünen, sondern ein künstlich angelegter Kletterwald, der den architektonischen Vorgaben gemäß einen viereckigen Raum zwischen den Gebäuden beschreibt.

Wie immer man zu dieser rigorosen Gestaltung mit Pflanzen auch stehen mag – entstanden ist ein grüner, frischer Lebensbereich, in dem man sich treffen und aufhalten kann. Das Ganze erscheint fast wie eine futuristische Waldhalle auf einem anderen Planeten. Den Vögeln, Schmetterlingen und Bienen gefällt diese neue Stadtlandschaft allemal. Das Projekt, das seit rund 14 Jahren existiert, fand weltweit Beachtung und wurde mit vielen Preisen ausgezeichnet.

Auch auf dem Gelände des Pfingstweidparks, einem Quartier in Zürich-West, das von einem Industriegebiet zu einem lebendigen Ortsteil mit Gewerbe, Büros und Hotels umgestaltet wurde, finden sich spannende Lösungen. Die Planer bezogen alte Bausubstanz und Materialien in die Bepflanzung mit ein, was an die geschichtliche Bedeutung des Ortes erinnern soll. Baumgruppen und naturnahe Wiesen bereichern die Plätze und Begegnungsstätten und bringen die Natur zu den hier arbeitenden Menschen.

Bei einem Besuch im Hotel Bildungszentrum 21[145] in Basel zeigt mir der Direktor, Pascal G. Martin, voll Stolz den alten Baumbestand im Hotelgarten. Dieser kleine Grüngürtel direkt beim Haus ist für den Betrieb ein erhebliches Plus. Dort finden Veranstaltungen statt, die Gäste genießen die Pausen im Schatten der Platanen, und so manches Treffen fand hier einen entspannenden Ausklang. Das Hotel wirbt mit seinem Waldpark mitten in der Stadt – und hat offenbar großen Erfolg damit.

» Initiativen weltweit

Seit 1989 wurden auf Initiative der englischen Naturschutzbehörde Community Forests über 10.000 Hektar ehemaliger Industrie- und

Brachflächen aufgeforstet und zu Wald gemacht. Ein Beispiel dafür ist der Mersey Forest in Manchester.

Die internationale Vereinigung Trees for Cities, London, rühmt sich auf ihrer Website dafür, bereits über 635.000 Bäume in verschiedenen Städten der Welt gepflanzt zu haben, so in London, Addis Abeba und Nairobi, um nur einige Orte zu nennen. Bis 2020 soll es eine Million Bäume weltweit sein! Auch Sie können bei diesem ambitionierten Projekt mitmachen und aktiv werden. Oder werden Sie Baumpate für »Bäume in der Welt«. Die engagierte Organisation Trees for the world[146] bietet vielfältige Möglichkeiten an, sich für die Begrünung unseres Planeten einzubringen.

Solch nachahmenswerte Initiativen werden häufig von Privatpersonen ins Leben gerufen, die sich wirtschaftlichen und parteipolitischen Zwängen oder bürokratischen Verschleppungstaktiken nicht länger beugen wollen.[147] Der Wunsch nach mehr Lebensqualität und für eine gesunde Umwelt lässt so manchen Stadtbewohner aktiv werden und sein Anliegen selbst in die Hand nehmen.

Stellvertretend dafür sei an dieser Stelle die Initiative von Jugendlichen in der Industriestadt Detroit[148] erwähnt. Innerhalb von 15 Jahren gelang es der dortigen Kerngruppe, eine große Gemeinde Gleichgesinnter um sich zu scharen. Möglicherweise wurde dieses breite Engagement durch den dramatischen Niedergang der Automobilindustrie beschleunigt, da damit heftige wirtschaftliche und soziale Auswirkungen auf weite Teile der Bevölkerung einhergingen. Was die Einheimischen dort in der Zwischenzeit erreicht haben, ist mehr als beeindruckend: Es gibt über 1500 neue Gärten und über 85.000 neu gepflanzte Bäume. Laut Umfragen erhöhte sich nicht nur die Zufriedenheit der Stadtbewohner, sondern auch die Luft und das Stadtklima verbesserten sich in der Zwischenzeit deutlich.

Das viele neue Grün in der Stadt lädt zum Bummeln und zum Verweilen ein, Parks bieten viele Möglichkeiten, sich zu entspannen und wohlzufühlen. Das alles führte zu einem veränderten Freizeitverhalten vieler Menschen und steht auch der Stadt als solcher sehr gut. Viele Detroiter beteiligen sich am Wochenende nicht mehr, wie früher, an der Flucht aus einer öden Industriestadt ins grünere Umfeld, sondern bleiben lieber in ihrer grünen Stadt. Gibt es eine größere Auszeichnung in punkto Lebensqualität?

Ein weiteres faszinierendes Projekt gibt es in New York.[149] Die Macher entschlossen sich vor etlichen Jahren dazu, eine Million (!) Bäume im Stadtgebiet zu pflanzen – vornehmlich auf Brachflächen, am Ufer von Flüssen und an Straßenrändern (Bild Nr. 54). Dadurch konnten sie auf das Stadtklima positiv und nachhaltig Einfluss nehmen. Ist es nicht ein mitreißender Gedanke, dass eine überschaubare Anzahl motivierter Menschen in der Lage ist, die Luftqualität für Hunderttausende spürbar zu verbessern und bereits jetzt für die künftige Gesundheit und das Wohlbefinden der Ortsansässigen zu sorgen? Durch das Wachstum der Bäume und die Zunahme ihrer Kronen wird dieser Effekt von Jahr zu Jahr deutlich zunehmen. Die Auswirkungen dieser Pflanzaktion werden – wie alles, was mit Baum und Wald zu tun hat – zwar erst in einigen Jahren und Jahrzehnten in vollem Umfang festzustellen sein. Dann aber umso mehr.

» Artenvielfalt in unseren Städten

Seit einigen Jahren kann sich jeder anhand von zahlreichen Beispielen ein Bild davon machen, was es bedeutet, wenn sich in Großstädten Naturräume ausbreiten, wenn Wald-, Grün- und Gartenflächen gezielt angelegt und erhalten werden. Zumeist sind es Jugendliche, Vereinsfreunde, Naturliebhaber – engagierte Bürger, die gegen die Naturverdrängung der vergangenen Jahrzehnte ankämpfen.

Ein Phänomen dabei ist selbst für manchen Naturkenner und Gründenker neu und rückt heute immer stärker in den Fokus der

Aufmerksamkeit: In viele Städte kehren vermehrt Wildtiere zurück. Viele Vögel, darunter seltene Greifvögel, aber auch Füchse, Dachse, Marder und Eichhörnchen finden Lebensbedingungen vor, die ihnen offenbar zusagen.[150]

Womit hängt das zusammen? In vielen Städten werden keine Pestizide und Pflanzengifte mehr eingesetzt, die Luft hat sich im Vergleich zu früher zum Teil wesentlich verbessert und auch die Qualität der Gewässer ist besser geworden. Hinzu kommen im Vergleich zur Zeit vor 20 bis 30 Jahren die mancherorts größeren Grünflächen und Baumbestände. Sicherlich spielt auch eine Rolle, dass die natürlichen Lebensräume jenseits der Stadtgrenzen durch Monokulturen und die so genannte »Flurbereinigung« teilweise dramatisch unter Druck stehen oder schlichtweg verloren gingen.

In den Städten Mitteleuropas nahm die Biodiversität – die Artenvielfalt an Pflanzen und Tieren – deutlich zu. Das ist eine gute Entwicklung für Mensch, Tier und Pflanze. Umso mehr müssen mit steigendem Raumbedarf und zunehmender Ausdehnung der Städte Wald- und Grünflächen bewusst mit eingeplant werden. Die Verbindung mit Korridorwäldern, Alleen und Grüngürteln ist ein ökologisches Muss.

» Neue Marke – die »Waldstadt«

Damit das oft intensive ehrenamtliche Engagement nicht ohne Würdigung bleibt, schlage ich das Gütesiegel »Waldstadt« vor. Es wird ab einem bestimmten Grünflächenanteil, verbunden mit einer festgelegten Anzahl an Gehölzen – zählbar als Bäume pro Hektar –, vergeben. Damit werden jedes Jahr die Macher der besten grünen Projekte gekürt und für ihren Einsatz ausgezeichnet. Ein friedlicher sportlicher Wettkampf zwischen den Metropolen und anderen urbanen Siedlungen kann unserem Planeten nur gut tun – und damit uns allen.

Ein solches Qualitätssiegel lockt sicherlich auch Touristen in die grünen Städte. Auch für das gesamte Kongress- und Seminarwesen ist es ein Mehrwert. Eine Veranstaltung in guter Luft ist sicherlich mehr wert als ungewollt die Funktion eines Biofilters in feinstaubgeplagten Stadtvierteln zu übernehmen. Erschöpfte Teilnehmer wollen sich zwischen den Sitzungen und Kursen sicher eher im schattigen Grün erholen und entspannen als auf einem überhitzen Steinplatz ohne Bäume. Und welcher Tourist sucht gerade bei sommerlicher Hitze oder einem ermüdenden Besichtigungsprogramm nicht gerne einen nahen Stadtpark auf?

Auch die Einheimischen werden ihre Oasen der Erholung schätzen und vielleicht sogar stolz sein auf die grünen Inseln in der Stadt, wo »man sich trifft«. Gut vorstellbar, dass ein solcher grüner Wettbewerb einen nicht unwichtigen Beitrag zur Verbesserung der Umwelt leistet (Bild Nr. 25). Zu einer langfristig angelegten Strategie gegen Erderwärmung und Klimawandel gehört das dazu. Gewinner sind vor allem die Bewohner der Ballungszentren.[151]

Korridor- oder Gesundheitswald: grüne Tunnel in der Stadt

Täglich eine Stunde im Wald verbessert die Gesundheit und verlängert das Leben – in Zukunft soll das auch für Stadtbewohner so sein. Dazu bedarf es nur eines Bekenntnisses zur Natur und zielgerichteter Planung. Die Auswirkungen werden umwälzend sein und das Leben in den Städten von Grund auf verändern.

In vielen Städten befinden sich die »typischen« Büro- und Gewerbegebiete am Stadtrand, ebenso die großen Einkaufszentren. Die dort arbeitenden und einkaufenden Menschen müssen also täglich größere Entfernungen zurücklegen – und verbringen viel Zeit im Stau.

Wer kennt nicht die einschlägigen alltäglichen Stauwege? Sie sehen überall gleich aus: möglichst breit angelegte und dennoch verstopfte Straßen. Nichts geht mehr, es wird viel gewartet und Zeit vertan. So geht es heute zu auf den überfüllten städtischen Verkehrsadern.

» Täglich durch den Wald

Solch extreme Verkehrssituationen in allen größeren Städten überall auf der Welt üben Druck auf die Städteplaner aus. Aus der Not heraus entstand die Idee ökologischer Korridore – so auch für Paris.[152] Im Prinzip geht es darum, dass es ohne Unterbrechung grüne Verbindungen von der einen größeren bewaldeten Fläche zur nächsten gibt, sich gleichsam durchs Stadtgebiet schlängeln und auf diese Weise ganze Straßenzüge sowie freie Flächen begrünen. Diese »Naturbänder« bieten vielen Pflanzen und Tieren Raum zum Leben und Wandern.

Ich gehe in meiner Vision aber noch weiter. Naturbänder sollen zukünftig Waldwege sein, auf denen wir uns zu Fuß, mit dem Rad oder anderen – auch elektrisch getriebenen – Hilfsmitteln fortbewegen: zur Arbeit, zum Einkaufen oder aus sportlichen Gründen. Ziel muss es sein, jeden Tag ein oder zwei Stunden Bewegung in gesunder Waldluft zu haben. Welch wunderbare, herrliche Aussicht ist es, unter Bäumen und scheinbar mitten im Wald Zeit zu verbringen und dabei seine Gesundheit zu stärken. Dieser Traum lässt sich ohne Weiteres verwirklichen: entlang der Flüsse, bereits existierender Alleen oder umgebauter Straßen durch Wohn- und Gewerbegebiete, über Brachflächen, auch über bewaldete Brücken und Überführungen.

Anstatt mit dem Pkw im Stau zu stehen oder in überfüllten U-Bahnen und Zügen zu sitzen, machen Sie Ihren Frühsport oder die abendliche Fitness-Trainingseinheit in einem der Naturbänder von oder zur Arbeit. Der Zeitaufwand bleibt der gleiche, ist allerdings sinnvoller und um vieles gesünder und erholsamer. Das Ganze ist also ein Korridorwald oder Waldgürtel auf dem Weg von der Wohnung zur Arbeitsstelle und zurück. Dieses Waldband von einigen Baumreihen Breite passt sich den jeweiligen Gegebenheiten an und ist mal breiter und mal schmäler.

In Berlin gibt es bereits ein ähnliches Konzept: die 20 grünen Hauptwege.[153] Sie verbinden verschiedene Stadtviertel durch markierte Strecken, hauptsächlich gesäumt von Baumreihen und Hecken, und führen durch Grünflächen. Das 2004 ins Leben gerufene und namentlich geschützte Wegenetz ist in seiner Art ein Vorreiter in der grünen Stadt Berlin und setzt das Korridorwaldsystem bereits zu einem guten Teil erfolgreich um (Bilder Nr. 35 und 36).

Die einem Naturwald gleichenden Grüngürtel bestehen sinnigerweise aus heimischen Baum- und Straucharten. Auch eigens gestalteter Waldrand mit niedrigen und mittelhohen Pflanzen darf nicht fehlen. Hinzu kommen Farne, Efeu, Moose und zahlreiche andere Pflanzen, die sich gerne unter und zwischen den Bäumen ausbreiten. Ein angelegter, gestampfter Naturweg führt durch den Korridorwald hindurch – allerdings nie in gerader Richtung. Ab und an gibt es Inseln der Rast und Ruhe. Schnell wird dem Besucher klar: Alles sollte möglichst naturbelassen bleiben. Es geht hier also gezielt nicht um einen Park oder eine zurückgestutzte, gequälte Allee, sondern um ursprüngliche kräftige Natur.

Wer die vorangestellten Kapitel gelesen hat, kennt die Vorteile: Viele Insekten wie Schmetterlinge und Wildbienen werden sich einstellen – genauso wie die Vögel. Die stressgeplagten Städter finden einen Raum der Erholung. Sie sammeln neue Energie, tanken frische Luft, atmen frischen Sauerstoff ein, nehmen Terpene und ätherische Öle auf.

Natürlich muss ein solcher Weg sauber gehalten werden. Hinterlassenschaften von Hunden sind, genauso wie Abfälle, tabu. Die Abfalleimer müssen regelmäßig geleert werden. Und der Rückschnitt der Pflanzen darf nur im Notfall, höchstens alle paar Jahre erfolgen. Weitere Arbeiten? – Keine.

Das Ergebnis kann jeden verantwortungsbewussten Arbeitgeber, Mediziner, Politiker, Rentenversicherer und Stadtverantwortlichen nur fröhlich stimmen. Denn: Wer solche Waldwege regelmäßig benutzt, ist erholter, gesünder, zufriedener – und arbeitet konzentrierter und intensiver. Außerdem sind die Waldwegenutzer auch erholter, wenn sie nach Hause kommen. Mit hoher Wahrscheinlichkeit werden sie auch älter.[154, 155]

Damit die Vision naturnaher Waldbänder auf Brachflächen, früheren Verkehrswegen und anderen Umwidmungen Wirklichkeit werden, sind – neben Motivation und Sinn für Neues – Gelder nötig. Sie können aus verschiedenen Töpfen kommen.

Private wie öffentliche Arbeitgeber sind hier gefragt, kommen ihnen die Vorteile wie geringerer Krankenstand, zufriedene Mitarbeiter, höhere Arbeitsqualität zugute. Investitionen an dieser Stelle machen sich bezahlt. Auch die Verantwortlichen in den Behörden für Verkehr, Freizeit, Sport und Bildung können einen großen Beitrag leisten. Unterm Strich wird es auf allen Seiten nur Gewinner geben. Legen wir also Waldwege durch die Städte an![156 – 158]

Mehr naturnahe Parkflächen

Wie viel Gestaltung und Einflussnahme braucht ein Park? Was ist zu wenig Natur, was zu viel? Parkanlagen sind wichtige Naherholungsgebiete, Ort zum Entspannen für Auge, Herz und Seele. Sie haben bestimmte, wichtige Funktionen zu erfüllen.

Das Wegesystem spielt dabei eine große Rolle, ferner offene Grünflächen, die Weite und Ruhe ausströmen, Bänke und Sitzgelegenheiten fürs Innehalten. Schatten- und Sonnenbereiche im Wechsel,

Bäume, Hecken, Blumen und Stauden sollen den Betrachter erfreuen und auf natürliche Weise begleiten. Das bringt jährlich wiederkehrende Arbeiten für die Mitarbeiter der Gärtnereibetriebe mit sich. Dabei beobachte ich oft eine Einmischung und Eingriffe in die Natur, die übertrieben und überflüssig sind.

Eine frei stehende Buche entwickelt – wie fast alle Bäume – ihre Äste bereits knapp über dem Boden. Das hat für den Baum viele Vorteile: Das Laubwerk der Äste beschattet den sonnenempfindlichen Stamm und schützt ihn so vor dem Austrocknen und vor Sonnenbrand. Mit bodennahen Ästen stehen dem Gesamtorganismus Baum mehr Blätter zur Verfügung, um zu wachsen. Auf dieser Grundlage vergrößert er seine Blattoberfläche und damit die Krone. Damit er gesund bleiben und wachsen kann, braucht ein Baum viel Energie und Kraft, um sich gegen Schädlinge und Krankheiten zur Wehr zu setzen. Ein naturbelassener Baum wird selten krank. Schließlich verstärken bodennahe Äste auch den Stammbereich, da sich dieser entsprechend stark und dick entwickeln muss, um sie zu tragen.

Natürlich wachsende Bäume haben noch weitere Vorteile, was die Buche im Lindenhofpark bei Lindau am Bodensee eindrücklich vor Augen führt. Sie ist ein idealer Platz für Kinder, Jugendliche und Junggebliebene: zum Versteckenspielen, Toben, Klettern - und dafür, die Welt des Baumes aus nächster Nähe zu erfahren. Sie bietet eine spannende Möglichkeit, zum Entdecker zu werden, jenseits von Handy und Co. (Bild Nr. 44).

Doch statt die natürliche Schönheit der Bäume zu erhalten, wird in den Wuchs immer wieder stark eingegriffen. Warum sollte es in einem Park nötig sein, jedes Jahr lebendige Starkäste zu kürzen oder ganz zu entfernen? Auch die bodennahen Starkäste brauchen Platz und Raum, der ja gerade in Parkanlagen da ist.

Geht von ihnen vielleicht eine Gefahr aus? Nein, inwiefern auch? Selbst Bäume direkt an Wegen und Straßen bilden in den meisten

Fällen keine unmittelbare Gefahrenquelle. Und: Statt einen tiefer greifenden Ast über einem Weg zu entfernen, wäre es in vielen Fällen besser, den Weg darunter in einem Bogen um den Baum herumzuführen (Bilder Nr. 43, 45 und 49).

Entsprechendes habe ich im Park des Hotels Bad Schachen bei Lindau am Bodensee mitbekommen. Dort senkte eine ältere Eiche ihren unteren Starkast immer weiter auf einen darunter führenden Weg, der im Notfall auch von Einsatzfahrzeugen genutzt wird. Plan war also zunächst, den Ast zu entfernen. Doch durch das beherzte Eintreten der Besitzerin Isolde Schielin wurde der Verlauf des Weges in weitem Bogen um den Baum herumgeführt. Der altehrwürdige Baumriese darf also weiter ungestutzt und gesund gedeihen. Gerade Wege wirken – nicht nur meinem Empfinden nach – in Parks ohnehin fast wie Fremdkörper.

Zu bedenken ist immer: Nach einem großen Schnitt erhöht sich für den Baum rasch die Gefahr, dass sich über die Schnittstelle Pilze, Fäulnis und Schadinsekten einnisten und ihn krank machen. Vor allem dann, wenn der Schnitt unsachgemäß durchgeführt wurde. Was die Wenigsten wissen: Auch sterben zugehörige Starkwurzeln ab, was die Standfestigkeit des Baums schwächt. Durch mehrere solcher widernatürlicher Eingriffe kann das Überleben des so behandelten Baums deutlich verkürzt und vorzeitig beendet werden.[159, 160]

Ein Wort zum (für manche Menschen heiligen) Rasen sei erlaubt. Selbst wenn dieser stark beansprucht wird, muss nicht wöchentlich gemäht oder auf eine Höhe von 3,5 cm getrimmt werden. Mitarbeiter der Gartenbauabteilung der Stadt München bestätigten mir, dass dort bis zu 14-mal pro Jahr gemäht wird! Der immense Aufwand lässt sich getrost reduzieren und sogar halbieren, ohne dadurch Nachteile zu haben. Im Gegenteil: Die frei werdende Arbeitszeit lässt sich sehr gut nutzen, um zum Beispiel neue Bäume zu pflanzen … Große Flächen, die nicht sportlichen Aktivitäten oder als Liegewiese dienen, dürfen gerne naturnah bleiben. Solche Wiesen müssen nur zweimal im Jahr geschnitten werden!

Ein echter naturnaher Park lässt Buschwerk, Stauden, Blumenwiesen und schiefe Bäume mit krummen Ästen und Totholz zu, das nicht weggeräumt wird. Zahlreiche Tiere, darunter Spechte, Igel und Fledermäuse, werden es danken und Dauergäste im Naturpark sein.

Einige Gärtner und Gartenarchitekten haben den Anspruch, besonders auffällige und unbekannte Baumarten zu pflanzen – auch, um für ungewohnte Sichten und eine neue Optik zu sorgen. Viele kennen heutzutage die Platanen, die vor allem im städtischen Bereich zu sehen sind. Sie wachsen schnell, sind sehr schnittfähig und halten auch die mit Schadstoffen belastete Stadt- und Straßenluft aus.

Auch die Esskastanie ist bei uns – zumindest in den wärmeren Regionen – heimisch geworden. Außerdem sind Robinien und Akazien zu uns gekommen, und selbst der bekannte Walnussbaum wurde seinerzeit von den Römern nach Mitteleuropa gebracht. Die Douglasie ist bei Förstern beliebt, weil man sich von ihr schnelleres Wachstum und höhere Widerstandsfähigkeit gegen Pilze und Käfer verspricht, was zum Teil auch der Fall ist.

Manche Baumarten wie der Amerikanische Amberbaum oder der Tulpenbaum werden ihrer roten Herbstfärbung oder reizvollen Blattform halber, manche wie weiß- und rosafarbene Kastanienbäume aufgrund besonderer Blüten, andere wiederum wie der Ginkgo oder Urweltmammutbaum wegen ihrer Seltenheit angepflanzt. Zweifelsohne sind sie besondere Erscheinungen in jedem großen Garten und Park.

Die ältesten Mammutbäume in Europa sind, obgleich sie inzwischen zu riesigen Erscheinungen herangewachsen sind und zu den größten Bäumen überhaupt zählen, gerade mal 180 Jahre alt. Als sie seinerzeit aus den Vereinigten Staaten eingeführt und vom Adel und den reichen Schichten des Bürgertums in Parks und Gärten angepflanzt wurden, wollte man mit diesen Bäumen ein ewiges und unübersehbares Denkmal besitzen. Im Vergleich zu ihren Verwandten in Kalifornien sind die europäischen Mammutbäume noch immer Jugendliche. Erst in den nächsten 200 bis 300 Jahren wird sich herausstellen, ob sie so groß und alt werden wie erhofft. Ohne Frage werden viele von ihnen selbst in den Städten eines Tages zu den höchsten Erscheinungen gehören.

So gibt es beispielsweise in Zürich an die 100 Mammutbäume. Da die Altstadt an der Limmat kaum Hochhäuser aufweist, kann man gespannt sein, wie die Silhouette später einmal aussehen wird. Von heute aus betrachtet kann man sich das kaum vorstellen.

Ob und wie sich die neuen Arten bei uns entwickeln oder sogar ausbreiten, lässt sich mit letzter Sicherheit nicht vorhersagen. Es bleibt abzuwarten. Die Ergebnisse der vielen Freilandversuche werden manchmal erst nach 100 Jahren sichtbar. Fest steht nach heutigem Erfahrungswissen, dass sich viele der Neophyten nicht in die Gesamtflora integrieren und beispielsweise auch nicht von den heimischen Tieren, insbesondere den Insekten und Vögeln, angenommen werden.[161]

Gewöhnungsprozesse dauern in der Natur oft Jahrhunderte. Die Lebensbereiche und Kreisläufe der Mikroorganismen, der Pilze, Würmer und Insekten sowie der Pflanzengemeinschaften untereinander sind äußerst komplex und fein aufeinander abgestimmt. Bis sich um, an und in neuen Pflanzenarten tierisches Leben stabil ansiedelt, braucht es manchmal mehr als nur Jahre und Jahrzehnte. Ein Vergleichsbeispiel: Auf den heimischen Eichen leben allein mehr als 200 Insektenarten. Der heimische rote Hartriegel, eine weit verbreitete Strauchart, dient über 20 Vogelarten als Nahrungsquelle. Der aus Nordamerika stammende Gelbholzige Hartriegel dagegen nur zwei Arten. Und auf den bereits vor einigen Jahrhunderten eingebürgerten Thujen scheinen sich bislang nur wenige Spinnenarten wohlzufühlen. Auch nutzen sie offenbar keinen Vögeln als Nahrungsquelle.[162]

Im Karlsruher Schlosspark habe ich auf manchen Waldinseln Totbäume entdeckt, die dank hoher Stützen gehalten wurden oder mit starken Bändern an einem anderen Baum befestigt waren. Die Wäldchen – mehr oder weniger kleine Waldflächen mit Unterholz, Gebüsch und typischem Waldcharakter – stehen inmitten der Rasenflächen, aus denen sie wie Inseln herausragen. Auch wenn so mancher Parkbesucher darüber den Kopf schütteln mag, ist das eine wunderbare und naturnahe Idee. Mir geht dabei das Herz auf. Das tote Holz des Baumstamms bietet noch lange zahlreichen Tieren Nahrung oder eine neue Heimat. Bis der Stamm in sich zusammenbricht und als Moderholz langsam zu Waldboden wird, vergehen mitunter Jahrzehnte (Bild Nr. 42).

Der Mut und die Weitsicht der Karlsruher Gärtner und Pfleger sind zu loben, denn sie helfen der Natur und ihren Lebewesen. Mit der Zeit werden das auch die skeptischen Parkbesucher verstehen und akzeptieren, denke ich. Wenn es eines Tages zum gewohnten Bild von Parks überall auf der Welt gehört, wird man sowieso darüber den Kopf schütteln, dass das in früheren Zeiten offenbar nicht selbstverständlich war.

Selbst auf so kleinen Flächen wie den Waldinseln im Schlosspark von Karlsruhe kann eine mehr oder minder ungestörte, natürliche Waldgesellschaft entstehen. Voraussetzung ist, dass keiner über einen längeren Zeitraum hinweg »ordnend« eingreift. Dann wachsen unter dem übergreifenden Kronenschirm der Äste sowie zwischen den Bäumen vielfältige Stauden, Sträucher, Farne und Moose ganz von allein. Auch Flechten finden ihren Weg zur Rinde.

Nur kleine Trampelpfade führen ins Unterholz und ins Gebüsch. Der Hauptweg führt um dieses Schauspiel des natürlichen Lebens herum. Manche Besucher, allen voran die Kinder, werden aus Neugierde oder Abenteuerlust zum Baum gehen, andere werden die »natürliche Unordnung« eher mit Abstand betrachten. Intuitiv wird klar sein, dass das kein für den Menschen gemachter Ort ist, sondern hier die pure Natur einen Schutzraum findet. Und das führt dann zwar nicht zu einer scherenscharfen Ordnung, dafür aber zu einer natürlichen, organischen Ordnung. Da manche Städter keinen Blick mehr dafür haben (können), mag das dann eben zunächst befremdlich wirken.

Wer kennt nicht die Skepsis mancher Zeitgenossen der »wilden« Natur gegenüber? »Das soll Natur sein?«, so hört man es. Doch genau mit dieser Frage setzt auch das Verständnis ein. Dazu gehört freilich auch die Bereitschaft, das scheinbar »Ungeordnete«, eine andere Art der Ordnung zu tolerieren – zumal diese ja ganz offenbar seit eh und je funktioniert. Naturinseln wecken nicht nur solche Fragen und auch manche Widerstände, an denen man sich reiben kann, sondern bei vielen sicherlich auch Sehnsüchte: nach Romantik und Ursprünglichkeit, nach Wiederverbindung mit der Natur. Erfahrungsfelder entstehen, Wissensdurst wird gestillt, Neugierde befriedigt.

Ein Lernschritt kann es sein, das vermeintliche Chaos zu akzeptieren und schön zu finden. Ein abgebrochener Ast und Moderholz am Waldboden wirken eigentlich nur auf den naturentfremdeten Blick störend. Naturverbundene Menschen empfinden das durchaus anders. Auch gehören sie zum Kreislauf des Lebens und sind alles andere als Abfall. Sie tragen neues Leben in sich. Gerade die Stadtkinder können erfahren: Das ist die eigentliche Natur – und nicht die geleckte Hecke oder der perfekte Rasen.

Bei ausreichenden Platzverhältnissen in einem Park kann beides nebeneinander bestehen: bewusst gestaltete Gartenkunstwerke wie angelegte Blumenbeete und besondere Hecken einerseits, natürliche Waldinseln andererseits. Das schließt sich nicht aus und ist – entgegen der Auffassung »konsequenter« Gartenplaner – kein Widerspruch. Beides spiegelt die Natur in ihrer größten Bandbreite, wenn auch in einer gewissen natürlichen Entfernung.

Ein herrliches Lehrbeispiel bietet der Park am Gleisdreieck in Berlin.[163] Auf dem ehemaligen Bahngelände, das sich über insgesamt 26 Hektar erstreckt, wurde eine besondere Grünfläche gestaltet. Nachdem die Gleise jahrelang brachlagen, hatte sich dort durch Sukzession – durch die natürliche Entwicklung einer Fläche, die mit Flechten und Moosen beginnt, Grasarten wachsen lässt, später Krautschichten und Stauden, danach Pionierbäume wie Birken und Vogelbeeren und schließlich Bäume wie Eichen oder Buchen hervorbringt – eine üppige, waldähnliche Vegetation entwickelt (Bild S. 100 / 101).

Diese wurde – wie auch manche Relikte aus der Eisenbahnzeit – so belassen, wohingegen man andere Flächen parkähnlich anlegte. Sogar eine Fläche mit Rosengärten wurde geschaffen. So entstand eine einzigartige Mischung aus Sport- und Erholungsflächen, aus Bauminseln und naturnahen Wäldchen.

Mir sind dort besonders die Wege aufgefallen, die die Planer bewusst in einem Bogen um Bäume herum anlegen ließen. Auch der Verlauf von Zäunen wurde dem Wuchs der Baumstämme angepasst. Alles in allem ist das ein interessantes Beispiel für erfreulich naturverständige Maßnahmen, die mitten in der Stadt ein besonderes Fleckchen Natur haben entstehen lassen (Bild Nr. 43).

» Parkanlagen mit Obstbäumen

Die in ländlichen Regionen früher üblichen Obstbaumwiesen lassen sich ohne Schwierigkeiten auch auf urbanen Flächen umsetzen. Auf dem Land mussten viele Wiesen mit ihren hochstämmigen Obstbäumen niederstämmigen Baumplantagen weichen. Der Grund: Diese bringen schneller Erträge, das Ernten ist bequemer, auch ist ein dichteres Wachstum möglich. Der Reiz der traditionellen Obstbaumwiesen ist oftmals nur noch in versteckten Winkeln, wie im Allgäu oder in Oberösterreich, erhalten geblieben.[164]

Obstbäume brauchen viel Licht und Sonne, was in einer dicht bebauten Stadt nicht immer gewährleistet ist. Stehen jedoch Freiflächen – bedingt durch Abbruch von Häusern, durch vorliegende Brachen oder aufgelassene Verkehrsflächen und Parkplätze – zur Verfügung, bietet sich eine Obstbaumwiese an. Sie wertet auch Verkehrsinseln, Straßenrandfläche oder die monotonen Grasanlagen größerer Parks auf. Und natürlich dürfen Niederstamm-Obstbäume auf den vielen Flachdächern eine Heimat finden (Bild Nr. 14)!

Eine urbane Streuobstwiese kann gerne aus verschiedenen Obstbaumarten bestehen, um gezielt die jeweiligen Blüte- und Tragezeiten zu berücksichtigen. Die Blüte der Kirschbäume mit ihrer wunderbaren weißen Pracht kann bereits im April stattfinden, gefolgt von den Birn- und dann den Apfelbäumen. Dazwischen könnte – auch für die Bienen wichtig – ein weiterer »farbiger Akzent« herausstechen, beispielsweise über einen Zierbaum wie der Mandel.

Je nach Mikroklima sind südlichere Obstbaumarten wie Pfirsiche, Aprikosen, Ringloten oder andere bei uns mittlerweile heimisch geworden. Sie erweitern die Artenvielfalt und Schönheit solcher Anlagen. Zur Abrundung – auch in kulinarischer Hinsicht – dürfen Nussbäume wie die Hasel- und Walnuss nicht fehlen. Und wer liebt nicht die herrlich duftenden Maronen der Edelkastanie im Herbst? Schon allein aufgrund seiner optischen Pracht werden solche Orte bald beliebte Ausflugsziele sein. Sanft geschwungene Wege mit Sitzmöglichkeiten laden dazu ein, die opulente Fülle der Natur auf sich einwirken zu lassen und sich daran zu ergötzen. Der einnehmende Gesamteindruck erhöht sich, wenn der Rest der Wiese aus einer abwechslungsreichen, natürlichen Vegetation mit Kräutern, Stauden und Büschen besteht. Tiere wie Grillen, Schmetterlinge und Vögel setzen in punkto Erholungswert und Lebensfülle noch eins drauf.[165, 166]

Dazu ein Beispiel aus Köln.[167] Im Ortsteil Rodenkirchen wurden einige Hektar mit Obstbäumen bepflanzt, und damit ein Bürgerpark gegründet. Die Idee der »essbaren Stadt« kommt bei den Kölnern sehr gut an. Sie schätzen sie auch als Zeichen der Gemeinschaftlichkeit und Verbindung untereinander. In anderen Städten, als Vorreiter möchte ich Andernach herausstellen,[168] wurden nicht nur naturnahe Wiesen für die Bienen angelegt und Obstbäume angepflanzt, sondern das gesamte Projekt war von vornehrein auch als ein soziales angedacht: Langzeitarbeitslose spielen dabei beispielsweise, neben anderem bürgerschaftlichen Einsatz, eine große Rolle, was zu einer möglichst breiten Akzeptanz führt. Trotz anfänglicher Skepsis über die »ungeordnete Natur« im Stadtbild besuchen viele neugierige und wissbegierige Gäste und Touristen die kleine Stadt am Rhein auch aus diesem Grund.

In Berlin und München gibt es ähnliche Aktionen. Das Interesse daran ist riesig und zum Teil mit langen Wartelisten verbunden, wie über »urban gardening« zu erfahren ist.[169] Im späten Sommer fallen die Früchte bekanntlich ganz von allein von den Bäumen – und dienen der Tierwelt wie sammelleidenschaftlichen Städtern als willkommene Speise. Das Obst ist für jedermann frei zugänglich.[170]

» Der Friedhof als Parkanlage

Der Alte Nordfriedhof in München ist ein wunderschöner innerstädtischer Waldpark.[171] Er wurde um 1850 in Betrieb genommen und 1924 stillgelegt. Erst nach dem Zweiten Weltkrieg fiel die Entscheidung, ihn einem neuen Zweck zuzuführen. Der Baumbestand hatte sich inzwischen kräftig entwickelt. So wurden zahlreiche Gräber aufgelassen und das Areal der Natur übergeben.

Diese kleine Waldfläche inmitten der pulsierenden Großstadt, hinter hohen Ziegelmauern gelegen, wurde zu einem beliebten Ort der Ruhe, der Erholung und des Sports. Unzählige Jogger sind abends auf den Wegen unterwegs, auf den Wiesen liegen junge wie alte Stadtbewohner. Kinder spielen, alte Leute sitzen auf den Bänken entlang der Wege. Eine riesige, inzwischen etwa 200-jährige Buche überdacht einen weiten Bereich, uralte Efeubäume überwachsen so manchen Grabstein. Diese naturnahe Romantik ist zwar vielen unbeabsichtigten Umständen zu verdanken, doch umso mehr handelt es sich hier um ein unschätzbares Kleinod inmitten der quirligen bayerischen Landeshauptstadt (Bild Nr. 55).

Ein weiteres, besonders faszinierendes Beispiel ist der Ohlsdorfer Parkfriedhof in Hamburg, der als größter Friedhof seiner Art weltweit gilt.[172] Diese im Stadtgebiet gelegene und 390 Hektar große Naturoase bietet viele Freiflächen, Wiesen, parkähnliche Anlagen und einen großen Baumbestand mit offenbar über 400 Laub- und Nadelbaumarten aus aller Welt (Bild Nr. 52).

Die alles andere überragenden Bäume – Kiefern, Buchen und Eichen – sind bis zu 180 Jahre alt und stammen noch aus der Zeit, bevor der Friedhof angelegt wurde. Heute beschatten sie in einer waldähnlichen Atmosphäre die Wege und alten Gräber. Die unteren Bereiche füllen stattliche, immergrüne Sträucher aus. Es ist ganz offenbar, dass zahlreiche Besucher den weitläufigen Park für lange, ausgedehnte Spaziergänge schätzen (Bilder Nr. 56 und 57).

Im Rahmen der Nachhaltigkeitsstrategie Ohlsdorf 2050 wird darüber diskutiert, wie Teilflächen des Parkfriedhofs in Zukunft zu nutzen sind – so Jan Dube von der Hamburger Umweltbehörde. Bei abnehmendem Platzbedarf für Gräber stellt sich die Frage nach der Gestaltung und Nutzung der verbleibenden Flächen. Grundsätzlich soll die grüne Oase erhalten bleiben. Es gibt Überlegungen, sie beispielsweise für denkmal- und friedhofsverträgliche Veranstaltungen zu nutzen. Man darf gespannt sein, welche Wünsche den Einwohnern wichtig sind.

Die Kombination aus erholsamem Stadtpark und Friedhof gibt es auch an anderen Orten in der Welt, doch kaum so großzügig, artenreich und naturnah wie in Hamburg. Dieser Park ist ein Ort der Besinnung, des Erinnerns, der Wertschätzung der Natur, der Erholung und damit des Lebens an sich.

» Europa-Park Rust – ein Park mit beeindruckenden Bäumen

Vor Kurzem erst ist mir so richtig bewusst geworden, warum täglich Zehntausende von Menschen den riesigen Vergnügungspark in Rust besuchen. Es ist nicht nur das große Angebot an wilden Achterbahnen, sondern auch die hohe gestalterische Qualität, mit der europäische Regionen in Verbindung mit gewachsener Natur modellhaft dargestellt werden.[173]

Familie Mack wurde von einer grandiosen Vision angetrieben, die sie vor über vier Jahrzehnten im sonnigen Süden Deutschlands, an der Grenze zum Elsass, umsetzte. Neben dem Fahr- und Vergnügungsbetrieb bauten die Macks behutsam und in seltener Originalität Ortschaften beispielsweise aus dem Wallis, dem Elsass oder Tirol nach. Wie es hier vor der Einrichtung des Parks aussah, lässt sich über zahlreiche alte Fotos nachempfinden. Wiesen und Felder, dazwischen Wege und Wasserläufe, prägten das Umfeld.

Im Zuge der Gestaltung ließ die Familie viele Bäume pflanzen. Heute flanieren Großeltern mit ihren Enkeln im Schatten von 40-, 50-jährigen Bäumen, warten Eltern im Sommer an wunderbar kühlen Plätzen auf ihre Kinder, treffen sich Jugendliche im Naturschatten der Alleen. Verwachsene Hainbuchen bilden den stimmigen Rahmen, bezaubernde Platanen schützen die Außenterrassen von Cafés und mächtige Kiefern und Eichen überragen die Holzhäuser des Parks.

Bei meinem Besuch im September glühte die Sonne vom Himmel herab, und auf den asphaltierten Plätzen hatte es weit über 40 Grad

Celsius. Noch einmal hatte hochsommerliches Wetter alle im Griff. Auf den geschlungenen Waldwegen jedoch herrschten angenehm kühle Temperaturen. Was den meisten Besuchern womöglich nicht auffällt oder nur unterbewusst wahrgenommen wird, ist, dass der Europa-Park Rust durch eine vorbildliche Harmonie zwischen Bäumen und Gebäuden besticht. Er ist damit ein perfektes Modell für alle Stadtplaner und Dorfentwickler!

Trotz der Nähe der Bäume zu den Bauten – manche wachsen direkt an Hauswänden empor oder inmitten der Gebäude, andernorts fahren Hochbahnen und Züge an Baumkronen vorbei, zahlreiche Bäume stehen in der Mitte von Gehwegen oder zieren als riesige Trauerweiden die Bachränder – funktioniert alles seit Jahrzehnten. Und das bei einem Besucherandrang, von dem andere nur träumen. Sicher, hier gelten andere Gesetze und Vorschriften als in Städten. Dennoch zeigt sich eindeutig: Die Naturnähe hat sich bewährt. Das könnte doch zu denken geben. Familie Mack gab das jedenfalls ganz offenbar zu denken: Inzwischen gibt es zudem eine riesige, imponierende Grünfassade an einer großen Halle. Vor dieser Pflanzen- und Blumenpracht kann man gemütlich einkehren, umsäumt von einem üppigen, duftend grünen Mantel (Bild Nr. 24).

Nicht nur ich, auch meine Töchter sind jedes Mal aufs Neue von diesem Baumpark beeindruckt. Das gelungene Zusammenspiel von prächtiger Natur mit gepflegten Gebäuden, Plätzen und Wegen macht sicher einen Großteil des wirtschaftlichen Erfolgs aus. Auch und gerade im Herbst, wenn der Park sich in eine opulente, mit allen denkbaren Grün-, Orange- und Rottönen spielende Farbenpracht kleidet, sich raschelndes Laub am Boden sammelt und sich die Kronen mehr und mehr lichten, wird der Park von Besuchern gestürmt. Hier wird der Spruch »Zeit bringt Geld« Wahrheit: Die Bäume durften über Jahre hinweg wachsen, sind mittlerweile groß und prächtig und sorgen nun mit für klingelnde Kassen.

Naturschatten: nicht zu ersetzen

» Biergärten mit »echtem« Schatten

Bei 40 Grad Celsius im Schatten eines Schirms zu sitzen hat klar den Vorteil, von der Sonne nicht direkt »verbrannt« zu werden. Doch deutlich kühler als in der prallen Sonne ist es unter einem Schirm nicht wirklich. Irgendetwas fehlt hier für das Wohlgefühl – was gerade auch deshalb von Bedeutung ist, da unsere Sommer eher heißer und länger werden. Was also ist zu tun?

Ziel ist, sich vor der manchmal sengenden Sonne und gefährlicher Strahlung zu schützen und dabei das sommerliche Leben im Freien zu genießen. Die Lösung liegt nah, wie wir im Wald nacherleben können: Unter Bäumen ist es nicht nur schattiger, sondern auch spürbar kühler und angenehmer, da sie die Luft mit Sauerstoff anreichern und sanft befeuchten. Der natürliche Schatten unter einer Baumkrone ist dem künstlicher Materialien in jeder Hinsicht vorzuziehen, was man im Vergleich sofort merkt. Etliche Baumarten eignen sich aufgrund ihrer Schnittfähigkeit und eines dichten Blätterschirms als lebende Schattenspender im Garten vorzüglich. Kastanien, Platanen und Linden haben sich über Jahrhunderte hinweg bewährt und sind deswegen von gemütlichen Biergärten nicht wegzudenken (Bild Nr. 41).

Es spricht also alles dafür, in bestehenden oder neuen Biergärten sowie in Privatgärten Bäume zu pflanzen, die für Schatten und ein angenehmes Kleinklima sorgen. Leider bevorzugen viele Hotel-, Restaurant- und Wirtshausbesitzer die »saubere« Lösung über künstliche Schattenspender. Diese passen vielleicht noch irgendwie gut zur Architektur des Hauses, haben aber in allen Fällen eine recht überschaubare Lebenszeit im Vergleich zu Bäumen. Auch kommen sie früher oder später – unsere schnelllebige Zeit fordert das fast schon ein – aus der Mode. Die teure Investition landet dann vielleicht schneller auf dem Müll als geplant. Fast alle Arten und Formen von künstlichen Schattenspendern können kostengünstig durch natürliche ersetzt werden.

Im Zentrum eines jeden Gartens sollte stets, soweit er ausreichend groß ist, ein Baum stehen. Das muss nicht unbedingt ein Riese sein. Es gibt für räumlich beengte Gärten viele kleinwüchsige Baumarten. Es ist immer eintönig und langweilig, wenn Rasen der Mittelpunkt eines Gartens ist, und wirkt überdies auch wenig einladend. Ausnahme: Der Rasen wird oft und regelmäßig für beispielsweise sportliche Aktivitäten genutzt. Ungenutzte Freiflächen lassen sich als Blumenwiese gestalten oder mit Stauden, Sträuchern, Mittelstamm- und Hochstammbäumen aufwerten. Wenn Sie sich einen Baum in voller Blütenpracht vorstellen, einen Obstbaum zum Beispiel oder eine duftende Linde, wissen Sie sofort, was ich meine.

Manche Zweifler überzeugt allerdings nur der »Beweis« durch eine Rechnung. Deshalb ein kleines Beispiel für alle jene, die die Sonnenschirmvariante bevorzugen: Große Schirme, Segel und Markisen werden im Schnitt alle zehn Jahre erneuert oder ausgetauscht, da nicht nur die Bespannung altert, sondern auch die Mechanik und die Elektrik Verschleiß unterliegen. Bei böigem Wind und Starkregen werden sie meist eingefahren oder aus Sicherheitsgründen eingeklappt. Die Anschaffung besonders großer Schirme erfordert außerdem statische Maßnahmen und eine massive Verankerung im Boden. Das Ganze kostet also mithin ordentlich Geld.

Im Vergleich dazu dürfen wir bei Bäumen von einem »Haltbarkeitszeitraum« von 200 Jahren ausgehen! Wer denkt schon so langfristig? Vielleicht am ehesten Familien- und Gastronomiebetriebe mit langer Tradition. Wie auch immer, ein gesunder und gepflegter Baum begleitet uns über mehrere Generationen. Vom Aufwand her muss er – je nach Art und Kronenwuchs – alle drei bis fünf Jahre geschnitten werden. Der Schnitt sowie der Umgang mit dem herbstlichen Laub sind die einzigen Kostenverursacher.

Hinzu kommt der positive Aspekt, dass dieses Laub mit der Zeit wertvollen Biodünger erzeugt, der zu Humus reifen kann – während sonst alt gewordene künstliche Materialien Müll erzeugen, der unsere Umwelt belastet. Mit anderen Worten: Auf ein durchschnittliches Baumleben von 200 Jahren bezogen, müsste man in einem Biergarten etwa 10- bis 15-mal die Schirmstoffe erneuern und die Mechanik und die Antriebe austauschen. Das alles sind fortlaufende Kosten, die nicht zu umgehen sind. Wie man's auch dreht und wendet, die Rechnung geht immer zugunsten des Baums als Beschatter aus.[174]

» Parken im »Park«!

Geparkte Autos, die sich im Sommer im Innenraum auf 50 Grad Celsius und mehr erwärmen, sind Autofahrern genauso bekannt wie die Tatsache, dass man auf Großparkplätzen vor Einkaufszentren sein eigenes Auto nicht immer leicht findet. Es gibt, das wird wohl kaum jemand anders sehen, nichts Langweiligeres und Hässlicheres als einen großen, asphaltierten Parkplatz. Das wissen selbst die Planer solch funktionaler öder Flächen. Mancherorts lassen sie deshalb einzelne Bäume zwischen den Parkbuchten pflanzen, wenngleich meist nur wenige. Manchmal drängt sich mir auch der Eindruck einer Alibiveranstaltung auf. Jedenfalls ist nun interessanterweise zu beobachten, dass die allermeisten Autofahrer sofort freie Parkplätze ansteuern, die unter den Bäumen liegen. Bei Sonne wie bei Regen.

Diese Alltagserfahrung kann zu denken geben. Unterm Strich heißt das doch: Parkplätze ohne Bäume sind ein Unding! Muss denn eine Vorgabe zur Bepflanzung von Parkplatzflächen von Amts wegen erfolgen – so wie auch eine Behörde die Pflege überwachen sollte? Brauchen wir das wirklich – oder können wir nicht selbst diesen sinnvollen Schritt tun (Bilder Nr. 38 und 39)?

Abgesehen vom wirkungsvollen Schatten für parkende Autos und Zweiräder sind baumgeprägte Plätze immer viel schöner. So könnten in Zukunft also auch gerade die vielen Parkplätze zu unserem Wohlbefinden beitragen. Zwar gibt es Beeinträchtigung durch Laub im Herbst oder abbrechende Äste, doch überwiegen die Vorteile wie Schutz vor Hagel und Sturm, Beschattung, bessere Luft, Ästhetik für das Wohlbefinden bei Weitem.

Ich plädiere ganz konkret dafür, dass jeder dritte bis fünfte Stellplatz auf einem Parkplatz von einem Baum gesäumt oder durch einen solchen ersetzt wird. Auf bestehenden Parkplätzen sollte diese Vision behördlich auf Grundlage vernünftiger Zeiträume vorgeschrieben sein. Für Neuanlage sind Bäume von vornherein Pflicht.

Der Verlust an Parkraum wäre nicht so hoch wie vielleicht gedacht, denn ein Baumstamm braucht nicht viel Platz. Die Wurzelfläche beträgt in etwa drei mal drei Meter, die nach oben hin problemlos mit Gitter- oder Rasensteinen bedeckt werden kann. Damit bleibt diese Fläche bepark- und nutzbar.

Zwischen den Bäumen und den Parkplätzen werten Grünstreifen mit standortbeheimateten Pflanzen die gesamte Anlage noch mehr auf – im Sinne der Autofahrer wie der Tier- und Pflanzenwelt. Das können beispielsweise eine schöne Blumenwiese sein, die nur zweimal pro Jahr gemäht werden muss, oder wertvolle Brennnesselinseln mit ausgewählten Stauden und Sträuchern. Viele Insekten wie manche Schmetterlingsarten benötigen solche Lebensräume unbedingt.

Verschieden angelegte, gut unterscheidbare Naturstreifen und Baumreihen sind überdies für die parkenden Gäste eine ausgezeichnete Orientierungshilfe, wenn sie wieder ins Auto wollen – was über kurz oder lang der Fall sein wird. Da gibt es zum Beispiel eine Reihe mit dunkelgrünen Nadelbäumen oder eine mit hellblättrigem Ahorn. Weiter entfernt stehen dunkelrote Blutbuchen, auf der Gegenseite leuchten silbergrüne Weiden. Die einprägsamen Baumreihen führen

Sie dorthin, wo Sie das Auto abgestellt haben. Und: Sie spazieren im Schatten der Bäume dorthin …

Eine weitere Gestaltungsmöglichkeit ergibt sich durch schneid- und ziehfähige Bäume, sogenannte Formengehölze.[175] Eine Allee aus Platanen streckt beispielsweise weite, offene Kronen über den Parkplatz, wohingegen Pyramidenpappeln den Blick weit und eng in die Höhe ziehen. Ein Band mit dem gelbgrünen, zarten Blattwerk von Robinien weist klar in Richtung Ausfahrt, während eine Gruppe graugrüner Koniferen – schon von Weitem gut erkennbar – den Zentralplatz mit Infostand anzeigt. Bei rotblätterigen Bäumen stehen die Einkaufswägen. Gerade oder geschwungen angelegte Hecken bilden gleichzeitig die schattigen Grenzen der Parkfläche.

Was zu guter Letzt auch sinnvoll ist, ist eine Begrünung des gesamten Bodens – ob mit Rastersteinen, als Schotterrasen oder mithilfe anderer Lösungen hängt von der Lage und dem jeweiligen Untergrund ab. Eine grüne Parkfläche ist in jedem Fall eine optische und ökologische Bereicherung (Bild Nr. 40) und ein spannendes Betätigungsfeld für Gartenplaner und Baumexperten.[176, 177]

Um herauszufinden, ob solche Parkplätze der Zukunft Erfolg haben, können skeptische Betreiber die eine Hälfte in eine grüne Parkoase umwandeln und die andere Hälfte in der bisherigen eintönigen Optik bestehen lassen. Nach einigen Jahren – wenn die Bäume entsprechend gewachsen sind und Schatten spenden, die Hecken blühen und Orientierungshilfe geben und der Boden ergrünt ist – wird sich anhand der Gewohnheiten der Parkplatzbenutzer zeigen, was besser ankommt. Und das sicherlich nicht nur an heißen Tagen.

Denkbar ist auch, die Mehrkosten für grüne Parkplatzbereiche transparent und nachvollziehbar auf die Parkgebühr abzuwälzen. Jeder Autofahrer kann dann selbst entscheiden, welche Abstellfläche ihm lieber und was ihm der Naturschatten samt angenehmem Klima im Auto wert sind.

5 › Erholung im Wald

Aus Landschaft wird Klima

» Wald und Mensch – eine schwierige Gemeinschaft?

Der Wald ist die natürliche Landschaftsform in Europa. Noch vor 2000 Jahren war fast ganz Europa, inklusive aller Mittelmeerländer, stark bewaldet. Aufgrund der fortschreitenden Besiedlung des Landes brauchte der Mensch in den folgenden Jahrhunderten immer mehr Raum für Dörfer, Straßen und landwirtschaftlich genutzte Flächen. So beträgt der Waldanteil in Europa inzwischen etwa ein Drittel der Landesfläche. Das variiert natürlich je nach Region und Land.

In Ländern wie Italien, Spanien und Griechenland wurden viele Waldflächen nicht mehr aufgeforstet, die zuvor für den Bau von Schiffen, Wehranlagen und Städten gerodet worden waren. Anstelle einst dichter Wälder wächst heute auf großen Flächen nur noch Macchie, eine Art Buschland, in dem zumeist keine Hochstammbäume mehr aufkommen. Die mit dem Verlust der Wälder einhergehende Bodenerosion sowie regenarme Zeiten verarmten die Böden auf lange

Zeit. Eine Wiederaufforstung ist heute fast unmöglich. Das Umland von Venedig beispielsweise ist seit Hunderten von Jahren waldlos.

Die Auswirkungen auf das mediterrane Klima – über zwei Grad Celsius im Jahresmittel mehr – sind Einheimischen wie Urlaubern wohlbekannt. In Spanien werden bis heute die ehemaligen Waldflächen entweder fast ausschließlich landwirtschaftlich genutzt oder sie »verkamen« zu dorniger Brachfläche. Es gibt aber auch Zeichen der Hoffnung: Die Italiener forsten in den letzten Jahrzehnten viele Hochtäler in den Bergen wieder meist mit Buchen – vornehmlich für die Holzgewinnung – auf. Auch in den anderen europäischen Ländern werden Waldflächen angelegt und gestaltet. Die Nutzung ist fast ausschließlich auf Holz ausgerichtet.

Mit anderen Worten, was einst wilder Wald war, wurde im Lauf der Zeit zu Wirtschaftswald, Forst, einer Art »Holzacker«. Ursprünglichen Wald gibt es am ehesten in den Berggebieten. Der Schutzwald, der die Lawinen und Muren abhalten soll, erfüllt eine wichtige Funktion und genießt deshalb einen Schutzstatus. In den teilweise sehr steilen Hanglagen stehen beispielsweise tief wurzelnde Bäume wie Bergahorne oder Tannen in Gesellschaft mit Fichten, Zirben oder Lärchen. Weiter oben wachsen die bodennahen Legföhren und Erlen. Sie alle tragen dazu bei, die teilweise sehr dünne Bodenschicht zu befestigen.

Der an die Verhältnisse angepasste Waldbewuchs ist in der Lage, meterhohe Schneemassen zu teilen und ihnen damit die Wucht zu nehmen: Zerstörerische Lawinenabgänge werden großteils verhindert. Diese Aufgabe erfüllen zwar die künstlichen Lawinenbauten auch, kosten allerdings im Vergleich mit einem gesunden Bergwald ein Hundertfaches. Auch haben sie nur einen Bruchteil der Lebensdauer.

Der Auwald der Flusstäler spielt ebenso eine große Rolle für die Bändigung der Naturgewalten. Er ist unverzichtbar, um das umliegende Land zu schützen. Bei Hochwasser nimmt er im Wurzel- und Astwerk große Wassermengen auf, bricht heftige Strömungen und hilft dabei, das Wasser möglichst schnell zu verdunsten. Die Fläche des Auwaldes ist wie ein riesiger Schwamm, der große Wassermassen binden kann und somit verhindert, dass Flüsse und Bäche weitflächig überschwemmen. Überdies ist er Heimat für viele seltene und geschützte Pflanzen- und Tierarten.

An manchen verborgenen Orten gibt es noch immer kleine Reste urwaldähnlicher Waldgesellschaften, an denen über Jahrhunderte hinweg die wirtschaftliche Nutzung vorbeiging. Oftmals war die Holzernte dort zu mühsam, kostspielig oder aufgrund der örtlichen Gegebenheiten nicht möglich. Auch Streitigkeiten über Nutzungsrechte waren manchmal ein Grund dafür – wie im Fall des österreichischen Rothwaldes. Er gilt als einer der letzten großen Bergurwälder Europas und wurde einige hundert Jahre nicht bewirtschaftet, weil sich die anliegenden Klöster über seine Nutzung nicht einigen konnten. Solche Urwaldrelikte sind sehr selten. Sie nehmen ein bis drei Prozent der gesamten Waldfläche ein.

Damit sich ein natürliches Gleichgewicht einstellen kann, braucht es eine gewisse Waldgröße. Das sind – je nach Waldform, Gelände und Klima – einige hundert Hektar. Es ist kaum oder nur zeitweise notwendig, hier einzugreifen, da sich der Wald natürlich verjüngt (Waldbegründung). Das heißt, alte Bäume bleiben bis zu ihrem Lebensende stehen und fallen dann als Totholz zu Boden, um mit der Zeit wieder zu humusreichem Waldboden zu werden. Das Moderholz ist währenddessen Gastgeber für zahlreiche Lebensformen auf und in ihm. Größere Raubtiere – Wolf, Bär, Luchs, auch die Wildkatze – können beitragen, den Wildbestand der Pflanzenfresser auf einem waldverträglichen Niveau oder zumindest immer in Bewegung zu halten. So kommen junge Bäume in den Lücken der abgestorbenen Altbäume ganz von selbst auf. Der Kreislauf des Lebens beginnt aufs Neue.

In den letzten Urwaldresten Europas wurde eine unvorstellbare Artenvielfalt an Pflanzen, Tieren und Pilzen registriert, wie sie in keiner von Menschen gestalteten Waldform existiert. Diese Fülle ist für eine gesunde Erhaltung unserer Natur von riesiger Bedeutung.[178, 179] Überall dort, wo es Urwälder gibt, bergen sie nicht nur Vielfalt, sondern wirken sich dadurch auch positiv auf angrenzende Waldflächen aus.

» Anderes Klima, andere Landschaft

Das Weltklima verändert sich.[180, 181] Das an sich ist nichts Neues, denn das war schon immer so. Im Moment jedoch findet es in einem Tempo statt, wie wir es aus der Vergangenheit bislang nicht kannten.[182] Fünf der zehn wärmsten Jahre in Mitteleuropa, die seit 1881 gemessen wurden, lagen in den Jahren zwischen 2000 und 2008.[183]

Eine Mitverantwortung daran trägt der Mensch. In vergangenen Epochen hat es bereits mehrere klimatische Wechsel gegeben, wie etwa die Eiszeiten, die aber über Tausende von Jahren andauerten. Seit dem Ende der letzten Eiszeit in Europa vor etwa 10.000 Jahren wechselten sich warme und kältere Wetterperioden ab. Sie hatten immer Auswirkungen auf das Leben der Menschen, die sich auf die neuen Gegebenheiten einstellen mussten: Es gab Hungersnöte, Seuchen und Naturkatastrophen.

Die Folgen der letzten »mittelalterlichen Warmzeit«, die etwa 500 Jahre dauerte und bis ins 16. Jahrhundert hineinreichte, waren in der Land- und Forstwirtschaft direkt ablesbar. Auf die vorangegangenen Jahrhunderte mit üppigen Ernteerträgen, raschem Holzzuwachs in den Wäldern und mancherorts sogar mildem Inselklima samt Weinanbau und südlichen Früchten folgten kalte, regenreiche Zeiten. Oft wurde die Ernte vernichtet und manche Pflanzenart starb bei uns wieder aus.

Der nächste Wandel kündigt sich heute ohne Zweifel an. Wir müssen uns, wie auch die Natur, umstellen und den neuen Gegebenheiten anpassen. Wo die Natur das aufgrund der Schnelligkeit der Entwicklungen nicht kann, werden wahrscheinlich bestimmte Bäume wie flachwurzelnde Fichten oder feuchtigkeitsliebende Arten wie Weiden und Pappeln, unter Umständen sogar ganze Wälder absterben. Andere Bäume hingegen – Walnuss, Edelkastanie, Eichenarten, Buche, Platane, Kiefer oder Robinie und Akazie sowie vorwiegend südlichere Baumarten – werden gut mit den Veränderungen zurecht kommen und sich ausbreiten.

Interessante Forschungsergebnisse fanden Wissenschaftler der Universität Hohenheim in Stuttgart heraus. Sie stellten einen dendrochronologischen Jahresringkalender zusammen, der die letzten 12.000 Jahre lückenlos dokumentiert. Aufgrund der typischen Jahresringstruktur lässt sich das Alter von Holzstücken gut bestimmen. Dendrochronolgen haben Antworten auf Fragen wie: Wann hat der Baum gelebt? Wann wurde er gefällt? Wann wurde sein Holz verwendet?

Sie können über dieses »Gedächtnis des Holzes« rekonstruieren, in welchen Jahrzehnten und Jahrhunderten das Klima sich wie verändert hat. Gab es besonders trockene oder regenreiche Abschnitte? Waren diese durchschnittlich kälter oder wärmer als in vorangegangenen Zeiträumen? War die Vegetationsperiode länger oder kürzer als in anderen Jahren? Der Baum bildet verschiedenste klimatische Verhältnisse in seinen Jahresringen ab, so dass die Forscher heute also ganz gut wissen, welchen Schwankungen das regionale Klima immer wieder unterlag.[184]

» Einer allein kann alles verändern

Wie ein Einzelner die Welt positiv verändern und die Landschaft und die Lebensqualität für Generationen verbessern kann, möchte ich am Beispiel von Elzéard Bouffier[185] erzählen. Er lebte und wirkte im französischen Département Basses-Alpes – dem heutigen Département Alpes-de-Haute-Provence – als Hirte.

Über Jahrzehnte steckte der einsame Schafhirte Tausende von Eicheln in den Boden, mit der Zeit auch andere Baumsamen wie etwa Bucheckern. Aus dem weitgehend baumfreien Gras- und Steppenland der Gegend waren fast alle Bewohner weggezogen. Elzéard Bouffier schaffte es tatsächlich, das Ödland am westlichen Rand der Alpen durch sein tägliches Tun zu bewalden. Im Lauf seines Lebens entstand ein riesiges Waldgebiet, in dem sich bereits innerhalb einer Generation das Klima und die Lebensbedingungen für Menschen wie für die Natur zum Guten veränderten.

Im Lauf der Zeit sprach sich herum, dass es dort nun nicht mehr so windig war wie früher, es wieder regelmäßig regnete, sogar Bäche und Seen entstanden und vor allem sauberes, trinkbares Wasser da war, dass es Schattenhänge wie Sonnenseiten gab und dadurch das Land wieder bewohnt werden konnte. Aufgrund dessen setzte eine neue Besiedelung ein. Ackerbau und Landwirtschaft fassten wieder Fuß. An seinem Lebensende konnte der Pflanzenfreund Bouffier auf belebte Höfe und Dörfer, auf fröhliche Kinder und gesunde Alte blicken. Das hatte er ganz allein bewirkt – eine grandiose, ermutigende Tat eines Einzelnen.

Eine ähnliche Geschichte wird von Jadav Paeng[186] aus Indien berichtet. Er begann 1979 damit, einen Wüstenstreifen zu bepflanzen, und konnte diesen schließlich in fruchtbares Waldland umgestalten. Sein Bestreben war, den von Trockenheit und Hitze geprägten Landstrich für Mensch und Tier wieder erträglich zu machen. 30 Jahre später, um das Jahr 2008 herum, wurden seine Bemühungen schließlich erkannt und gewürdigt. In der Zwischenzeit war ein beinahe 300 Hektar großer Bambuswald herangewachsen, in dem heute sogar bis zu 100 Elefanten zumindest zeitweise leben.

Anhand dieser beiden Beispiele wird anschaulich, dass Wald von einer gewissen Größe das Klima einer ganzen Region verändert. Jeder einzelne Baum versprüht förmlich Unmengen an Feuchtigkeit und Sauerstoff. Das wiederum erzeugt Nebel und Wolken, auch regelmäßige Niederschläge. Die mittlere Jahrestemperatur ist im Sommer spürbar kühler als in der unbewaldeten Umgebung, im Winter hingegen wärmer. Der Unterschied kann zwischen drei und sechs Grad betragen.[187]

Wald ist ein Organismus oder besser gesagt ein Superorganismus. Den Wasserhaushalt steuert dieses Lebewesen über das riesige Wurzelwerk im Boden. Niederschläge werden gespeichert und je nach Bedarf von den einzelnen Bäumen wiederaufgenommen. Ein Zuviel an Wasser wird also langsam und gemäßigt an die Umgebung abgegeben. Der Wald speist »seine« Bäche und Flüsse. Der Schatten der Bäume sorgt gleichzeitig für kühles Wasser, das durch die natürliche Verwirbelung reich an Sauerstoff ist. Mineralstoffe aus dem Waldboden reichern das Wasser zusätzlich an – gesünderes Wasser gibt es nicht!

Interessant ist auch die Beobachtung, dass die Windströme durch den kühlenden Waldschatten und die aufheizende Sonneneinstrahlung dauerhaft in Bewegung gehalten werden. Es findet also ein ständiger Luftaustausch statt. Die große Menge an Sauerstoff reinigt die Luft nachhaltig, das CO_2 hingegen wird gebunden – so wie auch Gift- und Schadstoffe und Feinstaub. Auf diese Weise macht das Lebewesen Wald ganze Landstriche frucht- und für Menschen wie Tiere, Pflanzen und Pilze erst bewohnbar.[188, 189]

Landschaft: künstlich – oder besser natürlich?

Mir liegt eine Frage besonders am Herzen: Was ist natürlich und was künstlich? Was wurde von der Natur gestaltet, was vom Menschen – leider oft genug – verunstaltet? Offenbar haben wir das Wort aus der Bibel »Macht euch die Erde untertan« falsch interpretiert. Viele, zu viele meinen, mit der Natur machen zu können, was ihnen gerade einfällt. So ist das sicherlich nicht gemeint.

Doch was ist für unsere Zeit typisch geworden? Wir gestalten die Natur teilweise hemmungslos nach unseren Vorstellungen um, wir züchten neue Sorten von Pflanzen, neue Rassen von Tieren, wir verändern mittlerweile in den Labors die Jahrmillionen alten Erbinformationen und verändern damit die gewachsenen, bewährten Arten von Lebewesen. Wir gestalten die Natur gewissermaßen neu. Doch das Zitat aus der Bibel ist anders gemeint. Es bedeutet für mich: »Lebt von und mit der Erde.«

Die Natur besteht in der uns bekannten oder ähnlicher Form bereits seit rund 300 Millionen Jahren. Die meisten Lebensformen haben sich auf unzähligen Wegen, Umwegen und durch Korrektur und Anpassungsdruck zu den hochkomplexen perfekten Lebewesen entwickelt, wie wir sie heute kennen: egal ob ein Tiger oder eine Stubenfliege, ein Moos oder eine Eiche.

Pflanzen haben dabei einen gewissen Nachteil: Sie sind an einen Ort gebunden. Insofern sind sie dort, wo sie wachsen können, auch in einzigartiger Weise an die Standortbedingungen angepasst. Jede Pflanzenart kann nur innerhalb einer bestimmten ökologischen Nische überleben. So haben sich die unterschiedlichsten Wuchsformen entwickelt – für die jeweils vorherrschenden Bedingungen: Blätter, Blüten, Zweige, Äste, Früchte sind das Ergebnis eines langen Entwicklungsprozesses. Die Pflanzen sind in ihrer gegenwärtigen Form so vollkommen, wie es nur geht.

In den ursprünglichen Landschaften, wie sie beispielsweise in Europa vor dem Auftreten des Menschen vorherrschten, gingen die Pflanzen der verschiedenen Waldtypen einen gemeinsamen Weg des Überlebens. Ihr Formenreichtum weiß unendlich viele Geschichten darüber zu erzählen.[190] Es entstanden verschiedene Waldtypen, weisheitsvolle und überlebensfähige Superorganismen wie beispielsweise Rotbuchen- oder Birken-Eichen-Wald.

Als sich der Mensch immer mehr ausbreitete, ging dies meist auf Kosten des Waldes. Die vorhandenen Ressourcen wurden dabei ausgenutzt bis ausgebeutet. Nach der Zeit der Sammler und Jäger ließen unsere sesshaften Vorfahren in ihrer Umgebung so viel Natur zu, wie es dem Menschen nützlich schien. Im Lauf der Jahrhunderte kultivierten sie die Pflanzen und entwickelten neue Gras- und Obstbaumsorten und Sträucher. Immer mehr engten sie die Natur ein, rechteckige Ackerflächen, Gärten und Plätze wurden zur menschengemachten »Natur«. Dem Wilden und Ursprünglichen verblieben immer weniger Flächen zur »Entfaltung«. Eingriffe in die echte Natur wurden zur Regel, der Gestaltungswille des Menschen machte vor kaum etwas mehr Halt. Bis heute geht es offenbar in vielen Fällen um die Devise: alles möglichst gerade, möglichst genau, möglichst verändert.

Der Garten spielte dabei eine große Rolle. Bestimmte Gestaltungsideale und -stile wurden zu Vorbildern, an denen sich die meisten Menschen orientierten – man denke an die französischen Gärten und Parks mit ihren geometrischen Formen und einer fast schon gezüchtigten Natur. Derartige Trends bestimmen oftmals sehr lange die Vorstellung darüber, wie etwas »zu sein hat«. Das sogenannte Schönheitsideal als Norm einer bestimmten Zeit gilt seit jeher auch für den Umgang mit der Natur.

Die Romantik beispielsweise war eine Zeit, in der die Natur anders aufgefasst wurde als zum Beispiel in der vorangegangenen Aufklärung. Davon zeugen viele bekannte Gemälde: ein Frühstück im Freien, eine Landschaft mit uralten Bäumen, ein historisches Gebäude inmitten eines urwüchsigen Baumparks. Die Stile kamen und gingen – so dass heute regional große Unterschiede im Naturbezug zu sehen sind.

Auf meinen Reisen konnte ich immer wieder beobachten, wo sich welche Haltung im Umgang mit Bäumen und der Natur durchgesetzt, ja eingebürgert hat. In manchen Gegenden gibt es noch besonders viele alte Bäume, die geehrt und wertgeschätzt werden, beispielsweise im Tessin, in der Steiermark und im Puschlav mit ehrwürdigen Edelkastanien, im schweizerischen Jura mit urigen Eichen und besonders gewachsenen Buchen – meist auf Huteweiden –, im Allgäu mit alten Obstbäumen oder in einigen Regionen Kärntens mit beeindruckenden Hauslinden. Eine solche naturverbundene Einstellung den ehrwürdigen Baumpersönlichkeiten gegenüber wird auch an folgende Generationen weitergegeben.

Jenseits aller ästhetischen Überlegungen ist ein alter, rissiger, verbogener, teilweise morscher Baumgreis mit abgebrochenen Ästen immer auch ein Zeuge vergangener Zeiten. Der Umgang damit zeigt meiner Meinung nach auch an, wie wir mit der eigenen Vergangenheit und Vergänglichkeit, wie wir mit alten Menschen umgehen. Helfen und stützen wir »das Alte«, versuchen wir, das Leben in seiner natürlichen Dynamik und Veränderung zu ehren? Oder warten wir mehr oder weniger ungeduldig auf die erstbeste Gelegenheit, um uns dessen zu entledigen?

Was spricht eigentlich dagegen, dass ein alter Baum, der die sichtbaren Spuren der Zeit an sich trägt, nicht weiter leben und, wenn es irgendwann so weit ist, eines natürlichen Todes sterben darf? Diese Frage können sich Gartenbesitzer genauso stellen wie jene, die für Bäume in Parks oder Dorfzentren verantwortlich sind. Natürlich muss es dabei auch um die erforderliche Sicherheit gehen. Das aber bei echter Gefährdung von Passanten und im Sinne der Natur, wie ich vorschlagen möchte – und nicht im Sinne einer übereifrigen, vorauseilenden und in vielen Fällen sinnlos agierenden Bürokratie.

In einem Gespräch bestätigte mir Fritz Marti, Oberförster im Schweizer Kanton Glarus, dass früher Baumgreise »umgehauen«

wurden, weil sie zu nichts mehr nütze waren. Zwischenzeitlich setzte aber ein anderes Denken ein. Alte Bäume werden geschont, da ihr unschätzbarer Wert für das natürliche Ökosystem und die Weitergabe ihrer Gene erkannt wurde. In seinem Waldgebiet um den Walensee veränderte sich die Waldgesellschaft in den letzten Jahrzehnten recht stark. Inzwischen leben dort in den steilen Hangwäldern zahlreiche Linden und Edelkastanien, wo früher fast nur Fichten standen.

Über einzelne Bäume hinausgehend gilt das Gesagte auch für die Landschaft im weitesten Sinne. Monokultur, Ackerbau und Wirtschaftsforste entsprechen nicht den natürlichen Bedingungen. Sie sind allenfalls notwendig, weil wir durch sie und von ihnen leben. Holz zu nutzen ist ein Teil unserer Kultur und ermöglicht es uns, dass wir guten Gewissens viele Häuser, Türen, Fenster, Möbel und vieles mehr aus dem nachwachsenden und gesunden Rohstoff bauen können. Die bleibende und langfristige Nutzung von Holz ist dabei die mit Abstand beste Verwertung.[191]

Für mich stellt es ein großes Problem dar, dass unsere riesigen Waldflächen immer noch ausschließlich unter dem wirtschaftlichen Aspekt betrachtet und »gemanagt« werden und andere Aspekte wie Artenfülle oder der unvergleichliche Anblick eines Waldstücks aus alten Bäumen nicht die notwendige Aufmerksamkeit bekommen. Eine besonders verheerende Entwicklung dabei ist, dass die wirtschaftlichen Kriterien und Berechnungen vielfach nicht hinterfragt werden und in manchen Fällen sogar nicht stimmen (siehe S. 164, 167, 174, 208).

Sicherlich: Ein Wirtschaftswald – wie unsere großen Fichten- und Kiefernforste – wächst schnell, ist anspruchslos und kann effektiv mit entsprechenden Maschinen kostensparend geerntet werden. Voraussetzung ist allerdings, Natur und Wetter spielen mit. Zu reinen Holzäckern degradierte Forste sind für Pilz- und Schädlingsbefall wie den bekannten Borkenkäferplagen, darüber hinaus auch für Windwurf und Waldbrand besonders anfällig. Die vermeintlich schlaue Lösung: Pestizide und andere Gifte oder spezielle Dünger weitflächig ausbringen, um das Überleben zu sichern.

Doch nach der Holzernte sind die einst gesunden Böden übersäuert, andere Baumarten können kaum mehr aufkommen.[192] Was bleibt? Dieselbe Baumart muss abermals monokulturartig auf den kahlgeschlagenen Rodungen ausgepflanzt werden, wächst dann aber wesentlich langsamer und übersäuert den Boden abermals.

In Summe und längerfristig gedacht ist der natürliche Mischwald nicht nur die schönere und gesündere Waldform, sondern auch wirtschaftlich viel rentabler. In einem gesunden Mischwald ist der gesamte Holzzuwachs größer als in einer Monokultur. Das konnte mittlerweile wissenschaftlich nachgewiesen werden.[193]

Im Vergleich zu anderen Ländern zeigt sich – das möchte ich zur Ehrenrettung der heimischen Forstwirtschaftler sagen –, dass wir bei uns insgesamt eine inzwischen immer ökologischer agierende Försterei haben. Von Region zu Region gibt es da sicherlich Unterschiede. Doch wären viele Probleme weltweit nicht so gravierend, würden sich die jeweiligen Verantwortlichen an den Maßstäben orientieren, wie sie in Deutschland, Österreich und der Schweiz gelten.

Wir müssen dabei nicht unbedingt auf tropische Länder blicken. Die Beispiele Südeuropa und Nordafrika lehren uns: Fehlt auf großen weiten Flächen der natürlich vorherrschende Wald als gesunder und in sich stabiler Superorganismus, so verändert sich in der Folge das Klima der gesamten Region. Es wird heißer und trockener, der Boden dörrt schneller aus, der Regen fließt schneller ab und führt zu Überschwemmungen; Windböen und Frost wirken sich teilweise dramatisch aus. Ganz abgesehen davon, dass weite, monokulturell veränderte Flächen den Boden auslaugen und ihn auf Jahrzehnte schädigen. Schön ist das Ganze, zumindest meinem Empfinden nach, ohnehin nicht anzusehen.

Viel Positives wäre bereits durch wenige bewährte Standards aus-zurichten. Landwirtschaftliche Flächen, von Naturhecken gesäumt, durch kleinere Waldgebiete aufgelockert und von Korridorwäldern und Alleen durchzogen, sind nicht nur ökologisch wesentlich wert-voller und schützen uns vor Klimaschwankungen. Nein, auf Dauer sind sie auch wirtschaftlich erfolgreicher.[194] Und zu guter Letzt ist auch der Aufenthalt in einem solchen Gebiet, egal, ob für die Arbeit oder zur Erholung, wesentlich angenehmer und gesünder.

Wie wärs mit Waldbaden?

» Das Beste gewinnen: Sinn

Laut einer Studie der Österreichischen Nationalparks verstehen die meisten Befragten unter dem Begriff »Erholung« gute, frische Luft, Ruhe und eine schöne Natur. Diese ideale Kombination finden sie in erster Linie im Wald.[195, 196]

Jeder kann das für sich prüfen. Ja, der Wald fordert all unsere Sinne: Wir atmen gesunde, wohltuende Waldluft ein, spüren und riechen ganz verschiedene Aromen wie ätherische Öle oder Harze, schnuppern den unverkennbaren Geruch von Pilzen und Moderholz, von feuchtem Boden und alle möglichen Düfte, die Blätter, Nadeln und Knospen aussenden. Wer sich traut und die Schuhe auszieht, er-lebt den Wald noch mal anders: weichen Waldboden, feuchte Moose, harte Wurzeln, spitze Nadeln, weiches Laub …

Jede Oberfläche ist anders: kalt oder warm, weich oder hart, tro-cken oder feucht. Welch Erlebnis kann es sein, mit den Händen Stäm-me zu greifen und die Rinden und Borken der Bäume zu erfühlen! Wer sich auf einem schönen Plätzchen im Schatten einer großen Buche oder unter einer Lärche mit weichem Nadelkissen am Boden oder auf einer moosigen Fläche in einem lichten Fichtenwald hinlegt, ertastet mit dem ganzen Körper den Boden. Was gibt es Erholsameres, als dann tief einzuatmen und sich eine Atempause zu gönnen – in der gesündesten Umgebung, die uns als Geschenk der Natur zur Verfügung steht.

Das Spüren mit allen Sinnen, das Hineinfühlen und Einatmen tun einfach gut. Wir werden ruhiger, stärken die eigene Gesundheit, erhalten – kostenlos – Kraft und Energie. Es lohnt sich, in der Natur, im Wald, unter Bäumen zu baden. Ein regelmäßiges Waldbad kann wie ein verbindliches Ritual fester Bestandteil des Lebens werden.[197]

Um zu wissen, dass der Aufenthalt im Wald beruhigend und gesundheitsfördernd ist, braucht es eigentlich keine Studien. Jeder naturverbundene Mensch kennt diese Erfahrung. Durch die heutigen medizinischen Möglichkeiten wissen wir, dass sich nach wenigen Stunden Aufenthalt im Wald das Blutbild nachgewiesenermaßen verbessert.[198] Das hat mit den in der Luft überall vorhandenen Duftstoffen des Waldes zu tun, mit der Fähigkeit der Bäume, ständig untereinander und auch mit anderen pflanzlichen Wesen zu kommunizieren. Was wirkt da auf unseren Körper und auf die Seele? Die entspannende Farbe Grün, die zahlreichen Duftstoffe – von den Harzen, den Pilzen, dem Waldboden, den vielen Blüten –, die Fülle an Sauerstoff. Der opulente Cocktail aus Myriaden von Sinneseindrücken wirkt intensiv.

Dabei spielt es keine Rolle, ob Sie zufällig, beiläufig oder mit der festen Absicht im Wald sind, die Natur auf sich wirken zu lassen. Sie müssen nichts tun, außer zu atmen und sich zu bewegen. Je länger Sie im Wald sind, desto tiefer und anhaltender ist die Wirkung. Durch tiefes Atmen können Sie das Ganze intensivieren, ebenso wenn Sie möglichst ruhig und still Teil des Waldes werden, sich langsamer bewegen und konzentriert die Bäume und andere Lebewesen beobachten.

Es gilt: Je naturnaher der Wald, umso wirkungsvoller. Zur Vielfalt zählen in meinen Augen auch Tot- und Moderholz am Boden, möglichst viele Pflanzen und natürlich ein Mischwald aus unterschiedlich alten und hohen Bäumen.

Vielen ist es gar nicht so bewusst, dass wir heutzutage ständig von Geräuschen und Lärm umgeben sind. Tatsächlich kann unser Gehirn durchaus bestimmte störende Geräusche ausblenden, wenn wir uns zum Beispiel auf eine schöne Melodie oder eine Vogelstimme konzentrieren. Doch ist der heutige Lärm eine Umweltverschmutzung der ganz besonderen Art, auch wenn er aus Gründen des Selbstschutzes so weit es geht ausgeblendet wird. Motorengeräusche aller Art, das gleichförmige Brummen, Surren, Rattern von Maschinen, hupende Autos, Flugzeuglärm und in allen möglichen unschönen Tonlagen klappernde Geräte sind die täglichen Begleiter. Jeden Herbst dröhnt der unerträgliche Lärm der Laubbläser, die mittlerweile allerorten präsent sind. Sogar auf Alpen und Berghängen wird das trockene Heu neuerdings lautstark und luftverpestend weggeblasen, also oftmals genau dort, wo der erholungsbedürftige Urlauber und Wanderer heilsame Ruhe sucht.

Unterbewusst dringt diese Palette störender, unnatürlicher Geräuschen in die Tiefe, kratzt an unsere Nerven. Auch ist das Weghören und Verdrängen immer schwieriger. Mehr oder weniger lauter Lärm trägt maßgeblich zu einem Gefühl des Aus-der-Mitte-Seins, zu Stress und schlechtem Schlaf bei. Wer seine Umgebung im Alltag oder im Urlaub einmal genau wahrnimmt, wird das wahrscheinlich schnell merken.

Laut der Studie »Stressreaktionen auf Lärm« des Umweltbundesamtes in Dessau-Roßlau[199] fühlt sich mehr als die Hälfte der Menschen in Deutschland durch Lärm gestört oder belastet. Das betrifft allerdings nur den bewusst wahrgenommenen lauten Lärm, den Stress- und Krankmacherlärm. Wie die Studie beweist, wirkt sich eine dauernde Lärmbelästigung negativ auf Kreislauf, Stoffwechsel, Nerven und Schlaf aus und führt damit sogar zu lebensbedrohlichen

Risiken. Ein alarmierendes Signal, das unbedingt ernst genommen werden sollte.

Nun, in einem Wald herrscht normalerweise keine Hektik. Die natürlichen Geräusche sind eine Sinfonie aus den Liedern singender Vögel, rauschenden Blättern, sich wiegenden Ästen und glucksenden Bächen – alles Töne und Stimmungen, die miteinander harmonieren und entschleunigend wirken. Wahrscheinlich hat sich der Klang des Waldes tief in uns verankert. Denn gerade unsere Vorfahren waren über Jahrtausende hinweg Bewohner des Waldes.

Aus eigener Erfahrung kann ich nur empfehlen: Lassen Sie die Geräusche und das Ambiente des Waldes bewusst auf sich wirken. Öffnen Sie all Ihre Sinne, hören Sie genau hin. Riechen und tasten Sie. Schauen Sie in die Tiefe des Waldes, zwischen den Baumstämmen hindurch, zu den Baumkronen hinauf, auf den Waldboden zu Ihren Füßen. Genießen Sie bewusst auch Ihre Art der Bewegung. Atmen Sie tief ein und genießen den unvergleichlichen Duft.

Und versuchen Sie dabei, sehr leise zu sein, sich still und langsam zu bewegen. Es gibt keine bessere, gesündere und tiefere Entspannung! Gerade für Kinder ist es eine wichtige Erfahrung, auf die Klänge der Natur zu horchen und in Ruhe und mit großer Aufmerksamkeit im Wald zu sein. Was dann zu sehen und zu hören ist, ist ganz sicher viel mehr, als so mancher vermuten würde.

» Die Wirkung naturnaher Wälder

Ein von Menschen mithilfe von Maschinen errichteter und malträtierter Monoforst ist leider nicht annähernd so wirkungsvoll. Die Bäume befinden sich im Dauerstress, kränkeln oft, der Waldboden ist nicht natürlich und an manchen Stellen durch die schweren Maschinen auf Jahre verdichtet. Hier wird, kurz gesagt, Holz auf Acker produziert. Derartige Baumkulturen sind zwar nicht verzichtbar, wenn wir – was ein wichtiges Ziel ist – möglichst viele Gebrauchsgegenstände aus Holz herstellen wollen, um dadurch Plastikmaterialien zu ersetzen, die für die Umwelt in der Produktion wie in der Langzeitwirkung (Vergiftung der Luft durch Verbrennung, Verseuchung von Böden durch giftigen und extrem langsamen Abbau oder schädliche Anreicherung im Fett von Tieren und letztlich auch im Menschen) verheerend sind. Doch haben sie mit einem natürlichen Wald nicht mehr viel zu tun. Es sind eben Forste.

Stellen wir uns einmal der Idee und dem Vorhaben, zumindest auf wesentlich mehr Flächen als bisher auf der Grundlage wirtschaftlicher und langfristiger Kriterien statt eines Forstes (Monokulturwald) einen naturnahen Mischwald aufzubauen. Einem solchen Ansinnen wird sehr oft mit großer Unsicherheit, mit teils vehementer Kritik und sogar unverbesserlichem Argwohn begegnet. Wie erklärt ein in der Verantwortung stehender Politiker seinen Wählern, dass erst die Kindergeneration Nutznießer einer Entscheidung ist, die zunächst zu keinem sichtbaren, geschweige denn großen wirtschaftlichem Nutzen führt? Solche politischen »Zwänge« führen dann oft zu kurzfristigen und sogar die Umwelt wider besseres Fachwissen schädigenden Projekten.

Wie so oft geht es weniger um das nachhaltige (!) Allgemeinwohl, sondern um die jeweiligen Interessen. Denn für den Tourismus, Gesundheitseinrichtungen oder wahre Politiker, die nicht für Lobbyinteressen, sondern für den Menschen eintreten, gibt es auch durchaus eine andere Sichtweise: Da der Aufenthalt im Wald das Immunsystem stärkt und für Wohlbefinden sorgt, ist das gewissermaßen die einfachste und natürlichste Art, gesund zu sein. Das mag zwar nicht jenen Wirtschaftszweigen gefallen, die von Krankheiten leben, aber das darf kein Kriterium sein.

Es muss um den Menschen gehen – gerne auch mit wirtschaftlichen Ansprüchen verbunden. Gesundheitsfördernde Angebote sind heute nötiger denn je und sie werden immer mehr gesucht. Warum sollte die Nutzung eines Waldes nicht im Beitrag der Gästetaxe, beim Kururlaub oder für die Behandlungstherapie enthalten sein? Unterm Strich ist der Aufenthalt im heimischen Wald die günstigste und wohl gesündeste Art der Erholung im Urlaub.

Ob ein gestalteter Wald für spezielle sanfte, vor Lärm fliehende Touristen oder andere Wälder und Forste: Das richtige, stimmige Verhalten muss heute offenbar etlichen Menschen vermittelt werden. Rauchen im Wald sollte meiner Meinung nach grundsätzlich verboten werden – nicht nur der Gefahr eines Waldbrandes wegen. Im Grunde scheint es ziemlich überflüssig, das überhaupt zu erwähnen. Doch kenne ich die Erfahrung allzu gut, mitten im Wald auf einem Weg zu gehen, auf dem zuvor ein Raucher unterwegs war. Ich kann den Geruch selbst nach einer halben Stunde noch wahrnehmen. Für mich ist er völlig naturfremd – und ich bin immer wieder erstaunt, wie lange er sich in der Waldluft hält.

Nicht anders bei starken Deos, Parfüms und Duschgels. Wer einmal für solch ortsfremde Düfte sensibilisiert ist, wird feststellen, dass es in Zeiten wohldeodorierter Jogger, frisch geduschter Mountainbiker und hochparfümierter Wanderer mehr Fremddüfte im Wald gibt als vielleicht gedacht. Auch Handys und Kopfhörer mit Musik sind in meinen Augen störende Fremdkörper und sollten doch gerade im Wald verzichtbar sein. Die technische Ausrüstung lenkt letztlich auch die Betroffenen davon ab, die erholsame Wirkung des Waldes für sich zu nutzen.

Bei meinem Besuch im von Dr. Thomas Legl gegründeten Therapiesalon im Wald in Edlach,[200] südlich von Wien in einem herrlichen Waldgebiet gelegen, erläuterte mir Oliver Pernhaupt die Idee der Waldtherapie. Er ist dort schon seit Jahren als Waldführer und Therapeut tätig.

In einem historischen Gebäude am Waldrand inmitten eines wunderbaren Parks sind gestresste Patienten untergebracht. Sie leiden unter modernen Erkrankungen wie Burn-out, Depression oder verschiedensten Süchten. Zum therapeutischen Konzept gehört es, täglich Wanderungen in die Wälder der Bergregion zu unternehmen, für sportliche Gäste stehen auch Fahrräder zur Verfügung. Diejenigen, die sich zu Fuß schwertun, können im ebenen Gelände wandern. Ziel ist es, möglichst viel Zeit in der Natur, in der gesunden Atmosphäre des Waldes zu verbringen – ohne Ablenkung durch technische Gerätschaften oder andere Zwänge. Auf dieser Grundlage finden die therapeutischen Gespräche statt.

Den Wald gezielt für solche Ansprüche zu nutzen, muss meiner Ansicht nach selbstverständlicher Teil des zukünftigen Lebens werden. Aufgrund der organischen Vielfalt, der in vielfältigen Formen und Weisen gewachsenen Lebenswelt Wald wird auf förderliche Art etwas dem menschlichen Denken in Rastern entgegengesetzt. Wie oft ordnen wir die Dinge in imaginäre Schubladen ein, Bekanntes wie Unbekanntes. Alles soll schön überschaubar und geregelt sein. Eingefahrene und tief im Unterbewusstsein liegende Denkmuster lassen sich kaum abschalten. Sie bestimmen unser – oftmals ungesundes – Handeln.

Naturerlebnisse im Wald tragen dazu bei, irrationale, unzweckmäßige oder gar zerstörerische Denkmuster zu überwinden. Sanft und beinahe unmerklich werden sie durch die Rhythmen der Natur ausgehebelt. Die Waldnatur steht mit unseren seelischen Anteilen und Bedürfnissen in einer großen Resonanz – und genau diese Verbindung ist es, die Entschleunigung, Entspannung und tiefes Wohlgefühl aufkommen lässt.

» Der richtige Sport am richtigen Ort

Fragt man einen Mountainbiker, welche Baumart in dem von ihm soeben »downhill« durchquerten Wald wohl die häufigste ist, so wird die Antwort wahrscheinlich ausbleiben. Die Sportler müssen auf anderes achten: auf die Beschaffenheit des Bodens, den steilen Hang und Steine auf dem Weg, auf ihren Puls, die richtige Bremswirkung, die passende Geschwindigkeit und das Gleichgewicht sowie auf die vorgegebene Zeit, die es zu unterbieten gilt. Alles ist wichtig – nur nicht die Umgebung.

Solch schnelle Sportarten sind im Wald nicht richtig aufgehoben, finde ich. Sie passen nicht in diese Lebenswelt. Auf absehbare Zeit wird sich daran wohl kaum etwas ändern, da der Erlebniszwang und die Sporthörigkeit bei manchen Menschen sehr ausgeprägt sind. Allerdings könnte immerhin die Konsequenz gezogen werden, Wander- und Spazierwege von Radstrecken zu trennen.

Wege in die Natur sollten selbstverständlich grundsätzlich allen offen stehen. Der freie Zugang zu den Wäldern ist in Europa deshalb auch weitgehend per Gesetz geregelt, und das ist gut so. Der respektvolle, pflegliche und sorgsame Umgang mit Wegen, Plätzen und Lebensräumen sollte selbstverständlich sein. Ein Tabu sollte es sein, Waldwege mit Rennstrecken zu verwechseln, die die zu Fuß Gehenden in Gefahr bringen, viele Tiere stören und zudem – wie ich oft beobachten kann – im Lauf der Zeit so manche Wege kaputt machen.

» Der Wald als Quelle für Gesundheit – und Ertrag

Nachdem die positiven Auswirkungen des Aufenthalts im Wald wissenschaftlich eindeutig nachzuweisen sind, können Aussagen über die große Bedeutung für Wohlgefühl und Gesundung nicht mehr dem Bereich der Esoterik zugewiesen werden. Namhafte Wissenschaftler, Universitäten und renommierte Kliniken in Japan (Hokkaido University, Sapporo), Norwegen, in den Vereinigten Staaten (University of Montana, Missoula) und anderen Ländern binden mehr und mehr therapeutische Waldkonzepte in ihre Behandlungspläne ein.[201] In Deutschland gibt es die Biologische Station Oberberg in Nümbrecht, die als Akademie für Ärzte und Therapeuten das Wissen der Waldmedizin eingehend vermittelt.[202]

Sowohl bei seelischen Erkrankungen als auch im Rahmen einer alternativen Krebsbehandlung kommen Heilkonzepte mit dem Faktor Wald zum Tragen (siehe S. 156). Möglichst intakte und naturnahe Wälder erhalten wieder den ihnen gebührenden Stellenwert, sind sie doch für erkrankte Menschen und solche, die ihre Gesundheit aktiv stärken wollen, wertvolle »Einrichtungen der Natur«.

Die Entwicklung therapeutischer Wälder bietet den Waldbesitzern eine riesige wirtschaftliche Chance. Der Gesundheitsmarkt wird sich in diese Richtung verändern, da bin ich mir sicher. Und findige Waldbesitzer werden sinnvolle Antworten auf die steigende Nachfrage nach gesundem Waldraum finden – auch da bin ich mir sicher. Für mich liegt darin der unschätzbare Vorteil, dass zumindest an manchen Stellen die Wälder künftig wieder länger leben dürfen: Sie werden alt, verbreiten Gesundheit und sorgen darüber hinaus auch noch für Ertrag. All das schließt sich nicht aus, sondern ergänzt sich in vollkommener und vor allem sinnvoller Weise.

Was Urwald bedeutet

» Urwälder in unserer Nähe

Der Wald als komplexe Lebensform und als Vorbild für das Zusammenspiel unterschiedlichster Organismen hat sich in den letzten 300 Millionen Jahren immer weiter entwickelt und perfektioniert. In keinem anderen Lebensbereich auf der Erde sind alle Lebensformen so ideal und sich ergänzend aufeinander eingestellt. Der Wald ist ein in vollkommener Weise in sich funktionierendes System, das sich endlos aus eigener Kraft am Leben erhält. Er ist – wie die Korallenriffe der tropischen Meere – auf dem Land so etwas wie die Wiege der Artenvielfalt.

In weiten Teilen Europas ist er der natürlich vorkommende Bewuchs. Durch Pollenanalysen und mithilfe der Genforschung lässt sich genau klären, welche Baumart nach der letzten Eiszeit wann und wie vom Süden – wo sie die kalten Jahrtausende überleben konnte – in den Norden gewandert ist und wie die ersten Waldgesellschaften zusammengesetzt waren. Auch ist heute bekannt, ab wann der Mensch in das Ökosystem des Waldes eingegriffen und ihn zum Kultur- und Nutzwald verändert hat.[203, 204]

Dramatisch zugesetzt haben die Menschen dem Wald erst vor wenigen hundert Jahren. Das war zu einer Zeit, als sie fast alles, was sie zum Leben brauchten, aus dem Wald und vor allem von den Bäumen holten. Holz als hauptsächliches Heizmaterial, Baumstämme zum Bau von Häusern, Brücken, Möbeln und Werkzeugen oder Blätter als Streu für die Ställe oder Matratzenfüllung für weiche Schlafstätten. Auch die Früchte und Nüsse hatten eine große Bedeutung – als Nahrungslieferanten oder für naturmedizinische Heilstoffe.

Doch der Bedarf an Holz stieg immens an, vor allem bedingt durch die Industrialisierung. Der Verbrauch in der Eisen- und Glasindustrie sowie in den Köhlereien führte in manchen Bergtälern bis hinauf über die Baumgrenze zu einer bedrohlich hohen Rodungsquote. In vielen Bergregionen war früher die Waldgrenze 200 bis 400 m höher als heute. Die Bäume konnten sich aufgrund des Kahlschlags bis heute nur sehr langsam oder gar nicht mehr in diese Höhenlagen zurückbewegen. Auch die Alpnutzung sowie das sich verändernde Klima erschweren eine Wiederbesiedlung.

Das Ende vom Lied: Weite Teile Europas waren im 18. Jahrhundert fast vollständig entwaldet. Nur in versteckten oder schwer zugänglichen Tälern oder in unwegsamen Flussauen blieben kleinere Waldflächen erhalten, die abseits des Nutzungsdrucks überleben

…ennen solche Wälder Urwälder, manchmal auch Ur-
…. In ihnen gab es niemals eine Holznutzung oder der
…iegt länger zurück als die älteste dort lebende Baum-
generation. Auf diese Weise konnten sich manche Wälder in einer
ursprünglichen und idealen Form erhalten. Solche Waldformen sind
also im echten Sinn standortbeheimatet.[205–207]

Nur jene Baumarten konnten sich entwickeln und auf Dauer überleben, die sich für das jeweilige Klima, die Umgebung, die Bodenqua-
lität und andere, prägende Faktoren eignen. Da der Wald ein großes
Lebewesen, ein Superorganismus ist, ist alles miteinander vernetzt und
aufeinander abgestimmt. Die Bäume kommunizieren untereinander:
über die Wurzeln, mithilfe von Botenstoffen und auch über das Pilzge-
flecht im Boden. Alle Lebewesen sind irgendwie voneinander abhängig
und miteinander in weisheitsvoller Ausgewogenheit verbunden.

Das Lebewesen Wald produziert keinen Abfall. Alles – ohne Ausnahme – erfüllt eine Bestimmung, hat eine Funktion, fügt sich in
ein größeres Ganzes ein. Das eigentliche, gesunde Leben ist ein sich
wiederholender Prozess, eine stete Veränderung, zu der das Sterben
dazugehört. Der Wald als Gesamtorganismus besitzt eine Vielfalt
und Komplexität, die wir noch lange nicht verstehen und erforscht
haben. Manche Fachleute gehen davon aus, dass uns das auch nie
restlos gelingen wird. Und das ist wahrscheinlich auch besser so …[208]

» Der Wert des naturnahen Waldes

Der Wald braucht den Menschen nicht. Er kommt sehr gut allein
zurecht, wie die letzten Tausende, ja Hunderttausende von Jahren
gezeigt haben. Damit ein Urwald überlebensfähig ist, braucht er lediglich eine entsprechend große Fläche – und die konsequente Ab-
wesenheit von Menschen. Maßloses Einwirken fügt ihm die heute so
offenbaren, bekannten Schäden zu.[209–211]

Die ideale »Naturform« eines Waldes bedeutet: Alters- und Arten-vielfalt. Letztere ist für unser aller Überleben auf der Erde notwendig und ist erst nach eingehendem Studium der Abläufe und Zusammen-hänge zu erfassen und in seiner Bedeutung zu erkennen. Ein solches Vorhaben würde nicht nur den Rahmen des vorliegenden Buches bei Weitem sprengen, sondern sogar den Rahmen von Generationen von Forschern. Heute gibt es für viele Phänomene – naturwissenschaft-lich betrachtet – nach wie vor nur unvollständige Erklärungen. Der beste Ratgeber für eine Beurteilung der aktuellen Situation ist aber weniger eine wissenschaftliche Erklärung zum »Ökosystem Wald«, sondern der gesunde Menschenverstand sowie eine gefühlte Verbin-dung zum Wald als Lebewesen.

Das mag – neben den offenkundigen Erfahrungen mit Borkenkä-ferplagen und immensen Sturmschäden – mit dazu geführt haben, dass in den letzten 20 Jahren in vielen Regionen die Förster bestrebt sind, bestehende Forste in naturnahe Mischwälder umzugestalten. So zeigte mir im Bregenzer Wald, einer bergigen, bewaldeten Region im Westen Österreichs, der zuständige Forstleiter Peter Feuersinger bei Waldführungen Erstaunliches: In einer traditionellen Waldwirt-schaftsregion ist es ihm und seinem Team in vielen Einzelprojekten bereits jetzt gelungen, den früheren monotonen Fichtenforst in ge-sunde Mischwälder mit Plenterbewirtschaftung umzubauen.

Der Plenterwald besteht aus unterschiedlich altem Baumbestand, wobei die natürliche Verjüngung ohne Eingriffe stattfindet. Nur die älteren Bäume werden geerntet. Einige Altbäume werden allerdings geschont, um gesunden und standortbeheimateten Nachwuchs zu erzeugen. Sie dürfen ihr natürliches Lebensende erreichen. Als wert-volle Totbäume erfüllen sie im Sinn einer gesunden Ökologie eine wichtige Funktion. Das bedeutet also: In den Plenterwald gibt es durchaus regelmäßige Eingriffe, doch sind diese immer »pro Lebe-wesen Wald« naturnah ausgerichtet. Im Idealfall werden die Bäume sogar mit Pferden oder per Zugwinde entnommen, um den empfindlichen Waldboden möglichst zu schonen.

Neben Aufklärungsarbeit erfordert dieses zukunftsfähige Bewirtschaftungssystem vor allem das Zusammenspiel mit den Waldbesitzern, den jeweiligen Gemeindevertretern, der Holzwirtschaft, der Alpwirtschaft sowie den Jägern. Das alles nicht nur über Monate oder Jahre, sondern über Jahrzehnte. Möglichkeiten gibt es viele – und der Wille ist da, wie ein schönes Beispiel zeigt: So sammelten Schüler der Neuen Mittelschule Hittisau im Bregenzerwald in einem steilen Waldstück Eicheln und legten diese auf Holztafeln wie auf einem Präsentierteller aus.[212] Der Plan funktionierte: Eichelhäher nahmen die Früchte auf und vergruben sie, artgemäß, an auch für Menschen unzugänglichen Stellen als Wintervorrat. Viele solcher Eicheln werden dann doch vergessen und bleiben im Boden. Inzwischen sind sie zu jungen Eichenbäumchen herangewachsen. Das alles konnte allerdings nur gelingen, weil zuvor der Wildbestand sehr stark dezimiert worden war, was nicht immer den ungeteilten Zuspruch aller findet. Gerade manche Jäger haben dazu eine andere Meinung.

Doch im Sinne der naturnahen »Wiederbewaldung« ist das Projekt ein großer Erfolg – wie auch im Sinne der Jägerschaft, wie ich finde. Denn sobald die aufkommenden Eichen – oder auch Buchen, Vogelbeeren und Weißtannen – zu größeren Bäumen herangewachsen sind, kann in dem jungen Wald wieder eine höhere Zahl an Wildtieren leben. Vor Ort sind das Rot-, Reh- und Gamswild. Die Tiere können dem Wald dann nicht mehr schaden. Die Jäger haben das ihre davon.

Diese Erfolgsgeschichte erzählte mir der beherzte Waldaufseher Klemens Nenning, der sich in unzähligen, schweißtreibenden Stunden für seinen Wald einsetzt – und jetzt stolz und gerne das Ergebnis präsentiert.[213] Ähnliche Erfolge erreichten auch die Verantwortlichen der Nationalparks im traditionsreichen Wirtschaftswaldgebiet

Schwarzwald im Südwesten Deutschlands. Aus großen Fichtenmonokulturen entstanden neue, noch junge Nadelmischwälder.

Heute gibt es in ganz Europa vielerorts Anstrengungen, um Teile der Waldflächen mit Nutz- und Schutzwald langsam in naturnahe Wälder umzuwandeln. Je nach Region gibt es unterschiedliche Vorstellungen darüber, was ein gutes Ziel sein könnte. Das geht bis zu zehn Prozent Anteil der gesamten Waldfläche. In Deutschland plant die Bundesregierung, bis 2020 fünf Prozent des Waldes aus der forstlichen Nutzung zu nehmen.

In meinen Augen ist das der richtige Schritt in die richtige Richtung. Doch könnte nach meinem Dafürhalten der naturnahe Waldanteil noch größer sein. Geht man davon aus, dass je nach Land und Region etwa 30 bis 40 Prozent der Landfläche aus Wald besteht, dann sind die angepeilten fünf bis zehn Prozent Naturwald insgesamt nicht viel. Auch steht nicht fest, ob die Umwandlung überall gelingt.

Diese »Waldumwandlungen« brauchen natürlich Geduld und dauern Jahrzehnte. Manche Waldungen sind prädestiniert, um sie aus der Bewirtschaftung herauszunehmen: etwa schwer zugängliche Talschaften, Bann- und Auwälder oder Waldflächen, für die sich eine private Nutzung nicht mehr rechnet. Bei anderen Waldungen mag es nicht so einfach sein, es wird verschiedene, andere sinnvolle Möglichkeiten geben.

Wichtig ist für beide Seiten – für die Naturschützer wie für die Waldnutzer – das berühmte Augenmaß. Für mich gilt: Wir brauchen erntefähige Wälder, wir sind von der Holzgewinnung sehr wohl abhängig. Holz ist das Material der Zukunft! Und es ist eine Tatsache, dass viele Waldgesellschaften nur dann gedeihen, wenn sie regelmäßig gepflegt und geerntet werden. Ob dabei wirklich die Monokultur die effektivste und verträglichste Weise darstellt, ist abzuwägen. Sie ist auf jeden Fall selbst unter rein wirtschaftlicher Betrachtung nicht automatisch die beste Bewirtschaftungsweise.

Natürlich wirken sich auch vergleichsweise kleine Veränderungen immer positiv auf die Erde aus. Immerhin kommen wir dadurch der ursprünglichen Natur näher und tun etwas für die Artenvielfalt an Pflanzen, Pilzen und Tieren, die für uns überlebenswichtig ist.

In einem beeindruckenden Artikel stellen die beiden Schweizer Naturwissenschaftler Robert Buffi und Nikola Patzel die These auf, dass es wichtiger ist, die Beziehung zwischen Mensch und Wald zu pflegen, als nur den Wald allein.[214] Buffi ist weit über die Grenzen seines Wirkens im stark bewaldeten Tessin bekannt, wo er seit rund drei Jahrzehnten daran arbeitet, einen zukunftsfähigen Laubmischwald aufzubauen. Er setzt dabei über 30 Baumarten ein.[215] So sind neben den dort beheimateten Edelkastanien[216] auch Buchen, Eichen sowie Akazien vertreten. Diese Bäume scheinen den oft sehr heißen und trockenen Sommern bestens gewachsen zu sein.[217]

Als Langzeitprojekt verstanden ist jeder Wald eine Landschaft der Zukunft, sprich für die nächsten Generationen. Dieser Gedanke liegt auch den meisten Naturparks, Nationalparks und in weiterem Sinne auch den Biosphärenreservaten zugrunde. Es sind Schutzräume, die erhalten werden. Am Beispiel des Nationalparks Schwarzwald,[218] das für beinahe alle Schutzgebiete Vorbild sein kann, möchte ich im Folgenden einige Gedanken zur Bedeutung konkreter Maßnahmen vorstellen. Wesentliche Impulse dafür bekam ich von Andreas Ziemann, einem profunden Kenner der Schutzgebiete Mitteleuropas. Er selbst ist Regionalmanager und ehemaliger Naturparkdirektor und insofern der beste Gesprächspartner, um einige Hintergründe und Wissenswertes zum Thema »Wald der Zukunft« zu entwickeln.

» Echte Wälder – Perlen der Nationalparks

Der Weg, einen Nationalpark zu gestalten, ist langwierig, mühsam und von gegensätzlichen Ansichten begleitet. Manche Befürchtungen und Ängstlichkeiten sind bei näherem Hinsehen nur zum Teil begründet. Die unterschiedlichen Gruppen aus Forst- und Landwirtschaft, Jagd und Tourismus wägen für sich Vor- und Nachteile geplanter Maßnahmen ab, bevor es dann zu den – letzten Endes oft politisch motivierten – Entscheidungen kommt. Beim Schwarzwald-Projekt stand im Hintergrund die grün-rote Landesregierung Baden-Württembergs.

In der Region waren bereits etliche Flächen unter Schutz gestellt worden, im Rahmen von Projekten wie Schutzwald oder Natura 2000. Nun sollten diese auf immerhin 10.000 Hektar zum Nationalpark umgewandelt werden. Dabei geht es vor allem um den Schutz der bestehenden Landschaft und um eine begleitende Forschungsarbeit, darüber hinaus auch um nachhaltige Formen der Nutzung, um Erholungswerte und den Erhalt der bestehenden naturnahen Flächen.

Ziel ist, in einer Übergangsphase von gut 20 Jahren die ehemaligen Forste und wirtschaftlich genutzten Wälder zu naturnahen Mischwäldern umzuwandeln. Das geht nur mithilfe begleitender Maßnahmen seitens der Forstindustrie und der Jagd. Bild der Zukunft ist ein standortbeheimateter Mischwald, der auch Erholung suchenden, naturbewussten Besuchern und touristischen Zwecken zugutekommt. Das wiederum stärkt die regionale Wirtschaft, etwa Handwerkerbetriebe und die Gastronomie, dient also der Wertschöpfung direkt vor Ort. Eine Studie aus der Schweiz belegt, dass derartig ausgerichtete Naturparks eine sehr attraktive Rendite von über 200 Prozent erreichen können.[219]

Die meisten Gegner solcher Schutzzonen haben das im Lauf der Zeit – überall in Europa – erkannt und eingesehen. Die wirtschaftlichen Vorteile eines Nationalparks sind heute offenkundig und verhelfen den Menschen der Region zudem auch zu einem riesigen Imagegewinn. Mehr noch wiegt jedoch das Argument, eine bleibende Schutzzone zur Rettung von Waldflächen zu schaffen. Insofern ist das ambitionierte Ziel Deutschlands mit der Biodiversitätsstrategie für 2020[220] nur zu unterstützen. Danach sollen aus bisher 0,6 Prozent der Landesfläche zwei Prozent Wildnis werden – Raum für eine natürliche Waldentwicklung inbegriffen.

Doch selbst dieser geringe Anteil von nur zwei (!) Prozent führt an manchen Stellen zu einer starken Gegenwehr und Lobbyarbeit. Das ist in meinen Augen umso unverständlicher, als diese Planung eine der wichtigsten Maßnahmen zur Sicherung unser aller Zukunft ist. Denken die Unterminierer der Initiative ernsthaft an das gesunde Leben unserer Nachkommen?

Im fränkischen Steigerwald, einem geschützten Buchenwald, erzählte mir Ulla Reck vom Büro des Nationalparks,[221] wie sie in ihrem Verein immer wieder entschieden gegen die vorgebrachten Wirtschaftsinteressen der Holzindustrie und anderer Waldnutzer argumentieren muss, um diesen letzten Rest natürlichen Waldbestands zu bewahren. In einem entlegenen Gebiet des Steigerwalds gibt es noch riesige, alte Buchen, die sich natürlich fortpflanzen dürfen. Ihre Nachkommen sind robust und gesund. Sie sorgen ganz von allein für eine natürliche, zukunftsfähige Verjüngung, die auch nicht geschützten Waldflächen der Umgebung nützt.

Helmut Kern von den Österreichischen Bundesforsten[222] kraxelte mit mir im hintersten Radurschltal von Tirol herum: auf der Suche nach uralten Zirben. Dort oben, an der Grenze zu Italien, herrschen raue Naturgewalten. Obwohl er seinen Auftrag zur Holzernte erfüllen muss, zeigte er mir stolz einige alpine Waldflächen, in denen die Mitarbeiter seiner Abteilung einen gesunden Nadelmischwald aufziehen. Mit einem großen Anteil an Totholz. Ihn hätten schon Wanderer angesprochen, die meinten, da müsse mal »kräftig aufgeräumt« werden. Davon lassen sich er und seine Mitstreiter nicht beirren. Sie schützen zumindest einige entlegene Waldgebiete vor zerstörerischen Eingriffen.

Warum brauchen wir solche Flächen mit Urwald? Selbst erfahrene Biologen räumen immer wieder ein, über manche Abläufe in der Natur – fern aller menschlichen Eingriffe – nur wenig zu wissen. Eine einfache Frage zeigt das: Wie alt wird eigentlich eine Buche? Fast alle europäischen Buchenwälder werden ja wirtschaftlich genutzt. Buchen werden dort in einem Alter zwischen 80 und 150 Jahren gefällt. In Urwäldern oder naturnahen, unbewirtschafteten Wäldern – wie dem Kellerwald, den Heiligen Hallen oder dem Rothwald – erreichen Buchen allerdings 350, manche sogar über 400 Jahre.

Das Holz eines Baumes ist in seiner Jugend und im frühen Erwachsenenalter am besten zu nutzen. Bei fortschreitendem Alter verändert sich die bislang eher gerade Wuchsform des Stammes, Totholz entsteht, Windungen sowie Knoten wachsen. Überlebensfähige Bäume höheren Alters besitzen einen unschätzbaren Genpool, den sie regelmäßig vererben, indem sie sich aussäen. Ein Baum, der Hunderte von Jahreszeiten – Trocken- und Kälteperioden, Pilz- und Insektenbefall oder Steinschlag und Lawinen – überlebt hat, muss stark sein. Er hat seine Fähigkeiten und seine Erfahrungen in den Anlagen gespeichert. Samen eines solchen Baumes sind also viel wertvoller und überlebensfähiger als Samen junger, unerfahrener Bäume aus dem geschützten Bereich von Baumschulen.

Die Nachkommen einer alten Buche können in einem ähnlichen Lebensumfeld wie der Mutterbaum, gut vorbereitet, überleben – eine wichtige Voraussetzung für den weiteren Bestand der Art und auch des (gesunden) Waldes. Das ist der Hintergrund, warum Urwälder so langlebig sind. Das bewährte Prinzip ist einfach: Die natürliche Verjüngung des Waldes erfolgt durch sich selbst, in den meisten Fällen durch die ältesten Bäume.

Und was wird im Lauf der Jahrhunderte aus gesunden Wäldern? Letztlich der gesamte fruchtbare Erdboden, der Humus als umgewandelter Waldboden. Fast jeder Boden ist das jahrtausendealte

Produkt eines Waldes, selbst die Ackerflächen in den Talschaften und die Wiesenflächen jenseits der Baumgrenze hoch oben in den Bergen. Das alles dauert sehr viel Zeit, im Schnitt 100 Jahre für einen Zentimeter Boden. Anders ausgedrückt: Eine 80 bis 100 cm dicke Bodenfläche ist zwischen 10.000 und 15.000 Jahren alt!

Auch aus diesem Grund plädiere ich dafür, den Boden sorgsam zu behandeln und zu schützen. Gerade in extremeren Gebieten wie im Bergland und an Flüssen erleben wir nur allzu oft, wie schnell die wertvolle Erdschicht weggespült wird – meist aufgrund unüberlegten Handelns durch Menschen. Kahlschlag größerer Flächen ist so ein Übel, das es heute eigentlich nicht mehr geben darf.

Ein Beispiel dazu aus dem wirklichen Leben: In Österreich sind »Kahlhiebe« freier zusammenhängender Flächen über 0,5 Hektar genehmigungspflichtig. Sie werden in vielen Fällen auf Antrag hin auch anstandslos bewilligt. Falls es vielleicht dennoch Probleme bei der Bewilligung gibt, wird manchmal die Variante des »Streifenschlags« gewählt, bei dem zwischen größeren Flächen des Kahlschlags Baumreihen ausgespart werden. Durch diesen »Trick« wird die eigentliche »Gesamthiebfläche« dementsprechend deutlich kleiner.

» Natur wie Wirtschaft gewinnen

Entschließt sich ein privater oder öffentlicher Waldbesitzer, die Holznutzung beispielsweise aus Gründen der Rentabilität einzustellen und den Wald wieder zum Natur- und sogar Urwald werden zu lassen, ist das eine Entscheidung für die Zukunft. Er kann die Folgen seines Handelns bereits nach wenigen Jahren wahrnehmen. Bis der Wald zu einem unberührten, naturnahen Wald wird, dauert es allerdings mitunter Jahrzehnte und Jahrhunderte.

So unlogisch es zunächst auch klingen mag: Derartige Entscheidungen können sich auch wirtschaftlich günstig auswirken. Eine Rolle dabei spielt das – auch wissenschaftlich belegte[223] – Erfahrungswissen, dass der Aufenthalt in einem naturnahen Wald unser Wohlbefinden fördert. Auch die positiven Auswirkungen auf die Gesundheit sind bekannt, sodass es erfolgreiche therapeutische Konzepte und sogar medizinisch fundierte Behandlungspläne mit dem Wald als »Heilmittel« gibt.

Wenn also ein Waldbesitzer im Randbereich seines Naturwaldes gezielt einige Wege anlegt, die im Sinne der Gesundheit zu nutzen sind, darf das etwas wert sein. Die gesundheitsbewussten Nutznießer unterstützen den Waldbesitzer im Bestreben, das Holz der Bäume nicht wie früher, sondern sozusagen den ganzen Baum als solches bleibend zu nutzen. Das bedeutet, dass für die Nutzung der Wege Eintritt zu bezahlen ist – gerade wenn es neben breiten, gut begehbaren Wegen auch Ruheplätze, Bänke an ausgewählten Aussichtspunkten und Kraftorten, Unterstände und Hütten für die Tierbeobachtung oder an geografisch, geologisch und biologisch interessanten Orten Informationstafeln gibt.

Geführte Wanderungen, wie sie zum Beispiel in den Randgebieten eines der letzten Bergurwalds der Alpen, des Rothwalds im Wildnisgebiet Dürrenstein in Niederösterreich,[224] angeboten werden, sind sehr begehrt und manchmal ein Jahr im Voraus ausgebucht. An einer dieser lehrreichen Wanderungen mit dem Förster und Ranger Reinhard Pekny [225] habe ich teilgenommen. Solche Erlebnisse erschließen nicht nur die magische Kraft und Wirkung uralter Wälder, sondern belegen auch das enorme Interesse, das es an diesen geheimnisvollen Waldgebieten heute gibt. Das wird meiner Einschätzung nach in Zukunft noch zunehmen.

Mit dem bekannten Autor und Fotografen Werner Gamerith, der diese Gegend kennt wie kaum ein anderer und in seinem hervorragenden Buch »Ötscherland« erklärt und begreiflich macht, war ich dort ebenso unterwegs: auf einer Fotowanderung. Ich konnte von ihm viel über die Geheimnisse der Tier-und Pflanzenwelt erfahren, was mich unglaublich bereichert hat. Die Vorträge und Wanderungen des profunden Naturkenners und sensiblen Beobachters sind begehrt, was zeigt, dass immer mehr Menschen eine Sehnsucht nach unverfälschter Natur haben.

Die meisten der Urwaldgebiete Europas sind, abgesehen von den großen Urwäldern Osteuropas wie in Polen oder Albanien, eher kleine Waldungen, die zwischen den bewirtschafteten Flächen überlebt haben: oftmals eher zufällig, aufgrund von Streitereien oder zu beschwerlicher Transportwege. Falls Urwaldflächen nicht groß genug sind, damit sich vor allem die Tierwelt in ihnen selbst regelt und beispielsweise der Bestand der Pflanzenfresser – wie Hirsch, Reh, Gams, Mufflon und Wildschwein – zu hoch ist, kommt der gezielten Bejagung eine hohe Bedeutung zu. Fehlen natürliche Feinde wie Luchs, Wildkatze, Wolf oder Bär, muss der Jäger ihre Funktion übernehmen. Er sorgt dafür, dass die Wilddichte in einem verträglichen Maß bleibt und sich der Wald natürlich verjüngen kann. Damit kann auch die Jagd in diesen Refugien als zusätzliche, erträgliche Einnahmequelle angesehen werden.

Meine Vision ist, dass sich in Zukunft mehr oder minder große Urwaldflächen über ganz Europa verteilen. Mancherorts liegen sie zwischen den herkömmlichen Wirtschaftswäldern, die wir aufgrund des zunehmenden Bedarfs an Holz sicherlich immer brauchen werden und welche – diese Aussage ist mir wichtig – bei Bewirtschaftung als Mischwald nichts Schlechtes sind. Mancherorts liegen sie dagegen eher versteckt in engen Tälern und als Auwald am Saum der Flüsse. Naturnahe Wälder können wie Inseln in den weiten Waldgebieten unserer Heimat sein. Es sind Rückzugsorte, in denen sich die Natur wieder so entwickeln kann, wie sie es seit Jahrmillionen getan hat. Von dort aus können sich gesunde Gehölze sowie die oft selten gewordenen Pilze und Flechten ausbreiten.

Die Landschaft der Zukunft muss in einem besseren Gleichgewicht stehen zwischen wirtschaftlich genutzten Flächen und naturbelassenen Gebieten. Um das zu erreichen, sollten die geschilderten Maßnahmen jetzt konsequent geplant und umgesetzt werden. Jeder kann in seiner Heimatregion dafür eintreten, Raubbau sowie Rücksichtslosigkeit der Natur gegenüber einen Riegel vorzuschieben.

Ein Vorzeigebeispiel für einen naturnahen Ansatz ist der »Nenzinger Himmel« im Gamperdonatal, das als typisches Sacktal bis an die Schweizer Grenze reicht und auf 1100 bis 1600 m liegt. Auf einer herrlichen Alpe haben die fleißigen Nenzinger in den letzten Jahrzehnten ein Hüttendorf mit über 200 Holzhäuschen erbaut. Es steht in einem wilden, zerklüfteten Tal. Neben dem standortbeheimateten Fichten- und Tannenwald wachsen hier Kiefern und es gibt einen kleinen Bestand der seltenen Lärchen.

Die Österreichischen Bundesforste gaben bereits vor Jahrzehnten die kostenintensive Bewirtschaftung des Bergtals auf. Die beherzten Dorfbewohner übernahmen daraufhin gemeinsam die Waldungen. Seither darf der Wald großteils wieder Naturwald werden, die gesamte Landschaft wird jedes Jahr reizvoller, schöner und vor allem naturnäher. Der sanfte Wandertourismus nimmt zu und die Nenzinger können – samt selbstauferlegter Regulierungen und Fahrverbote – Naturfreunden ein wahrhaft paradiesisches Bergwaldtal anbieten. Derartige Projekte sind fast überall denkbar, auch in Stadtnähe oder auf mehr oder weniger großem privaten Waldgrund.

Vor einiger Zeit hatte ich ein besonderes Erlebnis: Nach einem Vortrag kamen ein Herr und seine betagte Mutter auf mich zu. Die Dame bestätigte mir mit sichtbarer Freude, dass sie sich nun – als Waldbesitzerin – sicher sei, die Waldnutzung einzustellen und die Fläche der Natur zurückzugeben. So war der Vortrag der äußere Anlass, eine innere Überzeugung schließlich umzusetzen. Manchmal braucht es nur einen kleinen Anschubser …

6 › Baumpersönlichkeiten

Der Hausbaum

» Früher wie heute unersetzbar

Ob als Landmarke, Lebenszeichen, Symbol, Beschützer, Beschatter, Lebensspender, als Familien-, Lebens-, Hochzeits- oder Geburtsbaum – ein Baum gehört zum Haus und zum Leben.[226, 227] In vielen Regionen Mitteleuropas war es üblich, zum Bauernhaus stets einen oder mehrere Bäume zu pflanzen.

Im schweizerischen Appenzell ist das zum Beispiel fast immer eine Linde, ein durch seinen Duft bestechender Baum, der sich ganz besonders gut halten und lange leben kann. Auch die Esche mit ihrem nahrhaften Laub, das sie schon früh im Herbst verliert und gerne dem Vieh zugefüttert wird, ist beliebt. In anderen Gegenden ist es eher der aus dem Süden stammende Walnussbaum, der erst spät im Frühjahr die Blätter treibt. Durch die unbelaubten Äste hindurch kann die Sonne das Bauernhaus wärmen, bis dann der heiße Sommer beginnt und sich das dichte Blätterdach zum richtigen Zeitpunkt geschlossen hat. Dann sorgt der Baum für kühle Zimmer und hält auch die Mücken fern. Im Herbst verliert er sein Laub recht früh – und belohnt »seine Beschützer« mit den nahrhaften Nüssen.

Ein weiterer schöner Hausbaum ist die Rosskastanie. Die üppigen, für den Menschen ungenießbaren Früchte wurden einst an die Pferde verfüttert. Weiter südlich nimmt oft die Edelkastanie diese Rolle ein. Die schmackhaften Maronen helfen als köstliche und nahrhafte Speise, gut über den Winter zu kommen. Der Holunder gilt seit jeher als beschützender Geist, soll er doch das Haus vor Unglück bewahren. In vielen Regionen steht er deshalb stets direkt am Haus, wo er sich auch sehr wohlfühlt. Seine gesunden Blüten und Beeren werden heute wieder gerne und mit Dankbarkeit geerntet.

Naturgemäß wurden auch die Obstbäume in die Nähe des Hauses gepflanzt – nicht nur wegen des Schattens, sondern auch, um es mit der Ernte leichter zu haben. Auf der Obstwiese konnten die Kinder herumtoben und sie war auch eine geeignete Fläche für die Kleintiere des bäuerlichen Lebens. Hühner und Stallhasen lebten an einem schattig duftenden Gartenplatz.

Je nach Tradition und Glaube nehmen Bäume in der Nähe menschlicher Wohnstätten oft eine besondere Funktion ein. Sie bieten Schutz vor Blitz, Unheil und Krankheit. Wobei die Aufgabe eines natürlichen Blitzableiters durch tiefwurzelnde Bäume keine Glaubensfrage, sondern eine Tatsache ist. So wurden Pappeln früher bewusst nahe zum Haus gepflanzt. Als Tiefwurzler reicht ihr Wurzelwerk bis zum Grundwasser, manchmal bis sechs Meter in die Tiefe, und das Holz gilt als schwer entflammbar. Wenn bei einem frei stehenden Haus eine hohe Pappel steht, zieht diese also Blitze vom Haus weg auf sich. Das Haus bleibt verschont.[228, 229]

In Europa gibt es zahlreiche Gasthäuser, die nach einer alten Linde benannt sind. Die berühmte Hindenburglinde[230, 231] findet sich im Berchtesgadener Land auf einer ehemaligen Trade oberhalb von Ramsau auf 850 Meter Seehöhe. Als Trade galt früher ein Landstrich mit Bäumen, die nicht gefällt werden durften. Der mächtige Baum ist rund 700 Jahre alt. Er war bereits groß und stattlich, als der Gasthof an seiner Seite errichtet wurde. Seither sind beide verbunden und ein beliebtes Ausflugsziel.

Einen ähnlichen Bekanntheitsgrad genießt das Gasthaus zur tausendjährigen Linde in Kirchberg am Wechsel im Süden von Niederösterreich.[232] Der Baum scheint aus dem uralten Gasthof herauszuwachsen, so nahe drückt sich sein riesiger Stamm an die Hausmauer. Die ehrwürdige Linde überragt mit ihrer mächtigen Krone weithin sichtbar das Dach des Gebäudes. Im Keller kann man sogar ihre Wurzeln bewundern – etwas ganz Besonderes. Bereits mehrfach wurden Mauern des Hauses zurückversetzt, um den Lebensraum des Baums zu erhalten. Welch beeindruckendes Beispiel für eine enge, jahrhundertealte Beziehung zwischen Haus und Baum (siehe Bild Nr. 53).

Viele alte Bäume begleiten seit Jahrhunderten Gasthöfe und Adelssitze, Bauernhöfe und Kirchen, schmücken Wegekreuze und wurden zu Wahrzeichen. Mit ihrem Namen prägen sie die Gebäude, und etliche Orte wurden erst durch »ihre« Baumriesen zu Sehenswürdigkeiten.[233] Etliche von ihnen konnte ich besuchen und in meinem Bildband *Baumwelten* festhalten.

Solche Erlebnisse sind für mich bewegende Erfahrungen und führen mich in die Demut. Wie die uralten Wesen die vergangenen Jahrhunderte überdauerten und heute mächtig und voller Leben vor uns stehen, raubt mir den Atem. Im Vergleich zu diesen Baumpersönlichkeiten nehme ich mich anders wahr.

Der Hutewald – im Norden Hudewald genannt –, der aus Buchen und Eichen besteht, nahm früher ebenso eine sehr nützliche Funktion wahr. Die prächtigen Kronen der Bäume spendeten dem grasenden Vieh, den Kühen, Schweinen und Schafen, Schatten. Das nahrhafte Laub schützte die Tiere gegen Hunger und war das Material für Kissen wie Matratzen. Bucheckern und Eicheln ließen im Herbst die Schweine besonders fett werden.

Zum Glück gibt es auch heute noch einige der alten Hutewälder. Sie stehen unter Schutz und zeugen von der ehemaligen bäuerlichen Tradition. Einer der berühmtesten ist der Urwald Sababurg im Reinhardswald in Nordhessen, in dem 500-jährige Eichen und 300-jährige Buchen leben. In diesem Wald haben die Brüder Grimm einen Teil ihrer Märchen verfasst. In den letzten Jahrzehnten lebte die Form der Hutewaldweide immer wieder auf, was aber regelmäßig zu Interessenskonflikten mit den Waldbesitzern und Landwirten führt.

Auch der Hausbaum hat heute meist schlechte Karten. Es stimmt natürlich: Oft beschattet er das Haus und trägt dazu bei, dass Dach und Wände vermoosen. Laub wird oft genug als »Dreck« bezeichnet. Ebenso gibt es Ängste vor Stürmen oder Schneelasten, die dazu führen könnten, dass der ganze Baum oder einzelne Starkäste auf das Haus krachen. Das ist ähnlich wie bei Autobesitzern, die Angst vor Kratzern und Beschädigungen haben.

Wie auf den Seiten 42 bis 44 beschrieben, gibt es im Umgang mit Bäumen ein paar Grundregeln zu beachten, die solche Risiken deutlich verringern. Nochmals kurz zusammengefast bedeutet das:

› Das dauernde Herumschnipseln und Sägen an einem Baum – weil die Äste stören, zu tief hängen, zu lang sind oder zu nahe ans Haus reichen – mag er natürlich gar nicht. Die Verletzungen versetzen ihn in Stress und tragen zu einer gesundheitlich instabilen Lage bei.
› Der Baum kränkelt, kann sich nur schwer oder gar nicht regenerieren. Dadurch wird er brüchiger und anfälliger für Krankheiten – was dazu führen mag, dass eifrige Baumsäger wieder zur Kettensäge greifen, um schwierige Stellen zu entfernen.
› Diese negative Spirale setzt sich meist so lange fort, bis der Baum unwiederbringlich krank ist und gefällt werden muss.

› Was dabei übersehen wird: Oft waren es die zerstörerischen Eingriffe von Menschen, die das langsame Siechtum verursachten.

Die Sicherheit muss selbstverständlich gewährleistet sein! Doch ist jeder Einzelfall gesondert zu prüfen, da er von der jeweiligen Situation abhängt. Mit hohem Verantwortungsgefühl lässt sich sagen, dass die meisten Hausbäume weit stabiler und ungefährlicher sind, als von geschäftstüchtigen Baumschneidern behauptet. Wie sonst könnten sie 200 Jahre und älter werden? Wenn ein Baum etwa seine Lebensmitte erreicht, können bei Starkwind oder sehr hohen Schneelasten einzelne Äste brechen. Darauf zu achten und Maßnahmen zu ergreifen, die den vorliegenden Verhältnissen sinnvoll angepasst sind, ist wichtig.

Bei Bedarf erkundigen Sie sich in örtlichen Gärtnereien nach regionalen Fachleuten für Baumschnitt. Sie finden diese unter der Rubrik Baumpfleger, Baumkontrolle oder Baumpflanzung in den Gelben Seiten und im Internet. Die Arbeitsgruppe Baum[234] um Martin Steinbauer in Wien beispielsweise kümmert sich seit Jahren um die Stadtbäume. Die Fachleute überprüfen die Bäume auf ihre Sicherheit, beraten die Kunden und bieten individuelle Lösungen an. Heutzutage gibt es überall solche Baumpfleger.

Aus klimatisch wahrhaft kritischen Ländern mit starkem Monsunregen kenne ich Bäume, die seit Jahrhunderten nur wenige Zentimeter neben einsturzgefährdeten Häusern stehen, ohne Schaden anzurichten. Stürme von »exotischer« Stärke sind in unseren Breitengraden eher unwahrscheinlich. Dennoch sollte man beim Pflanzen eines Baums auf die Himmels- und Hauptwindrichtung achten. In vielen Gegenden der Erde gibt es eine typische Wetterrichtung, aus der die Stürme aufziehen. Berücksichtigen Sie also sicherheitshalber immer auch, in welche Richtung Bäume bei Starkwind gedrückt werden.

Enzo Enea führte mich durch eine Allee aus Zedern in seinem weitläufigen Baumpark in Rapperswil mit Blick auf den Zürichsee in der Schweiz.[235] Dreißigjährige und ältere Bäume säumen den Weg und schenkten Schatten. Unser Blick in die ausgedehnte Parkanlage mit vielen verschiedenen Baumarten fiel auf eine gepflegte und von einem sensiblen Architekten gestaltete Landschaft, die vor wenigen Jahren so noch nicht existierte – obwohl manche Bäume bereits über hundert Jahre alt waren und scheinbar schon immer hier lebten. Der Widerspruch löste sich auf durch eine unglaubliche Leistung Enzo Eneas: Der erfinderische Geist fand tatsächlich eine Möglichkeit, große Bäume zu verpflanzen. Das Wissen, die Arbeit und das richtige Gefühl für diese Lebewesen gaben ihm die Idee (Bild Nr. 51).

So entstand im Jahr 2010 am Zürichsee auf 7,5 Hektar ein einzigartiges Baummuseum, in dem Bäume, die beispielsweise einer Baustelle weichen mussten oder aufgrund ihres krummen Wuchses keine Akzeptanz mehr fanden, einen neuen Lebensort fanden.[236] Die Technik zur Verpflanzung alter Bäume machte den findigen Landschaftsarchitekten zum Eigentümer eines der größten europäischen Unternehmen für Gartengestaltung. Er und seine Mitarbeiter kreieren weltweit einzigartige Gärten und Parks. Dabei schaffen sie für alte, ganz besonders gewachsene Baumpersönlichkeiten eine neue Heimat. »Geht doch«, kann ich da nur sagen.

» Der Wert des Baumes

Bei vielen meiner Veranstaltungen und Vorträge und in Internetforen wird immer wieder diskutiert, ob und wie viel Wert ein Baum hat. Diese Fragestellung kann man aus ganz unterschiedlichen Blickwinkeln betrachten.

Für viele Zeitgenossen spielt lediglich der Holzwert eine Rolle. Je nach Wuchs und Art wirft ein ausgewachsener Baum schon eine beträchtliche Summe ab. Davon müssen allerdings die Fäll-, Berge- und Transportkosten abgezogen werden, die je nach Standort erheblich sein können. Anhand einer 100-jährigen Buche will ich ein Rechenbeispiel geben, das eindrücklich ist und nachdenklich stimmen muss.

Eine 100-jährige, frei stehende Buche ist ein mächtiger Baum von vielleicht 25 m Höhe und einem Stammumfang von bis zu 3 m. Sie hat etwa 600.000 Blätter, sodass die gesamte Blattoberfläche umgerechnet um die 1200 m² beträgt. Dieses beeindruckende Blätterwerk trägt die Buche im Durchschnitt von Mai bis Oktober und erzeugt damit rund 4,5 Tonnen Sauerstoff. Das ist genug Atemluft für einige Familien.

Pro Jahr nimmt sie etwa sechs Tonnen Kohlendioxid sowie rund eine Tonne Feinstaub samt Luftverschmutzung aus der Luft auf und bindet alles in ihrer Biomasse. Pro Tag kann sie bis zu 400 Liter Wasser verdunsten, wodurch sie die Umgebungsluft merklich abkühlt. Diese Leistung erbringt das grüne Kraftwerk jährlich – und das über rund 200 Jahre, manchmal sogar noch länger! Würde diese Buche gefällt und durch Jungbäume – die die gleiche Leistung schaffen müssten – ersetzt werden, wären rund 2000 Bäume mit je anderthalb Kubikmeter Baumkrone zu pflanzen. Die Kosten dafür lägen derzeit bei mindestens 150.000 Euro. Damit haben wir zumindest einen wirtschaftlichen Anhaltspunkt.

Was aber ist mit der Schadstoffentnahme aus der Luft, die der Baum leistet? Das ist sonst nur mit sehr großen und aufwendigen Filtern zu schaffen. Wie steht es mit der Erzeugung von Sauerstoff – der Lebensgrundlage für die meisten Lebewesen der Erde? Auch das würde sehr viel Geld verschlingen, müsste man Sauerstoff mit technischen Hilfsmitteln erzeugen. Zum ernüchternden Vergleich: Der reine Holzwert einer normal gewachsenen Buche wie aus diesem Beispiel würde einen Ertrag von 300 bis 500 Euro ergeben.

In all den vorangegangenen Überlegungen ist noch nicht bedacht, dass Bäume immer auch wichtige Lebensgrundlage zahlloser Tierarten sind. Allein die Schar der Vögel würde ohne Bäume kaum

Überlebensmöglichkeiten finden, und welche Rolle die Singvögel bei Insektenplagen spielen, ist hinlänglich bekannt. Solche natürlichen Funktionen in Geld zu definieren, ist kaum möglich. So gesehen ist der Wert eines gesunden Baumes nicht hoch genug zu veranschlagen.

» Gärten nach dem Vorbild der Natur

Ich lebe wie bereits angedeutet in einer Gegend, in der es noch viele schmucke, aufgeräumte, perfekt gepflegte Gärten gibt. Gerade Hecken, gerade Wege und Zufahrten, bunte Blumenbeete, 3 cm hoher Rasen – der allwöchentlich beim gemeinsamen Freitagsrasenmäherkonzert geschnitten wird –, abgesteckte Gartenränder und, falls überhaupt erlaubt, ein kleines, jährlich zurückgeschnittenes Bäumchen. Alles ist geregelt, genormt, gestutzt, ordentlich und passt wunderbar zur Einfahrt und zum Haus. Der Garten ist in erster Linie, so unterstelle ich es etwas provokativ, für die Nachbarn, die Passanten und die Besucher da. Er ist ein Schaustück und zeigt die neuesten modischen Trends. Er bedeutet Pflichten und Arbeit. Selten genug nimmt sich so mancher der beschriebenen Gartenbesitzer die Zeit, ihn ohne Mühen und Arbeitszwang zu genießen.

»Zeig mir deinen Garten, und ich sage dir, was für ein Mensch du bist …«[237] Tatsächlich bildet der eigene Garten etliche Wesenszüge von mir ab, sofern er maßgeblich von mir gestaltet wurde oder nach meinen Vorstellungen entstanden ist. Bin ich jemand, der Ordnung und Übersicht liebt? Geht es vielleicht sogar Richtung Kontrolle? Oder kann ich auch mit etwas »Unordnung« leben? Lasse ich der Natur ihren Raum und ihre Zeit? Erfahre und genieße ich, wie sie sich entwickelt?[238]

Beim Typus Überordnung und Kontrolle ist im Herbst meiner Beobachtung nach die Abfolge des »Einwinterns« genau festgelegt. Im Frühling gibt es das gleiche Spiel in umgekehrter Reihenfolge.

Gewohnheiten, unhinterfragte Traditionen und selbst auferlegte Pflichten führen dazu, dass sich die Gärten der Nachbarschaft immer mehr gleichen und zur langweiligen Norm werden. Ist ein nachbarlicher Garten allerdings »ungepflegt«, sind die Bäume zu groß und hängt die Hecke auf das Grundstück des Nachbarn, gibt es Ärger. Solche »Naturerscheinungen« werden nicht unbedingt toleriert. Sie gehören »aufgeräumt«, sind Anlass zu manchmal täglichem Ärger. Im schlimmsten Fall führen sie zu Streitereien, die vor Gericht enden. Das passiert öfter, als viele denken.

Auf meinen zahlreichen Reisen fiel mir auf, dass die naturnahen Gärten mehrheitlich in Städten zu finden sind. Im ländlichen Raum herrscht momentan dagegen noch der geordnete und übermäßig gestaltete Garten mit Kurzschnittrasen und eckig in Form gebrachter Hecke vor. Vielleicht wollen sich die Menschen dort von der sie umgebenden Natur abgrenzen und abheben.

Auch golfplatzähnliche Straßenränder mit superkurzem Rasen erlebe ich fast ausschließlich auf dem Land und in Dörfern. In den größeren Städten zieren dagegen inzwischen hohe Blumenwiesen, Brennnesselinseln und Getreidestreifen die Straßenränder. An so mancher Hauswand gedeihen Efeu und anderes Grünzeug. Der Unterschied fällt wirklich auf und könnte nicht größer sein. Zu hoffen ist, dass sich das städtische Vorbild im ländlichen Bereich mehr durchsetzt.

In meinem etwa 700 m² großen »Waldgarten« stehen Bäume, die ich vor vielen Jahren selbst gepflanzt habe. Eine wunderschöne Blutbuche wächst im Zentrum der Wiese, am Rand stehen eine 30-jährige Sommerlinde sowie ein Birnbaum und vor dem Haus eine über 30 m hohe Schwarzpappel.

Da fallen bei starkem Wind oder durch nistende Vögel wie Elstern und Raben immer wieder kleine Zweige und Äste herab. Im Herbst kommt sehr viel Laub hinzu. Mein Naturrasen wird durch die Bäume beschattet, was zu einigen Moosflecken führte. Die erhöhte Feuchtigkeit unter den Bäumen fördert so manche Pflanze, die zu einem perfekten Rasen nicht passt. Das herbstliche Laub reche ich oft erst im Frühling, wenn die Schneedecke verschwunden ist, zusammen. Bis dahin schadet es dem Rasen in keinster Weise, sondern sorgt eher für eine natürliche Düngung, die auch Würmer und andere Bodentiere schätzen. Für manch einen Gartenbesitzer mag das freilich unordentlich und unaufgeräumt aussehen – sicherlich eine Frage der Gewöhnung. Laub in der Dachrinne und Algenbefall an der Hauswand kenne ich auch. Kritisch betrachtet sind hausnahe Bäume eine Herausforderung – nicht nur für den Baum selbst, sondern in erster Linie für den Baumeigentümer.[239]

In vielen Gesprächen ist mir klar geworden, dass viele Gartenbesitzer mit »Alltagssorgen« wie beschrieben kämpfen. Es kann aber entspannend sein, sich einmal in Ruhe die einfache Frage zu stellen: Was ist wertvoller – ein gesunder, großer Baum oder ein stereotyp wirkender Rasen?

Es gibt genug Menschen, die die Vorzüge, die ein Baum im Garten mit sich bringt, kennen und schätzen. Eine Nachbarin schwärmt immer wieder vom »Meeresrauschen«, das die große Schwarzpappel vor meinem Haus erzeugt und sie herrlich schlafen lässt. Ganz nebenbei und absolut kostenfrei schenkt ihr die Pappel noch sauerstoffhaltige und bestens gefilterte Luft. Das ganze Jahr über, verlässlich zu jeder Tages- und Nachtzeit …

Die Bäume auf meinem Grundstück liefern also lebenswichtigen Sauerstoff frei Haus und üben sich voller Demut als natürliche Filteranlagen. Das kommt mir als Hausbesitzer sowie allen Nachbarn zugute. Doch solche Vorzüge nehmen viele nicht wahr. Wird es ihnen mit der Arbeit zu viel, lassen sie den Baum fällen – und vorbei ist es mit der schönen Baumherrlichkeit.

Eine Überlegung dazu mag neu sein, aber umso mehr zum Nachdenken anregen: Ist es abwegig, dass »die Allgemeinheit« den Baumbesitzern für ihre Mühe und Pflege zum Erhalt eine Entschädigung bezahlt – zumindest ab einer bestimmten Größe oder ab einem bestimmten Alter des Baumes? Ich finde die Idee einer Baumabgabe fair, hilft sie doch, dass die Bäume für alle erhalten bleiben. In der Krankenversicherung nennt man so etwas Solidaritätsprinzip. In punkto Baumabgabe gibt es auf beiden Seiten nur Gewinner!

Noch ein Wort aus meinem Alltag. Das leidige Thema einer verstopften Dachrinne konnte ich mithilfe eines findigen Klempners einfach lösen: Er installierte über die gesamte Länge ein nach oben gebogenes Netzgitter. Das Laub fällt jetzt nicht mehr in die Rinne, sondern bleibt auf dem Gitter liegen und wird irgendwann verweht. Oder es fällt gleich auf den Boden. Scheinbar unüberwindliche Probleme lassen sich mit etwas gutem Willen meist leicht lösen …

Der Bestandsbaum

» Zuerst wird aufgeräumt! – Der typische Bauplatz

Soll ein Grundstück mit Bäumen bebaut werden, wird nach derzeit gängiger Praxis erst einmal alles gefällt. Der Automatismus besteht offenbar darin, den Platz vollständig auszuräumen, bevor es mit der Baustelle losgeht. Ein freies Grundstück bietet für die Baumaschinen wie für die Arbeiter maximale Bewegungsmöglichkeiten. Da nun Bauherren, Planer und Architekten normalerweise wissen, dass Naturgrün zum Leben gehört und zum Wohlbefinden beiträgt, setzen sie oftmals nach Beendigung der Bautätigkeit auf der verbleibenden Flächen das ein oder andere zarte Bäumchen.

Leider werden nur selten Baugrundstücke aus einem übergeordneten Blickfeld heraus geplant. Mein Vorschlag: am besten aus der Sicht und dem Anspruch, die bestehenden Bäume möglichst zu bewahren und dementsprechend bei der Planung zu berücksichtigen.

Am Anfang stehen, wie immer, die richtigen Fragen: Welche Bäume müssen zwingend entfernt werden, um die notwendigen Bauarbeiten zu ermöglichen? Und welche könnten verbleiben?

Solche Fragen und Überlegungen üben natürlich einen Einfluss auf die Lage von Neubauten, die Gebäudeform und die Bauarbeiten aus. Ein gelungenes Beispiel für einen grünen Blick auf eine Baustelle ist ein Wohnblock, der an einer stark befahrenen Straße in Hohenems, Vorarlberg, steht. Die ausführende Baufirma Rhomberg ließ die großen Eschen und Ahorne zur Straßenseite hin vorbildlicherweise stehen. Gleich zwei Meter dahinter wurde das Haus errichtet. Die Bauarbeiten waren dadurch zwar nicht einfacher – aber dennoch möglich, wie sich zeigte. Die heute dort lebenden Familien profitieren in mehrfacher Hinsicht davon: durch den grünen Naturschatten, die gute Luft und die Begleitung ihres Alltags in Form einer lichten, verspielten Baumreihe. Ich könnte mir durchaus vorstellen, dass sie sich für den Erhalt der Bäume eingesetzt hatten.

Ein weiteres schönes Beispiel für einen wertschätzenden Umgang mit Bäumen ist der Neubau einer Schule in der Vorarlberger Rheintalgemeinde Lauterach.[240] Die Architekten Feyferlik und Fritzer aus Graz leiteten zusammen mit dem Landschaftsplanungsbüro Topiaria[241] mit Hans Jürgen Kirmse das Projekt. Zum alten Schulgebäude kamen einige neue Klassenräume dazu. Die Gebäudeteile dafür wurden sorgsam zwischen die vorhandenen großen Bäume platziert. Nun beschattet und beschützt eine hohe Blutbuche den neu geschaffenen Schulhof, und andere Bäume, wie beispielsweise eine stattliche Kaukasische Flügelnuss, breiten ihre Kronen über den Schülern und Lehrern in den neuen Klassenzimmern aus (Bild Nr. 50).

Die Umsetzung der ungewöhnlichen Lösung war zunächst nicht einfach. Wie mir der Bürgermeister Elmar Rhomberg bei einem Besuch der Schule berichtete, stieß das Projekt im Ort auf viele Widerstände. Doch gibt die Natur den Planern und Streitern für mehr Grün im Leben recht: Inzwischen sind auf den Flachdächern wunderbare Biotope entstanden mit herrlichen, artenreichen Blumenwiesen und einer Vielzahl an Insekten. Die Schüler dürfen in Begleitung auf die Dächer und dort die Natur direkt über ihren Klassenräumen entdecken. Da wird geforscht, gelernt und gestaunt. Der Bio-Unterricht ist hier lebendiger Teil des Schulalltags. Kann es besser sein?

Insgesamt ist eine enge Lebensgemeinschaft zwischen Mensch und Natur entstanden. So, wie es einmal war – und wie es immer mehr wieder kommen wird. Ich sage das nicht als verblendeter Romantiker, sondern als mitten im Leben stehender Realist, der mit möglichst wachen Sinnen unterwegs ist und nach konkreten, machbaren und sinnvollen Lösungen bestehender Probleme und schädlicher eingefahrener Verhaltensweisen sucht. Was mich dabei besonders freut: Ich habe den Eindruck, ich bin da nicht der Einzige …

» Längst da: der Wandel der Werte

Ein älterer Baum oder gar größerer Baumbestand auf einem Grundstück stellt einen unschätzbaren Wert dar. Die lange Zeitspanne, die ein Baum braucht, um groß und stattlich zu werden, ist selbst unter hohem finanziellem Aufwand kaum »einzukaufen« – auch wenn es heute Möglichkeiten gibt, ältere Bäume zu verpflanzen. Sogar schnell wachsende Bäume benötigen mehr als zehn Jahre, bevor sie einigermaßen groß sind und Schatten spenden können.

Gibt es den Wunsch, einen älteren Baum zu versetzen, muss man eines wissen: Er braucht am neuen, ungewohnten Standort manchmal mehrere Jahre, um sich dort wohlzufühlen, um anzuwachsen und auszutreiben. Bäume, die über 20 Jahre oder älter sind, können nicht nur mit ziemlich viel Geld, sondern auch nur mit Spezialmaschinen und einem riesigen Pflanzballen versetzt werden. Und ob eine solche Aktion am Ende gelingt, ist keineswegs sicher.

In manchen Ländern – ich weiß es vor allem von Südeuropa oder aus den sogenannten »Entwicklungsländern« – sind die Bauvorschriften weniger streng als bei uns. Auch habe ich den Eindruck, dass die Menschen dort in gewisser Weise den Bäumen gegenüber toleranter sind. Oft werden vorhandene Bäume bei einer Neubebauung integriert.

Wieder schlage ich vor, sich Fragen zu stellen, wenn es um neue Ansätze geht: Warum darf ein alter Baum nicht weiterleben und vielleicht sogar durch den Balkon oder durch ein Vordach hindurch- und vorbeiwachsen? Warum darf ein Baum nicht nahe am Haus stehen? Was spricht dagegen, dass er die Einfahrt ziert oder der Mittelpunkt des Grundstücks ist? Warum sollte ein stattlicher Baum im Innenhof von Gebäuden nicht die alles überragende Rolle übernehmen – oder beibehalten? Ist es tatsächlich immer so schwer, einen Neubau um Bestandsbäume herum zu errichten?

Technisch ist heutzutage fast alles möglich und lösbar. Rein finanziell ist der Mehraufwand für den bestehenden Baum meist überschaubar. Denn ein Innenhof etwa, ein anders gestalteter Hausflügel oder eine Einbuchtung ins Haus einzuplanen und umzusetzen, stellen – im Vergleich zu den Gesamtbaukosten – eine geringe Größe dar. Zumindest sollte man das prüfen, abhängig von den eigenen Möglichkeiten und Prioritäten im Leben. In erster Linie geht es um die Haltung und Einstellung gegenüber einem Baum. Es gilt, wie so oft: Wo ein Wille ist, ist auch ein Weg (Bilder Nr. 46 bis 48, 50 und 53).

Was heißt das nun alles konkret? Die Meinung, ein »gefährlicher« Baum bedrohe die Sicherheit des Hauses, ist in vielen Fällen unbegründet oder übertrieben. Die tatsächlichen Schäden an Gebäuden durch Sturm oder Schneelast sind – das zeigen die Versicherungsstatistiken – meist viel niedriger, als man glaubt. Wenn man die Schäden durch Winterstürme, Hagel, Sturm und Überschwemmungen betrachtet, entstehen die meisten Kosten in der Land- und Forstwirtschaft. Im Verhältnis dazu sind Schäden an Gebäuden durch Bäume sehr gering.[242]

Ist ein Baum gesund gewachsen und mit »seinem« Haus alt geworden, gibt es nur selten einen zwingenden Grund, ihn zu fällen. Voraussetzung ist natürlich immer, ihn zu beobachten und brüchige Äste rechtzeitig zu entfernen. Fatal sind laienhafter Baumschnitt oder eine alles regelnde Ordnungswut, die fast immer baumfeindlich und naturfremd sind. Übergeben Sie solche Facharbeiten einem gelernten Baumexperten oder Baumpfleger. Die Kosten dafür lohnen sich.

Es kann nicht oft genug gesagt werden: Sobald jemand in die Baumstatik eingreift und starke – sprich: gesunde – Äste entfernt, verändern sich das Kronengewicht und die Verankerungsstatik der Wurzeln in der Erde. Das ist nicht gut! Ein vielleicht gut gemeinter, aber schlecht durchgeführter Eingriff am Baum hat oft zur Folge, dass anschließend die Gefährdung des danebenstehenden Gebäudes deutlich zunimmt

Ich bin auch der festen Überzeugung, dass eine gelungene Architektur durch Bäume gar nicht verunstaltet werden kann. Bäume sind immer ein Gewinn. Das zeigt sich am besten an jenen Häusern, die kahl, fantasielos und öde ohne einen Bestand an Bäumen dastehen. Wirken sie einladend und freundlich?

Viel zu oft vergessen wir heute die Bedeutung des Schönen, der Ästhetik der Natur, für unser Wohlbefinden: Ein Hausbaum im Wechsel der Jahreszeiten, bei unterschiedlichen Lichteinfällen oder bei unerwarteten Wetterstimmungen schenkt dem Betrachter immer Kraft und Ruhe. Das Erblühen im Frühling, die große Vitalität und Pracht im Sommer, wunderbare Farbenspiele im Herbst und die Veränderungen vieler Bäume auf den nahenden Winter zu – Bäume sind Sinnbild für die ständigen Veränderungen des Lebens an sich. Wie oft haben wir ein Naturkino direkt vor unseren Augen! Schauen muss aber jeder selbst.

Wo immer Sie auch wohnen, ob Sie stolzer Eigenheimbesitzer mit Garten sind oder in einer großen Wohnanlage leben: Bäume gehören zu allen Gebäuden. Der Platz für die grünen Persönlichkeiten mag noch so beengt sein – sie finden immer einen Weg nach oben und zum Licht. Sie spenden uns Freude, Atemluft und die Kraft der Natur. Gibt es bessere Argumente, um etwas zu einem unverzichtbaren Teil seines Lebens zu machen?

Es ist an uns, dafür zu sorgen, dass wieder mehr Bäume im eigenen Umfeld gepflanzt werden und überleben dürfen. Wir müssen aktiv werden, wenn es um den Erhalt eines Baumes geht, uns einmischen. Ob er krank ist oder sogar gefällt werden muss, kann nur ein Fachmann entscheiden und nicht derjenige, der mit einer Kettensäge umzugehen weiß! Baumpfleger verstehen viel vom Wuchs und von der Gesundheit der Gehölze. Sie können sicher abschätzen, wie es einem Baum geht, wie er sich entwickeln wird und was das für die Umgebung bedeutet. Für naturverbundene Zeitgenossen gilt ohnehin: Zu jedem Haus ein Baum!

Der Baum des Erinnerns

» Vom Denken zum Gedenken

Da ein Baumleben oft Hunderte von Jahren währt, werden bei geschützter Lage und entsprechender Pflege Eichen oder Linden durchaus weit über 500 Jahre alt. Ehrwürdige Bäume sind Naturdenkmäler, die weit in die Vergangenheit reichen. Sie sind Sinnbilder für Leben wie für das Überleben. Solche Denkmalbäume, sollte man meinen, nehmen in der Wertschätzung vergangener Ereignisse oder auch besonderer Menschen einen hohen Stellenwert ein. Dem ist leider nur in Ausnahmefällen so. Insofern möchte ich dazu anregen, dass wir uns in Zukunft wesentlich mehr für sie einsetzen.

Derzeit werden in ganz Europa besondere Bäume oftmals nicht mehr unter Naturschutz gestellt. Das überfordere die kommunalen Budgets, so offizielle Aussagen dazu, wie ich etwa in der Stadt Lindau und im Landkreis Schwaben in Bayern erfuhr. Das ist in meinen Augen einfach lächerlich, lassen sich doch leicht viele unsinnige und kostspielige Projekte auflisten, für die offenbar immer ausreichend Geld da ist. Man denke nur an Schilder auf Waldwegen, die anzeigen, dass es in 50 m eine Schranke gibt, und andere Unsinnigkeiten. Wenn es wirklich gewollt wäre, könnten wir sehr gut unserer Verantwortung gegenüber Naturdenkmälern nachkommen. Nicht selten gehören gerade Bäume zu den ältesten uns bekannten »Zeugen« vergangener Zeiten.

Früher war es üblich, zu einem besonderen Anlass einen Baum zu pflanzen: anlässlich der Geburt eines Kindes, einer Hochzeit, eines Todestages, eines Friedensschlusses, einer Siegesfeier oder einer politischen Großtat. Diese schöne Tradition wird heute zwar vereinzelt wieder aufgegriffen. Jeder kennt wahrscheinlich die Bilder aus den Zeitungen, wenn »Offizielle« zur Eröffnung einer Fußgängerzone, zum Gedenken an ein historisches Datum oder aus Anlass eines sportlichen Großereignisses medienwirksam einen Baum pflanzen. Als gelebter und echter Brauch sind solche Gesten jedoch nicht zu bezeichnen.[243]

Mein Anliegen ist, dass wir diese wunderbare Tradition nicht nur aufgrund längst vergangener Zeiten aufgreifen sollten, sondern auch wegen der Zukunft. Das ist für mich der richtige Ansatzpunkt. Dabei kann es sinnvoll und nützlich sein, sich an bewährten Bräuchen zu orientieren.

Rücken wir also Bäume, die im Rahmen des Dorflebens eine besondere, vielleicht sogar prägende Rolle gespielt haben, wieder in den Mittelpunkt des öffentlichen Lebens. In Dörfern und Städten dürfen sie bekannte Plätze schmücken und weithin sichtbar anzeigen, wo beispielsweise ein historisches Ereignis stattfand, ein alter oder neuer Brunnen errichtet ist, eine Begegnungsstätte oder wichtige verkehrstechnische Knotenpunkte zu finden sind.[244]

In einer Nachbargemeinde wurde gerade mit viel Aufwand und Getöse das neue Ortszentrum eröffnet. Bis zur letzten Ecke wurden Steinplatten verlegt, der Übergang von Straße, Platz und Haus sind perfekt versiegelt. Obwohl an Brunnen und Parkplätze gedacht wurde, wurde offenbar kein einziger Baum vorgesehen. Kein Grün, keine Pflanze, nur Grau – und das in Perfektion. Wer stellt sich die Zukunft so vor? Wir wirkt das, gerade an einem heißen Sommer- oder einem grauen Regentag? Dass so etwas noch immer passiert, ist in meinen Augen unverantwortlich!

Zurück zu einem positiven Bild der Zukunft: Auch als Orientierungspunkte in der Landschaft können Bäume eine Gemeindestruktur prägen. Mit den mächtigen Baumwesen verbindet man auf ästhetische Weise wichtige Wegkreuzungen, Kapellen, Aussichtspunkte und andere bedeutende Örtlichkeiten einer Gemarkung. Zu schützen sind sie allerdings bereits in ihren Jugendjahren und nicht erst, wenn sie durch glückliche Fügungen »zufällig« alt werden durften.

Ein gutes Beispiel ist die Linde zu Linn[245] im schweizerischen Aargau. Dieser riesige, rund 700 Jahre alte Baum ist ein äußerst beliebtes Ausflugsziel. Er steht an einem Kreuzungspunkt von Fernwanderwegen in der Nähe der Habsburg. Zahlreiche Legenden ranken sich um diese Linde, die in der Schweiz zu den bekanntesten und wohl am meisten besuchten Bäumen gehört.

Vor einiger Zeit saß ich mit meiner jüngsten Tochter im Schatten dieses beeindruckenden Baums, um uns von einer langen Fahrt zu erholen. Allein waren wir allerdings nicht. Etwa 15 andere Menschen hatten den Baum aufgesucht. Manche lagen auf dem Boden oder saßen auf Bänken in der unmittelbaren Nähe, andere hatten ihre Picknicksachen, beschattet von der Krone, ausgebreitet, wieder andere gingen ihrem Impuls nach, die Borke des riesigen Stammes zu berühren. Alle waren hierhergekommen, um den ehrwürdigen, berühmten Baum zu besuchen, sich mit ihm auf welche Weise auch immer zu verbinden. Er ist und bleibt ein Anziehungspunkt der besonderen Art.

Selbst wenn solche Naturdenkmäler einen gewissen Schutz genießen, erfahre ich von Baumfreunden immer wieder, dass auch sie gefällt werden. Keinen der Gründe, die dafür vorgebracht wurden, kann ich nachvollziehen. Es geht um »Argumente« wie: Weil dadurch die Arbeit mit Landmaschinen eine »entscheidende« Minute schneller geht. Weil ein Baum der Verbreiterung einer Straße im Weg steht. Weil er das Feld darunter beschattet, wodurch der Ertrag sinkt. Oder weil er schlichtweg alt und hohl ist.

Fällaktionen werden nur selten juristisch geahndet und führen zu keiner Bestrafung. Wenn überhaupt, werden sie als Bagatelldelikte eingestuft. Und falls es überhaupt darum geht, einen Schaden zu regulieren, wird dafür der Holzwert herangezogen – der bei einem uralten Baum nun mal gegen null geht! Der Begriff des Kulturwerts wird dabei gar nicht in Betracht gezogen. Angesichts des zerstörten Kulturguts im Sinne eines geschichtlichen und kulturellen Verlusts kann ich in solchen Fällen nur traurig den Kopf schütteln.

Warum immer wieder diese Ignoranz allem Alten, vielleicht auch dem Verehrenswerten gegenüber? Was keinen Profit bringt, wird entsorgt. Die Parallele zu uns selbst ist für mich immer wieder erschreckend. Viele schieben alte Verwandte oder Freunde ins Altersheim ab, werfen achtlos alte Sachen auf den Müll, kümmern sich in keiner Weise um die wahre Geschichte der eigenen Kultur. Das Alte, Vergängliche wird als Belastung empfunden, es macht Mühe, sich damit auseinanderzusetzen.

Gerade weil das heute so ist, sollten wir uns mit Bäumen umgeben, die bis an ihr natürliches Ende leben dürfen. Mein Vorschlag ist:

Das Fällen eines Baumgreises ist als ein schweres Delikt einzustufen und demnach auch als Verbrechen zu ahnden. Kann das der Stellenwert unserer Kultur sein, dass jemand, der – aus welchen Gründen auch immer – einen Geldbetrag entwendet, verfolgt und bestraft wird, wohingegen die Tat eines Baumfrevlers, der ein geschütztes Lebewesen auslöscht, nicht unter Strafe gestellt wird? Darf es sein, dass es »unkommentiert« bleibt, wenn jemand einen jahrhundertealten Zeugen geschichtlicher und kultureller Ereignisse vernichtet?

Wir brauchen ein Umdenken. Mehr denn je ist es an der Zeit, dass wir jede Form von Leben wertschätzen, das heißt den Wert des Lebens schätzen. Gerade bei alten Bäumen wird der Wert für uns vielleicht am deutlichsten: Sie sind über Generationen hinweg treue Botschafter von Nachrichten, die von unseren Vorfahren stammen – und reichen auch die Zeichen unserer Zeit an unsere Nachfahren weiter. Diese Denk-Mäler zu erhalten ist eine verantwortungsvolle, eine sinnvolle Aufgabe. Unsere Vorfahren hatten dafür offenbar ein Gespür, sonst könnten wir uns heute an den verbliebenen uralten Bäumen nicht erfreuen, sie befühlen und bestaunen.

Wie leiten wir eine Tradition ein? Auf dem Weg der Bürokratie, der toten Verordnungen auf dem Papier, wird das wohl nicht gelingen. Es muss aus uns selbst heraus kommen, aus Menschen, die sich mit den Bäumen verbunden fühlen. Wem das ein Bedürfnis ist, wird auch andere sensibilisieren und sie animieren, sich für Baumdenkmäler einzusetzen. Eine weitere Option ist, in Städten und für die Region die Funktion von »Baumverantwortlichen« einzurichten. Diese sind der Land- und Forstwirtschaft übergeordnet und kümmern sich um die Einzelbäume der Gegend.

Schaffen wir also Werte aus uns selbst heraus. Leben wir eine Haltung vor, seien wir gutes Beispiel. Wir müssen uns für die Bäume, die uns halten, ernähren und gute Luft schenken, einsetzen. Bäume für Menschen – Menschen für Bäume.

7 › Waldesruhe

Ort der Stille, Ort des Friedens

» Neue Riten und Bräuche

Religionen prägen den Totenkult seit jeher. Religiöse Einstellungen bestimmen wesentlich mit, wie die letzte Ruhestätte für Verstorbene auszusehen hat. Im vorwiegend christlich geprägten Europa ist es üblich, die Menschen auf Friedhöfen zu bestatten. Dafür gibt es vielfältige und überzeugende Gründe. Friedhöfe sind Orte der Ruhe und Ordnung sowie der Andacht und des Gebets. Sie sind zumeist historisch gewachsen, liegen entweder bei einer Kirche oder in der Nähe und zeigen ein bleibendes äußeres Erscheinungsbild. Regionale Unterschiede spielen dabei durchaus eine Rolle.

Moderne Phänomene wie schleichende Vergiftung der Natur, Siedlungsdruck in Ballungsgebieten und steigende Immobilienpreise machen auch vor den letzten Ruhestätten nicht Halt. Die zentrale Lage traditioneller Dorf- und Stadtfriedhöfe hat immer wieder durch die Verwesungsgifte zu starken Belastungen des Grundwassers geführt.

Das hatte zuweilen ein Verbot der Wasserentnahme zur Folge. Gerade heutzutage befinden sich Friedhöfe in – stadtplanerisch betrachtet – sehr wertvollen Lagen. Es gibt oftmals eine vorgeschriebene, klare Ordnung, einen Zwang zu blank polierten edlen Grabsteinen und die »Tradition«, wuchernde Stauden, Sträucher und Hecken jährlich exakt zurückzuschneiden oder mancherorts gar nicht erst zu erlauben.

Dazu ein Beispiel. In Hohenems (Vorarlberg), wo meine Familie begraben ist, werden alle Hecken und Sträucher zur Straße hin jährlich auf exakt 140 cm zurückgeschnitten. Dadurch ist der Friedhof auch von der vorbeiführenden Straße aus gut einzusehen. Wollen also Trauernde zur Straße schauen oder von dort aus beobachtet werden? Ich konnte bisher nicht herausfinden, wozu das gut sein soll. Vielleicht ein eingespielter Automatismus der Friedhofsgärtner? Offenbar darf auf diesem Friedhof mit seinen drei Bäumen kein weiterer angepflanzt werden, auch wenn es dafür ausreichend Platz gibt. Gemäht wird zwölf Mal im Jahr. Alles sieht »sauber« aus – in meinen Augen irgendwie »passend«, nämlich traurig.

Das mag – neben der Abwendung vieler Menschen von religiösen Dogmen und Vorschriften durch institutionalisierte Religionsgemeinschaften – dazu geführt haben, dass in den letzten Jahren neue Formen der Bestattung entstanden sind. Zum einen gibt es immer mehr Park- und Waldfriedhöfe, bei denen sich die Natur, samt hoher Bäume und dichtem Strauchwerk, mehr oder weniger selbst entwickeln darf. Die Welt der Bäume überschirmt schützend und bergend Grabstätten wie Wege und lädt die Besucher ein, sich in einer waldähnlichen Atmosphäre zu bewegen oder sogar zu verweilen. Nach wie vor handelt es sich hier um religiöse Orte, die dem Besuch der Verstorbenen und der Verbindung mit ihnen dienen.

Auch an solchen naturbelassenen Orten gibt es Regeln. Auf Waldfriedhöfen läuft die Naturbestattung in geordneten Bahnen ab – wenngleich sie sich auch von traditionellen Riten löst. Frei von religiös institutionalisierten Gebräuchen richten die Angehörigen und Freunde des Verstorbenen in der Natur die letzte Ruhestätte für die Asche ein. Das können Bergwiesen, Felsen und Höhlen sein, selbst auf Gletscher und auf offener See darf bestattet und die Asche verstreut werden. Eine besondere Form ist die Urnenbeisetzung unter persönlich ausgewählten Bäumen im Wald.

Seit November 2001 gibt es mit dem Reinhardswald[246] bei Kassel den ersten Bestattungswald in Deutschland. Dieser Wald, bekannt für seinen alten, märchenhaften Baumbestand, bietet sich für diese Art der Bestattung geradezu an. Die Firma FriedWald, als Franchisegeber zuvor in der Schweiz gegründet, konnte wenig später Baumbestattungen in ganz Deutschland anbieten.

»Ein Waldfriedhof bietet Menschen einen Bestattungsort, an dem sie sich schon zu Lebzeiten wohlfühlen: den Wald.« So heißt es heute im informativen Faltblatt des Betreibers einer Waldbestattungsfirma. Was liegt näher, als sich gerade im Tod mit der Natur auf immer und ewig zu verbinden?

Da der Wald die Urform unserer Landschaft ist und wir Teil der Natur sind, liegt es mehr als nahe, sich für die letzte Ruhestätte diese Umgebung aufzusuchen. Gerade das Leben der Bäume, ihre starke Verwurzelung, ihre innige Verbindung mit der Erde, hat mit uns und einer tiefen Sehnsucht in uns sehr viel gemeinsam – ebenso wie der Zyklus des Geborenwerdens und Sterbens. Das geht über das Symbolische weit hinaus.

Die Asche eines Verstorbenen befindet sich in einer Urne, die sich in der Tiefe und Geborgenheit der Erde in Ruhe auflösen darf – der gleichen Erde, in der die Bäume Wurzeln schlagen, aus der sie Nahrung und Nährstoffe beziehen. Auf diese Weise wird die Asche Teil eines anderen Wesens. Sie lebt gewissermaßen im Baum weiter. Dieser Brauch der Bestattung unter Bäumen ist nicht neu, sondern uralt. Heute wird er wieder Teil unserer Kultur. Für manche mag er noch neu sein, so wie auch der Gedanke, im Wald bestattet zu werden. Doch entdecken ihn immer mehr Menschen. Er wird meiner Einschätzung nach sicherlich an Bedeutung gewinnen.

Für mich persönlich ist die Wahl der letzten Ruhestätte unter einem großen alten Baum, verbunden mit dem Kreislauf der Natur, am stimmigsten. Letztlich ist eine solche Grabstätte auch ein Garant dafür, dass der den Toten begleitende Baum noch viele Jahrzehnte weiterlebt. Er schützt den Toten, der Tote schützt ihn. Gibt es ein schöneres Bild für Verbundenheit? Und für die Angehörigen und Freunde weist der »Totenbaum« gleich einem lebenden Wegkreuz weithin sichtbar auf die letzte Ruhestätte hin.

Der Begleitbaum des Verstorbenen ist ein lebender Organismus, der mit großer Geduld und langem Atem in die Zukunft weist. Er ist wie jeder Baum ein lebendes Wesen, das mit seinen Strömen im Stamm zu einem gesunden Austausch zwischen der Luft des Himmels und der Tiefe der Erde beiträgt und – für viele wahrnehmbar und spürbar – eine besondere Energie ausströmt. Er signalisiert uns: Das Leben endet zwar irgendwann, geht aber auch irgendwie weiter. Für den Baum gilt das in gleicher Weise wie für uns.

Wenn wir uns dieses Naturgesetz bewusst machen, sind wir (wieder) Teil der Natur. Im Wald wird uns dieses Bewusstsein am klarsten und intensivsten vermittelt.

» Friedenswälder gestalten

In den letzten 15 Jahren hat sich sehr viel getan. In dieser Zeit sind allein in Deutschland rund hundert Friedenswälder entstanden, und es werden jährlich mehr. Das spricht sich herum. Ein Wald als letzte Ruhestätte erfüllt dabei bestimmte Voraussetzungen. Am Beispiel des FriedWaldes Heiligenberg, unweit des Bodensees gelegen, möchte ich das erläutern (Bild Nr. 58).

Die ehemalige Wirtschaftswaldfläche aus vornehmlich Buchen- und Buchenmischwald wurde noch bis vor einigen Jahren auf traditionelle Weise bewirtschaftet. Da es sich um keinen naturnahen Plenterwald handelte, in dem es Bäume unterschiedlichen Alters gibt und die Naturverjüngung laufend stattfindet (Bild Nr. 58), stand wohl die Idee im Raum, noch eine Gesamternte durchzuführen. Die wäre demnach für die nächsten 70 bis 100 Jahre die letzte gewesen. Denn so lange braucht es, damit sich abermals stattliche Bäume entwickeln.

Mit anderen Worten: Der besagte Wald hätte auf lange Zeit so gut wie keinen Ertrag erbracht. Außerdem war der Wildbestand sehr hoch, so dass der natürliche Nachwuchs der Jungbäume – Waldbegründung – gar nicht möglich gewesen wäre.

In dieser Zeit, als die Gedanken über die zukünftige Nutzung hin und her gingen, kam auch das damals neue Konzept des Friedenswaldes ins Spiel. Damit war die sinnvolle Zukunftsnutzung denkbar, den Wald mit seinen Altbäumen weitgehend so zu belassen, wie er war. Gerade die verwachsenen Altbäume waren für eine rentable Holznutzung ohnehin kaum interessant.

Nachdem die Waldbesitzer vom Konzept einer Waldbestattung überzeugt waren, ließen sie Pfade, daneben auch Wege und Forststraßen, anlegen. Für die Sicherheit auf den Wegen und Straßen ist der jeweilige Waldbesitzer verantwortlich, die Benutzung der kleinen Pfade liegt allerdings im Verantwortungsbereich der Besucher.

Die Waldpfade führen zu mehr oder weniger großen Bäumen, die mit Bändern markiert sind. Im Umkreis, etwa drei Meter vom Stamm entfernt, können die Urnen mit der Asche der Verstorbenen in 80 Zentimeter Tiefe im Waldboden versenkt werden. Am Baum wird eine Plakette mit den Namen des Toten angebracht sowie eine Nummer, die auf einem Waldplan und auch per GPS zu finden ist.

Je nach Baum und Standort sind Einzelbestattungen möglich, was mehr kostet. Es gibt daneben Familien-, Freundes- oder Kinderbäume. Je nach Wunsch und finanziellen Möglichkeiten stehen also verschiedene Varianten der Baumbestattung zur Auswahl. Mehr als zehn Urnen pro Baum werden jedoch nicht beigesetzt: für die gesamte Vertragsdauer von 60 bis 90 Jahren oder für das gesamte Baumleben, je nach Anbieter. Nach der Urnenbestattung übernimmt die weiteren »Aufgaben« die Natur. Mit der Zeit verschwinden die Grabstätten unter dem Laub oder den Bodenpflanzen. Sie werden Teil der lebenden Waldnatur.

Bei einem Besuch dieses Waldes – begleitet von regem Vogelgezwitscher – fielen mir etliche Altbäume mit Namensplaketten auf: allerdings ohne Jahreszahl. Offenbar suchten sich bereits zahlreiche Interessierte »ihren« Baum für die letzte Ruhestätte aus und ließen ihn für sich reservieren. Für mich ist das eine nachvollziehbare und bemerkenswerte Art und Weise, in die Zukunft zu denken.

Auf der aus Altbäumen und Jungwald bestehenden Waldfläche ist die Jagd übrigens nicht ausgeschlossen. Mancherorts – wie in Heiligenberg – ist sie sogar dringend nötig. Denn einige der neu gepflanzten jungen Linden und Eichen wurden bereits Opfer von fegenden Rehböcken.

Für Bestattung unter Bäumen eignet sich ein Mischwald am besten. Laub- und Nadelgehölze sind nicht nur in ihrer Form, ihrem Aussehen, ihrer Stamm- und Rindenbildung unterschiedlich, sondern sie sprechen auch unterschiedliche Bedürfnisse und Vorstellungen an. So kann man sich, passend zu seinem Wesen, seinen »eigenen«, dem Lebenslauf vielleicht am besten entsprechenden Wunschbaum auswählen. Auch Hinterbliebene können diese Aufgabe im Sinn und in Erinnerung an den Verstorbenen übernehmen. Letztlich drückt der Standort des Baumes – wie natürlich auch der jeweilige Baum selbst – im Wald ebenso sehr viel aus. So kündet ein Friedbaum lange Zeit vom Verstorbenen – als Botschafter des unter ihm begrabenen Menschen.

» Ein Blick in die Zukunft

Besuche am Waldgrab finden anfangs aus Gründen der Verbindung mit dem Verstorbenen statt, manchmal vielleicht auch als letzte Pflichterfüllung. Doch ändert sich das oftmals mit der Zeit. Der Gang zum Gedenkbaum kann zu einem besonderen Ausflug in den Wald werden. Seele, Geist und Körper öffnen sich für neue Eindrücke, die Verbindung zur Natur wird intensiver. Trauer um einen Verstorbenen und ein besonderes Naturerlebnis schließen sich nicht aus – sie ergänzen sich vielmehr in idealer Weise. Das seelische Wohlbefinden nimmt durch beide Erlebensebenen zu.

Friedenswälder sind ganz besondere Waldflächen, die für lange Zeit bestehen. Neben ihrer romantisch seelischen sowie ästhetischen Qualität üben solch naturnahe Wälder eine besonders förderliche Wirkung auf uns aus: Ruhe und neue Kraft kehren ein. Sie sind heilsame Orte für Trauernde und andere Besucher.[247–251]

Bei einem neuen Friedhofswaldprojekt, das ich als Berater und Fotograf begleiten und dokumentieren werde, verständigten sich der Waldbesitzer und die Vertreter der nahe gelegenen Stadt darauf, dass der künftige Friedenswald ebenfalls als Walderholungsgebiet nutzbar ist. In gemeinsamer Planung werden Wege und Rastplätze angelegt und Bänke aufgestellt, um allen Besuchern das längere Verweilen zu ermöglichen und möglichst angenehm zu machen. Plan ist noch, eine Anfahrt und einen Parkplatz zu schaffen, von wo aus dann einige Wege in verschiedene Richtungen führen.

Auch schwebt den Betreibern ein Haus der Andacht vor, von dem aus es einen beeindruckenden Blick über den Wald gibt. Zum Angebot gehört es, im Winter die Hauptwege schneefrei zu halten, um Besuche am Grab, aber auch das Wandern im Winterwald zu ermöglichen. Ausnahme: starker Sturm oder große Schneelast auf den Bäumen. Unter derartigen Umständen ist ein Waldbesuch ohnehin nicht zu empfehlen, da zu gefährlich.

Viele »gewinnen« durch solche Projekte – doch ist der Wald der eigentliche Gewinner. Da keine intensive Holznutzung mehr stattfindet und die Regeln für einen Wirtschaftswald nicht gelten, wird immer nur dann eingegriffen, wenn es dringend nötig ist. Ziel und Regel Nummer eins ist, die Bäume zu erhalten und sie so zu pflegen, dass sie alt werden können. Auch Tot- und Moderholz gehören dazu. In natürlich entstehenden Lücken achten die Waldpfleger auf die notwendige Naturverjüngung, wobei standortbeheimatete Baumarten bevorzugt werden. Im Lauf der Zeit »erwächst sich« ein solcher Wald immer mehr das wunderbare Aussehen und Gepräge eines naturnahen Altwaldes – und gleicht mit seiner Artenvielfalt und mächtigen Baumriesen fast einem Urwald.

Der Wildbestand ist gerade in einem Friedenswald regelmäßig zu kontrollieren. Denn nicht nur alte, sondern auch junge Bäume werden als Grabbäume ausgesucht. Annäherungen durch Pflanzenfresser sind da mehr als unerwünscht.

Mir ist es wichtig, Waldbesitzer auf diese Art der Waldnutzung aufmerksam zu machen und sie dafür zu gewinnen. Falls Ihr Wald die erwähnten Voraussetzungen erfüllt, empfehle ich, einen bestehenden Friedenswald zu besuchen, um sich ein konkretes Bild zu machen. Es ist sicherlich sinnvoll, mit einem der Betreiber in Kontakt zu treten.[252–256] In der Regel gibt es attraktive wirtschaftliche Gründe, die eigene Waldfläche als Friedenswald umzugestalten. Ein solches Projekt ist zukunftssicher und birgt nur geringe Risiken, die Kosten sind überschaubar. Auf lange Sicht kann das eine gute Einkommensquelle sein. Ganz von selbst bleibt der Wald aufgrund vieler Altbäume gesund und junge Bäume wachsen in Ruhe nach.

Die Vorteile liegen auf Ihrer Seite: Sie bieten eine geschützte Waldfläche an und gehen dabei lediglich die Verpflichtung ein, Natur mit überschaubarem Aufwand zu erhalten und zu pflegen. Das ist ein Einkommen aus Waldbesitz, ohne dafür auch nur einen Baum fällen zu müssen. Sie brauchen also keine Forstmaschinen, müssen keine Waldarbeiter oder Aufforstungsmaßnahmen bezahlen.

Wie sieht unsere Zukunft aus? Ich sehe überall Friedenswälder als Orte der Ruhe, Besinnung und Verbindung: durchaus auch auf ehemaligen Ackerflächen mitten in Ballungszentren, bis in die Täler der Alpen und auf die Inseln der Nord- und Ostsee. Wer seine bestehende Waldfläche zu einem Friedenswald umgestaltet, kann dafür sogar – unter bestimmten Voraussetzungen – eine Art Ausgleichsgeld von der örtlichen Gemeinde bekommen, falls geplant ist, an anderen Orten Bäume zu fällen, die nachgepflanzt werden müssten. Einen solchen vorgeschriebenen Baumersatz bietet der auf Dauer bestehen bleibende Waldbestand.

Bestattungswälder sorgen im wahrsten Sinn des Wortes für die Hinterbliebenen: Denn da sie oft Teil eines größeren, wirtschaftlich genutzten Waldgebietes sind, wird sich die in ihnen geschützte, herrschende Artenvielfalt dorthin ausbreiten. Auf diese Weise tragen sie mit dazu bei, das Ökosystem Erde zu stabilisieren.

Als ganz besondere Waldungen sind sie in Land- und Wanderkarten als Erholungsgebiete ausgewiesen. Lärm, Sportveranstaltungen und andere störende Faktoren haben in unmittelbarer Nähe nichts zu suchen. Für manche mag das eine Einschränkung sein, vom großen Ganzen aus betrachtet kommt das aber uns allen zugute, die wir heutzutage in Mitteleuropa unter permanentem Lärmdruck stehen, der unsere Gesundheit belastet (siehe Seite 156). Die Betreiber nahe gelegener Beherbergungen wiederum mögen sich freuen, werden Ruhe- und Friedenswälder zukünftig als Oasen der Besinnung und Entschleunigung begehrte Ausflugsziele sein.

Ich persönlich kann mir sehr gut vorstellen, dass die Zeremonien des Abschieds von einem Verstorbenen auf einer eigens angelegten, atmosphärisch passenden Freifläche stattfinden. Eine besonders gelegene Erhöhung, eine schöne, Frieden ausstrahlende Waldlichtung oder eine Kraft und Stärke verleihende Felsformation laden zu gemeinsamer Besinnung ein und machen den Abschied erträglicher. Auch lassen sie sich für andere respektvolle Rituale in der Natur nutzen. Dazu mehr im folgenden Kapitel.

Heilige Hallen, Haine, Kraftorte

» Vom Alten lernen

In den meisten Kulturen und Religionen spielen Bäume und Wälder eine herausragende Rolle. In ihnen sahen unsere Vorfahren Geistwesen und weihten sie ihren Göttern. In ganz Europa war vor allem das Wissen der Kelten und Germanen weithin bekannt. Druiden, Schamanen, Priesterinnen und Priester lehrten die Stämme und Gemeinschaften die Achtung vor Bäumen.

Vor allem in den Eiben, Eichen und Eschen wurde das Geistige als verkörpert wahrgenommen. Der berühmte germanische Weltenbaum Yggdrasil steht für diese Lebenshaltung.[257] Nach übereinstimmenden neuen Erkenntnissen war er eher eine Eibe als die bislang oft zitierte Esche.[258] Letzten Endes spielt das keine Rolle, steht der Weltenbaum in erster Linie doch für den Baum als solchen als für eine Baumart im naturwissenschaftlichen Sinn. Der Baumkreis der Kelten ist ein anderes Beispiel für eine Lebensweise der Naturverehrung. In ihm sind bestimmte Bäume dem Jahresverlauf zugeordnet.[259]

Es ist bekannt und begeistert heutzutage immer mehr Menschen unserer Kultur, dass die Alten viele Rituale und Bräuche über Jahrhunderte hinweg in Wäldern abhielten. Altäre, Opfer- und Richtstätten, Begräbniskulte fanden an Kraft- und Thingplätzen statt, die meist in den ehrwürdigen Hallen der heimischen Urwälder gelegen waren.

Als sich dann das katholische Christentum über Europa ausbreitete, wurden die heiligen Bäume der Germanen zum Feindbild erklärt. Bonifatius und Karl der Große ließen die meisten europäischen Alteichen fällen, da diese den heidnischen Gottheiten geweiht waren. Bonifatius legte dabei der Legende nach sogar selbst Hand an, um zu zeigen, dass der christliche Gott den heidnischen Göttern überlegen war. Das Beispiel zeigt vielleicht am besten, wie weit sich so mancher »Kämpfer für den rechten Glauben« vom eigentlichen Gott entfernt, hat doch gerade das eigentliche Christentum in keinster Weise etwas mit Macht und der Demonstration von Macht zu tun.

Die Katholiken griffen viele alte heidnische Bräuche und Kulte auf und übernahmen sie in veränderter Form. Allerdings zogen sie der ehemals heiligen Eichen eher die Linde vor. Sie pflanzten also gerade an Kultstätten neue Lindenbäume und damit eine Baumart, die sehr alt werden kann: ein Zeichen für Unsterblichkeit und Überlebenskraft. Die Linde steht für das katholische Christentum wie kein anderer Baum.

Auch die Eibe kam dabei gut davon. Viele Bäume wurden neu gepflanzt. Die mit dem immerwährenden Leben verbundenen Bäume stehen seit jeher an Kraftorten und Kultplätzen, so bei Kirchen und Klöstern oder auf Friedhöfen. Die Eibe besitzt eine aufgrund ihrer immer neuen Triebe, Adventivwurzeln und Stammbildungen eine unglaubliche Regenerationskraft und zählt zu den ältesten Bäumen überhaupt. Manche sind an die 3000 Jahre alt. Als Sinnbild für ewiges Leben stehen Eiben auf vielen Friedhöfen, gerade in Frankreich und Südengland. Einer von Österreichs ältesten Bäumen ist eine etwa 1000-jährige Eibe direkt an der Friedhofskapelle in Tosters, Vorarlberg, einem weithin sichtbaren Kraftplatz.

Buchenwälder spielten als heidnische Opferplätze und Kraftorte eine bedeutende Rolle. So fanden dann im Mittelalter tatsächlich über lange Zeit hinweg im Schatten der Baumriesen Messen und andere kultische Handlungen statt. Bekannt ist die Vermutung, dass sich die Baumeister der Gotik von der Größe und Optik alter Buchen inspirieren ließen, als sie ihre Kirchen bauten. Nicht von ungefähr ähneln die hohen Säulen sowie die ausästelnden Deckengewölbe dem Kronendach des Buchenwaldes.

Insofern fanden die Bäume Eingang in überragende zeitlose Bauwerke wie die gotischen Kirchen – aller Zerstörungswut früherer Missionare zum Trotz. Sie wirken beschützend und einladend zugleich, obwohl sie sehr hoch sind und manchmal ein gigantisches Ausmaß besitzen. Kommt das daher, da in unserem kollektiven Gedächtnis der Buchenwald, der uns Jahrtausende begleitet hat, tief verankert ist? Jedenfalls ist ein gleichzeitiges Gefühl von Geborgenheit und geistig-seelischem Aufstreben – ob bewusst oder unterbewusst – beim Besuch gotischer Kathedralen allgegenwärtig.

» Der Wald: Ort der Spiritualität und Versenkung

Immer mehr Menschen besinnen sich heute auf alte Naturreligionen zurück. Sie setzen sich auseinander mit dem Wissen über die Kräfte der Natur. Es entsteht eine Sehnsucht danach, Waldflächen zu finden oder zu schaffen, auf denen intensive Erlebnisse mit Bäumen möglich sind. Die gewachsene Natur ist und bleibt ein Ort, an dem besondere spirituelle Erfahrungen stattfinden können.

Das Schöne ist: Naturverehrung schließt keine Art des Glaubens und der Religiosität aus, sondern kann religiöse Empfindungen sogar noch verstärken und verbindend wirken. Meiner Meinung nach ist nur jene Religion eine wahre, die die Natur als Werk der göttlichen Schöpfung achtet und schützt. Insofern ist die gesunde Natur seit jeher der Boden aller Weisheit: Das kommt im indianischen Wissen genauso zum Ausdruck wie bei den Riten keltischer Druiden, germanischer Priesterinnen oder sibirischer Schamanen, bei den urchristlichen Strömungen wie den Katharern oder Templern kann man es ebenso finden wie im Katholizismus, wenn man beispielsweise an die

Lebenshaltung des heiligen Franziskus denkt. Die Bewusstwerdung, dass wir untrennbar mit der Natur verbunden sind, ist – vollkommen überkonfessionell – wirklich und wahr.[260–262]

Mein Vorschlag ist, dem heute in undogmatischer Weise Rechnung zu tragen. Was spricht dagegen, sich dafür einzusetzen, zeitgemäße naturnahe Kultorte in Waldungen zu schaffen? Dafür braucht es gar nicht so viel, wie man vielleicht denkt.

Ein mit standortbeheimateten Baumarten besiedeltes Waldgebiet ist die Voraussetzung. Darin lassen sich, je nach Anspruch und Vorstellung, neue Waldräume mit besonderen Kraftorten schaffen und gestalten. Hier können sich Menschen mit verschiedensten Bedürfnissen und Sehnsüchten treffen: um sich zu erholen und Kraft zu tanken, inspirieren zu lassen, auszutauschen. Die Gestaltung ergibt sich durch den natürlichen Stand der Bäume, durch freie Flächen und Waldschneisen, durch Felsen, moorähnliche Vertiefungen, Seen und Bäche. Bestimmte Orte gezielt zu verbinden, ist dem Gespür des Gestalters überlassen. Jedenfalls wird dadurch die kräftigende und natürliche Wirkung zunehmen. An manchen Stellen gibt es vielleicht bereits – wie in den einstigen heiligen Hallen – hohe Buchen, die sich weit oben im Kronendach zusammenschließen. Eine überragende Waldkathedrale wird sicher alle Besucher in ihren Bann ziehen.

In einem alten Fichtenwald des Laternsertals, auf 1400 m nahe dem Furkapass, entdeckte ich auf einer Wanderung einen Steinkreis, der offenbar bewusst an einem besonderen Platz errichtet worden war. Dass er nicht historischen Ursprungs ist, konnte ich unschwer erkennen. Der Ort, eine kleine Ebene in Form einer Lichtung inmitten knorriger und stark beasteter Fichtengreise, wurde genau gewählt. Aus irgendeinem Grund wuchsen dort keine Bäume. Für mich ist das ein Platz mit spürbarer, tiefer Wirkung. Ein kleiner Pfad führt von der Forststraße zu ihm hin. Offenbar kommen immer wieder gezielt Menschen an diesen einzigartigen Ort.

Immer wieder traf ich bei meinen ausgedehnten Wanderungen und Erkundungen in Fichten- und Zirbenwäldern auf Lichtungen mit besonderer Ausstrahlung. Sie würden sich hervorragend für Riten und festliche Feiern sowie als Orte der Andacht eignen. Stellen Sie sich einen nach Harz duftenden Lärchenwald vor. Der gepolsterte Waldboden lädt dazu ein, Platz zu nehmen, zu sitzen oder zu liegen, sich der Ruhe und Energie des Waldes hinzugeben. Der Blick wird automatisch nach oben in die wogenden, federnden Wipfel der Baumriesen geführt. Dort darf er schweifen …

Einen solchen Waldplatz habe ich in einem Lärchenwald bei Täsch im Wallis in einem Schweizer Alpental entdeckt. Es führt nach Zermatt zum Fuß des Matterhorns. Abseits des Wanderwegs öffnet sich unvermittelt die baumfreie Fläche, die von stattlichen Lärchen umringt wird. Im Lichtkegel der Sonne stand damals eine Blumenwiese, der Duft von Harz und süßen Kräutern durchzog die frische Bergwaldluft. Ich musste einfach bleiben, verweilen, den friedlichen, energiereichen Ort genießen. Erst nach einer ganzen Weile setzte ich, gestärkt und erholt, meine Wanderung fort. Wie schön wäre es, wenn es solche Plätze in jedem Waldgebiet gäbe!

» Kraftorte als Mittelpunkt des Waldes

Heilige Hallen, Kraftorte, Waldenergien, Steinkreise, Lichtstellen, Kraftfelder: Aus welchen Gründen auch immer sich Menschen im Wald aufhalten und dort zur Ruhe kommen, Energie tanken und Erholung finden, bleibt der individuellen Selbstbestimmung überlassen. Doch trotz dem wir alle freie Individuen sein sollen: Wir stammen von der Natur ab und die meisten Menschen fühlen sich in ihr am wohlsten und geborgen.

Wie beim Thema Waldfriedhöfe ist der »Bedarf nach echter Natur« enorm. Diese Entwicklung steht meiner Einschätzung nach erst am Anfang. Bald schon wird manch Waldbesitzer seinen Wald mit jemandem besuchen, der ein ausgeprägtes Gefühl für stimmige Plätze und ein Gespür für Kraftorte besitzt. Falls es ihm selbst nicht gelingt, die schönsten und wirkungsvollsten Waldplätze zu verorten, kann er sich diese Hilfe holen. Orte der Energie sind seit jeher bekannt. Wir hören von ihnen als Pilgerplätze, heilige Haine, Thingplätze oder Orte von Marienerscheinungen.

Ihre Erscheinungsform ist nicht einheitlich. Es kann sich um eine erhabene Steinformation handeln, einen Felsendom oder eine Höhle, einen erhöhten Bereich im Wald, an dem andere Bäume als in der Umgebung wachsen, eine Fläche, auf der die Bäume verdreht wachsen, eine Lichtung, die aus unerklärlichen Gründen nie zuwächst. Zunächst geht es also darum, solche Orte ausfindig zu machen. Dann bekommen sie einen Namen. Pfade, Wege und Forststraßen bilden das Wegenetz dorthin, vielleicht braucht es auch einen Parkplatz. Eine Beschilderung hilft, um sich zu orientieren – je nachdem, wie »öffentlich« ein Waldbesitzer seine »heiligen Plätze« machen möchte.

Der Zugang zu besonderen Orten kostet einen Obolus, gab es doch Investitionen, um den Wald der Kraftorte erst einmal zu gestalten, und Pflegemaßnahmen fallen auch immer an. Die Kosten dafür könnten beispielsweise in Form eines Eintrittsgelds, eines Jahres- oder Mitgliedsbeitrags erhoben werden. Jeder kann sich frei entscheiden, in welcher Form er das jeweilige Angebot nutzen möchte und vielleicht auch – je nach Haltung des Waldbesitzers –, wie viel er dafür zu zahlen bereit ist. Ein Waldbesitzer wird wahrscheinlich kein Interesse daran haben, dass die besonderen Orte touristisch zu stark frequentiert werden, denn ein zu großer Zulauf könnte die Waldruhe stören und dem Wald schaden. Auch hier sind viele Möglichkeiten denkbar. Individuelle, kreative Lösungen sind das Maß der Dinge.

Besondere Waldplätze erfüllen eine große Zukunftsaufgabe: Sie dienen der Naturerfahrung, sensibilisieren für den Wert des Waldes sowie für die gesundheitsfördernde Wirkungen naturnaher Räume und fördern die Toleranz und Liebe zur Natur. Um zukunftsfähig zu sein, brauchen wir ein echtes, ehrliches Verständnis für die Belange der Natur. Unabhängig von Prägungen, Religion und Konvention und vor allem jenseits von rein wirtschaftlichen Interessen müssen wir der Natur mit Achtung und Sorgfalt begegnen und sie entsprechend behandeln. Die Weisen wussten das seit jeher – heute kann es jeder wissen.

»Pflanze einen Baum, mein Freund, und lass Dich mahnen,
Pflanze einen Wald, wenn Du es irgend kannst,
Frag nicht, wer dereinst in seinem Schatten tanzt,
Bedenke nur, es haben Deine Ahnen, die Dich nicht kannten,
Auch für Dich gepflanzt.«

Nach einem Text des Nobelpreisträgers *Rabindranath Tagore*

Eine typische Stadt heute: am Beispiel Frankfurt / Main

Frankfurt heute: Vorherrschende Oberflächen sind Glas, Metall und Beton, was Hitze speichert oder abstrahlt und Wasser schnell ableitet. Die Stadt heizt sich im Sommer sehr schnell auf. Die Luft ist ungefiltert und feinstaubbelastet, die Lebensqualität ist sicherlich nicht optimal.

Die Vision: So könnte Frankfurt
in etwa 20 Jahren aussehen …

Frankfurt im Jahr 2040. Dachgärten, grüne Fassaden, Baumparkplätze, Naturparks bestimmen das Bild. Das Leben mit und in der Natur mitten in der Stadt hat eine vollkommen neue und gesundheitsfördernde Qualität erreicht.

Projekte und Beispiele für Alleen

1 | Landallee in Mecklenburg-Vorpommern (D): Weithin sichtbare Orientierung, Windschutzgürtel für die landwirtschaftlichen Flächen und vor allem beschattete und beschützte Verkehrsfläche (s. Seiten 36 bis 41).

2 | Wanderbaumallee in München (D): 15 Bäume werden in baumlose Straßenzüge gefahren und einige Wochen aufgestellt. Engagierte Bürger kümmern sich um das Gießen der Bäume und das Befestigen. Im Vordergrund Silvia Gonzalez von GreenCity (s. Seite 49).

3 | Alleechaussee in Berlin (D): neu gesetzte, vierreihige Eichenallee im Regierungs-viertel. Wo heute noch recht kleine Bäume stehen, wird sich die Atemluft in einigen Jahren deutlich verbessert haben (s. Seite 114).

4 | Kirschbaumallee in voller Blütenpracht, Innenstadt von Bonn (D): Die Bäume locken jährlich unzählige Besucher zu den Kirschblütenfesten; die grüne Stadt als Tourismusfaktor. Foto: Michael Sondermann/Bundesstadt Bonn (s. Seite 47)

5 | Obstbaumallee in der Feldberger Seenplatte (D): Hier stehen gesunde, prächtige Birn- und Apfelbäume (s. Seite 37).

6 | Landallee in Mecklenburg-Vorpommern (D): Eichen, Linden, Kastanien, zum Teil bis zu 200 Jahre alt; ohne Leitplanken oder anderen Schutz für die Bäume (s. Seite 38).

7 | Vorbildlicher Kreisverkehr bei Hohenems (A): Grüner Bereich mit üppig blühender Bienenwiese, drei vitalen Linden und einem Insektenhotel (s. Seiten 64 und 65).

8 | Hundertwasserhaus, Wien (A): Seit über 30 Jahren wachsen hier ungehindert die Bäume im und über das Gebäude (s. Seiten 76 und 77).

Projekte und Beispiele für grüne Häuser

9 | Dachgarten mit Baum auf dem Hundertwasserhaus in Wien (A): Eine romantische und naturnahe Oase für Erholung mitten in der Großstadt. Foto: Vera Enzi

10 | Dachgarten mit Baum auf dem Hundertwasserhaus in Wien (A): Lauschiges Plätzchen mit gesunder Luft und Wohlfühlatmosphäre (s. Seiten 76 und 77). Foto: Vera Enzi

11 | Hundertwassertherme in Blumau, Burgenland (A): Patienten und Besucher erwandern den Dachhügel und ruhen im Schatten von Bäumen (s. Seite 77). Foto: Rogner, Bad Blumau

12 | Hundertwasserhaus »Waldspirale« in Darmstadt (D): Fast wie eine märchenhafte Naturwelt, in der nicht nur die Fantasie blühen darf. Foto: Optigrün

13 | **Dachgarten auf der Diakonissen-Klinik in Augsburg (D):** Mitten in der Stadt eröffnet sich dem Patienten eine natürliche Welt mit Baumschatten und blühenden Stauden. Foto: Optigrün

14 | **Dachgarten der LVM-Versicherungs-AG mit Baumbestand in Münster (D):** Was wird hier den Mitarbeitern geboten, wie schön kann eine Pause auf dem Dach sein (zu beiden Bildern s. Seiten 73 bis 85)! Foto: Optigrün

15 | Dachgarten (privat) in Wien (A): Seit 20 Jahren leben hier bis zu 5 m hohe
Bäume auf einem bis zu 100 cm hohen Bodenaufbau, kleines Biotop mit Fröschen
inbegriffen (s. Seite 81).

16 | Lavendelgarten mit Innenhof-Begrünung, Boutique-Hotel in Wien (A):
Den Ausblick auf den duftenden Dachgarten hat jedes Hofzimmer. Für die Gäste
gibt es Biohonig (s. Seiten 82 und 83).

17 | Dachgarten in Wien (A): Er vermittelt duftende Eindrücke und einen wunderbaren Ausblick auf die Stadt. Hier kann man zufrieden und ungestört Urlaub machen.

18 | Grüne Fassade mit Blumenschmuck am Boutique-Hotel in Wien (A):
Eine herrliche Auffälligkeit in der sonst grauen Straße, mitten in der Großstadt
(s. Seiten 82 und 83 sowie 91).

19 | Dachgarten mit Baum und Blütenpracht, Wien (A): Gemütliche Sitzecken und schattige Plätzchen auf einer ehemaligen Sargfabrik, die zu einem Wohnpark umgestaltet wurde.

20 | Obstbaum und Ackerbau auf Dachgarten, Wien (A): Kleine Ackerfläche für jeden Hausbewohner; gezogen werden Gemüse, Kräuter, Gewürze, der Pflaumenbaum spendet jährlich eine satte Obsternte (zu beiden Bildern s. Seiten 81 und 82).

21 | Gewerbeobjekt in Wien (A): So schön und lebendig können funktionale Gebäude aussehen. Kühlung im Sommer, Isolierung im Winter und Feinstaubfilter inklusive (s. Seiten 91 und 93). Foto: Vera Enzi

22 | Grüne Fassade von MA 48, Wien (A): Direkt neben dem neuen Hauptbahnhof gelegen fällt dieses städtische Gebäude durch sein frisches Grün auf. Seit einigen Jahren kühlt der grüne Mantel die Büros der Mitarbeiter (s. Seiten 80 und 92).

23 | Wohnanlage Alt-Erlaa, Wien (A): Über zehn Stockwerke reichen die mit den unterschiedlichsten Pflanzen bewachsenen Balkontröge. Eine atemberaubende Vielfalt an Pflanzen (s. Seite 76).

24 | Europapark Rust (D): Ein riesiges, neu erstelltes Gebäude wird durch diese imposante Pflanzenfassade überwachsen und gekühlt. Ein Dschungel im Kleinen (s. Seiten 135 und 136).

25 | Die Waldstadt in Stuttgart (D): Am Stadtrand und in leichter Hanglage verbinden sich die Häuser mit dem üppigen Grün, bevor der Waldrand beginnt. Eine gesunde Wohnlage.

26 | Townhouse in Venlo, (NL): Großflächige Pflanzenfassaden wirken sich auf die Raumtemperatur und Luftqualität im Gebäude regulierend aus. Selbst im Innenbereich sorgen grüne Pflanzenwände für angenehme und natürliche Arbeitsbedingungen (s. Seite 73).

27 | Dachgarten auf dem Wälderhaus in Hamburg (D): Neben Birken, Erlen und dem Dachgrün sind Fotovoltaikanlagen aufgestellt. Der Wirkungsgrad für die Stromerzeugung ist höher, wenn die Paneele durch Dachgrün gekühlt werden.

28 | Congresscenter in Hamburg (D): Ein blühender Dachgarten mit Sträuchern und Bäumen, bereit für die eigene Honigernte (zu beiden Bildern: s. Seite 84).

29 | Innenhof mit Dachgarten, Wien (A): Auf den verschiedenen Ebenen und am Hofgrund gibt es Naturflächen zur freien Benutzung, für Ruhe und für eine angenehme Beschattung (s. Seiten 96 bis 98).

30 | Innenhof über der Tiefgarage des Bundesumweltamtes Hamburg (D): Der Pflanz-ballen der Bäume steht einen Stock tiefer auf dem Dach der Tiefgarage. Regenwasser erreicht den Baum über die Holzstrukturen (s. Seite 83).

31 | Bosco verticale, Mailand (I): Zwei stattliche Wohntürme mit 1000 Bäumen und Pflanzen in ihren Balkontrögen. Noch sind solche Gebäude die Ausnahme (s. Seiten 79 und 80).

32 | Bosco verticale, Mailand (I): Hier wohnt jeder Bewohner „im Grünen", die Lebensqualität steigt. Im blütenduftenden Alltag lebt es sich angenehm temperiert und frei von Feinstaub (s. Seiten 79 und 80).

33 | Erdhaus in Untersiggental (CH): Die Einbindung in den Hang und der meterhohe Erdauftrag ergeben ein herrliches Raumklima mit stabilen Temperaturen. Die Häuser funktionieren sehr energiesparend (s. Seiten 84 und 85). Foto: Stefan Wittwer

Projekte und Beispiele für grüne Korridore

34 | Obstbaumweg durch Nürnberg (D): Anstelle der stark befahrenen Hauptstraße bietet sich dieser einladende Weg an, in Ruhe zu Fuß in die Stadt zu gehen (s. Seiten 55 bis 88).

35 | Grüner Korridor in Berlin (D): Naturweg mitten durch die Stadt. Dank der grünen, beschattenden Baumtunnel kann man sich herrlich entspannt bewegen. Draußen die hektische Stadt, hier »drinnen« die erfrischende Waldluft (s. Seiten 55 bis 58, 122 bis 124).

36 | Grüner Korridor in Berlin (D): Von Bäumen beschattet mit freiwachsenden Sträuchern und von guter, frischer Luft umgeben – das ist der Weg durch die Städte der Zukunft (s. Seiten 56, 122 bis 124).

37 | Grüne Gleise für die Straßenbahn (in Stuttgart, Berlin, Linz, Schwerin): Die einfache Pflege, die Kühlung des Bodens und der Umgebung sowie das Mehr an optischer Qualität sind überzeugende Argumente (s. Seite 61).

Projekte und Beispiele für Naturschattenplätze

38 | Naturschattenparkplatz in Berlin (D): An einem der meistbesuchten Plätze der Stadt (Dokumentationszentrum mit Berliner Mauer) bietet sich dieser herrlich beschattete Parkplatz an.

39 | Parkplatz unter einer beeindruckenden Trauerweide: Es ist fast schon ein Privileg, wenn man hier exklusiv parken darf (zu beiden Bildern: s. Seiten 139 bis 141).

40 | Naturschattenparkplatz, Lauterach (A): In wenigen Jahren sind diese Baumgruppen wertvolle Schattenspender für parkende Autos und dienen als praktische Orientierungshilfe (s. Seiten 139 bis 141).

41 | Gastgarten unter Kastanienbäumen, Rankweil (A): Sofort auffindbar und eine herrliche Auffälligkeit in der sonst grauen Straße, mitten in der Stadt (s. Seiten 137 und 138).

Projekte und Beispiele für naturnahe Parkanlagen

42 | Totbaum im Schlosspark, Karlsruhe (D): Der abgestorbene Eichenstamm wird gestützt, ist er doch noch immer ein wertvoller Lebensraum für zahlreiche Organismen (s. Seite 129).

43 | Park in Berlin (D): Das Motto lautet »Weg folgt Baum«. So sollte mit der Natur umgegangen werden, respektvoll, angemessen und mit ästhetischem Anspruch (s. Seite 131).

44 | Lindenhofpark, Lindau (D): Wenn Bäume natürlich wachsen und ihre Äste tief am Stamm haben (wie diese Buche), sind Naturerlebnisse besonders naturnah (s. Seite 125).

45 | Bad Schachen, Lindau (D): Die stattliche Eiche durfte ihren untersten Starkast behalten, der Weg weicht dem Ast mit einer kleinen Biegung aus (s. Seite 126).

Projekte und Beispiele für ein Leben mit Bäumen

46 | Grüner Kirchplatz in Altach (A): Die Fassaden der Kirche und der daran anschließenden Gebäude wurden begrünt; auch die schräg wachsende Linde hat einen stützenden Freund gefunden.

47 | Congresscenter in Hamburg (D): Eine Treppe führt direkt in eine kleine Waldwiese mit einigen Bäumen – ein Gang in eine andere Welt (zu beiden Bildern: s. Seiten 192 und 193).

48 | Natur-Kunst-Projekt, Rankweil (A): Ein leer stehendes Haus in der Dorfmitte wird mit »Natur auf Zeit« beseelt. Signal und Mahnung zugleich (s. Seiten 192 bis 193).

49 | Insel Mainau im Bodensee (D): Eine alte Weide neigt sich über den Gehweg. Sie darf, sorgsam gestützt, weiterleben. Der Baumtunnel schafft eine wunderbare Romantik für den Wanderer.

50 | Flügelnuss mit Schulhaus, Lauterach (A): Beim Bau der einzelnen Gebäudeteile wurde Rücksicht auf den wunderbaren Baumbestand genommen. Die riesige Flügelnuss beschattet nun das Klassenzimmer (s. Seiten 191 und 192).

51 | Zedernallee im Baum-Museum, Jona am Zürichsee (CH): Vor fünf Jahren stand noch kein einziger Baum. Die etwa 30 Jahre alten Zedern wurden neu angepflanzt und fühlen sich offenbar sehr wohl (s. Seiten 184 und 185).

52 | Ohlsdorfer Parkfriedhof, Hamburg (D): Waldkiefern beschatten die Wege und die von den Bäumen »bewachten« Gräber (s. Seite 134).

53 | Kirchberg am Wechsel, Niederösterreich (A): Diese 700 Jahre alte Linde lebt im Gastgarten des Gasthofs »Zur tausendjährigen Linde«. Ihr Wurzelwerk ragt tief in die Kellerräume. Seit Jahrhunderten bilden Baum und Haus eine bemerkenswerte Einheit (s. Seite 132).

54 | New York (Vereinigte Staaten): Der einmillionste Baum in New York wurde im Beisein vieler Prominenter sowie den Initiatoren dieser großartigen Aktion gepflanzt. Foto: Malcolm Pinckney, NYC Parks (s. Seite 119).

Projekte und Beispiele für Friedenswälder

55 | **Alter Nordfriedhof, München (D):** Seit vielen Jahren dürfen sich hier die Bäume ausbreiten. Die Natur überdeckt sacht die Erinnerung an die früheren Zeiten (s. Seite 133).

56 | **Ohlsdorfer Parkfriedhof, Hamburg (D):** Auf sich schlängelnden Wegen unter hohen Buchen und im schützenden Kleid des Waldes zu unseren Ahnen. Ruhe, Stille, Natur – ein Zusammenhang, wie er nicht stimmiger sein könnte (s. Seite 134).

57 | Waldgrab: Denkmal mit Grabtafeln als ehrende Erinnerung an vergangene Zeiten. Stattliche Bäume gehören dazu (s. Seite 134).

58 | Friedenswald Heiligenberg (D): Naturbestattung unter einer Buche. Bald schon wird ein schützender Pflanzenteppich alles überdecken. Eine Plakette erinnert an die letzte Ruhestätte in der Natur (s. Seiten 205 bis 207).

Quellen im Text

1 › www.esrl.noaa.gov/gmd/ccgg/trends

2 › Detlev Arens: »Der deutsche Wald«, 2. Aufl., Köln 2011

3 › Hans Hausrath: »Geschichte des deutschen Waldbaus. Von seinen Anfängen bis 1852«, Freiburg i. B. 1982

4 › www.waldwissen.net (Ökologie und Waldbau)

5 › www.forstverein.de

6 › https://www.unendlich-viel-energie.de/mediathek/grafiken/entwicklung-von-biogasanlagen-in-deutschland

7 › http://www.biomassehof.at/Bio-waerme/BiowaermeHatlerdorf.html

8 › Bewirtschaftung von Kurzum-triebsflächen, 2007, www.forstholz-papier.at

9 › Faktencheck Energiewende 2014 unter www.klimafonds.gv.at und www.erneuerbare-energie.at

10 › Basisdaten 2015, Bioenergie des www.biomasseverband.at, Wien

11 › web03.bruns.de/bruns/de/EUR/plants

12 › www.umweltbundesamt.de (Erneuerbare Energien)

13 › »Historische Alleen in Schleswig-Holstein – geschützte Biotope und grüne Kulturdenkmale. Abschluss-publikation des DBU-geförder-ten Modellprojektes 2005–2009.« Flintbek, Kiel, Hamburg 2009

14 › www.naturpark-feldberger-seen-landschaft.de

15 › www.mostviertel.at

16 › www.bund-brandenburg.de (Alleen)

17 › www.alleenportal.de

18 › www.strassenbaum.info

19 › Alex L. Shigo: »Baumschnitt. Leit-faden für richtige Baumpflege«, Braunschweig 1991

20 › http://baumpflegeteam.at

21 › http://gehoelz.at/baumberatung.html

22 › www.kirschbluetenfest-bonn.de

23 › www.greencity.de (Wanderbaum-allee)

24 › www.laenderdaten.de/verkehr/strassennetz.aspx

25 › www.die-gruene-stadt.de

26 › www.naturschutzbund.at

27 › Das Kosmos Wald- & Forstlexikon, G. Stinglwagner u. a., Kosmos 2016

28 › www.alleenschutz-gemeischaft.de

29 › Gerhard Anhäuser: »Verkehrssicher-heitsgrün«, Institut für Straßen- und Eisenbahnwesen der Universität Karlsruhe, 12/2004

30 › https://publicopinia.de/?p=2394 (Tunnelblick)

31 › www.zukunft-mobilitaet.net

32 › www.vcoe.at/home

33 › »Ökologische Funktionen von Hecken – Bedeutung von Hecken für die Landwirtschaft«, nach Vogt-mann und Barth

34 › www.heckenschutz.de

35 › web03.bruns.de/bruns/de/EUR/plants

36 › www.hecke.wg.vu

37 › Fiona Kiss: »Forum Building Science 2013«, Krems 2013 (Grüne Dächer – für Garten Tulln)

38 › www.green4cities.com

39 › www.zsk.tum.de

40 › Auf die Dächer-fertig-grün: Ham-burger Gründachförderung und www.hamburg.de/gruendach

41 › http://www.venlovernieuwt.nl/de/stadskantoor/cradle-to-cradle-oekoeffektivitaet

42 › Naturopolis, Folge 3: »Paris – der Traum vom Grün«, dt. Erstaus-strahlung am 16.05.2014 auf arte

43 › http://wien.orf.at/news/
stories/2677819 (Mehr Grünfläche
pro Wiener geplant)

44 › www.stadt-zuerich.ch (Orchideen-
dächer im Moos)

45 › »Begrünte Dächer 2006«, Mitteilung
der Naturforschenden Gesellschaft
in Basel

46 › www.biotope-city.net (diverse
Publikationen)

47 › Stephan Brenneisen: »Das bessere
Flachdach. Ökologische Erfolgs-
kontrolle der Dachbegrünungs-
Aktion in Basel«. In: Der Gartenbau
43/1999, S. 10–12

48 › www.alt-erlaa.at

49 › www.hundertwasserhaus.info

50 › www.blumau.com

51 › Nicole Pfoser u. a.: »Gebäude, Begrünung, Energie. Potenziale und Wechselwirkungen«, TU Darmstadt 2013

52 › www.verticalgardenpatrickblanc.
com

53 › www.stuttgart.de/feinstaubalarm/

54 › Further Alterations to The London
Plan_Dec.2014 by Greater London
Authority und www.london.gov.uk

55 › www.stefanoboeriarchitetti.net/en/
portfolios/bosco-verticale/

56 › www.zeit.de (ZEITonline,
25.04.2015)

57 › www.gruenstadtklima.at

58 › www.urbangreeninfrastructure.org

59 › www.green4cities.com

60 › www.helgafassbinder.com

61 › www.biotope-city.net

62 › www.sargfabrik.com

63 › www.hotelstadthalle.at

64 › Hanna Bornholdt: »Mehr Gründächer für Hamburg«, BfU

65 › www.hamburg.de/bue/gebaeude-
neuenfelder-strasse

66 › www.hamburg.de/gruendach

67 › www.ptj.de/folgen-klimawandel

68 › www.raphaelhotelwaelderhaus.de

69 › www.erdhaus.ch

70 › http://www.erdhaus.ch/vision.html

71 › Wolfgang Ansel (DDV): »Kommunale Gründach-Strategien. Inventa-
risierung, Potenzialanalyse, Praxis-
beispiele«, Nürtingen 2016

72 › Wolfgang Ansel, Petra Reidel: »Moderne Dachgärten – kreativ und in-
dividuell. Das Praxisbuch zur Dachbegrünung«, München 2012

73 › Roland Appl, Wolfgang Ansel, Reimer Meier: »Dachbegrünung in der
Modernen Städtearchitektur«, IGRA
international 2009

74 › »Leitfaden Dachbegrünung für
Kommunen« (DDV), Nürtingen
2011

75 › www.hamburg.de/gruendach –
Studie und Informationsblatt

76 › www.ec.europa.eu/environment/
nature/ecosystems

77 › www.naturgarten.org / Natur-
garten e. V. »Naturnahes Grün in
den Städten«

78 › Kuttler, W.: Städtische Klima-
modifikationen VDI-Berichte 1997,
Urbanes Klima 2010, Klimawandel
im urbanen Bereich 2011 u. v. m.

79 › Bowler, D. E.: 2010: Urban greening
to cool towns and cities

80 › Brenneisen, S. und Kuhn, N.: 2009:
Ökologisches Ausgleichspotential
von extensiven Dachbegrünungen,
Basler Beiträge

81 › www.youtube.com –
www.urbangreeninfrastructure.org

82 › www.optigruen.de

83 › www.zinco.de

84 › www.thegreenroofcentre.co.uk

85 › http://gruenstattgrau.at

86 › www.gruenstadtklima.at

87 › www.dachgaertnerverband.de

88 › www.green4cities.com

89 › www.envi-met.com

90 › Nicole Pfoser u. a.: »Gebäude, Begrünung, Energie. Potenziale und Wechselwirkungen«, Darmstadt, TU Darmstadt 2013

91 › www.sueddeutsche.de/wissen/klimawandel-kassel-im-kessel-1.1266464-2

92 › Lutz Katzschner: »Wirkungen von Grünflächen auf das Stadtgrün«, Universität Kassel, Dez. 2013

93 › www.pressestelle.tu-berlin.de/menue/tub_medien/newsportal/forschungsberichte_aus_der_universitaet/2007/besseres_stadtklima_durch_viele_parks

94 › www.gruenstadtklima.at (Statistiken, Projekte, Auswirkungen)

95 › www.efb-greenroof.eu

96 › www.urbangreeninfrastructure.org (pdf)

97 › www.gruenes-presseportal.de/de/inhalt/mensch-und-baum-27/

98 › www.greencity.de/projekt/gruenpaten

99 › www.naturgarten.org

100 › www.greencity.de

101 › www.oegg.or.at

102 › www.naturimgarten.at

103 › Roelcke, Volker: Zivilisationskrankheit, in »Enzyklopädie Medizingeschichte«, Berlin 2005

104 › EU_Statistik zur Gesundheit 2002

105 › Clemens G. Arvay: »Der Biophilia-Effekt. Heilung aus dem Wald«, Wien 2015

106 › Clemens G. Arvay: »Der Heilungscode der Natur. Die verborgenen Kräfte von Pflanzen und Tieren entdecken«, München 2016

107 › www.fll.de

108 › Dieter Rink, Thomas Arndt: »Urbane Wälder. Ökologische Stadterneuerung durch Anlage urbaner Waldflächen auf innerstädtischen Flächen im Nutzungswandel. Ein Beitrag zur Stadtentwicklung in Leipzig«, UFZ-Bericht 03/2011, Leipzig 2011

109 › www.naturschutzbundsteiermark.at

110 › http://www.bund.net/themen_und_projekte/biologische_vielfalt/klimawandel/

111 › http://www.br.de/klimawandel/tiere-pflanzen-klimawandel-102.html

112 › https://www.ufz.de/index.php?de=35635

113 › http://www.toek.wzw.tum.de/fileadmin/1_Datein/PDF_Publikationen/2011-17.pdf

114 › www.wien.gv.at/umwelt/wald/erholung (Norbert-Scheed-Wald, Wien)

115 › Clemens G. Arvay: »Der Biophilia-Effekt. Heilung aus dem Wald«, Wien 2015

116 › Clemens G. Arvay: »Der Heilungscode der Natur. Die verborgenen Kräfte von Pflanzen und Tieren entdecken«, München 2016

117 › Daniel Lingenhöhl: »Bäume helfen gegen Stress«, in: Spektrum.de, 09.05.2016

118 › www.galk.de

119 › Josef Limberger: »Bäume. Lebensqualität in Stadt und Land«. In: Informativ. Ein Magazin des Naturschutzbundes Oberösterreich, 8/2013

120 › Leitfaden zum nachhaltigen Urbanen Platz, MA 22, Wien 2011. (www.wien.gv.at/umweltschutz/raum/nup/pdf/leitfaden.pdf)

121 › »Bäume in der Stadt. Wertvolle Gestalten im öffentlichen Grün«, hrsg. v. der Stiftung Die grüne Stadt, 12/2014

122 › www.die-gruene-stadt.de

123 › Irene Burkhardt: »Urbane Wälder«, BfN, H. 63

124 › www.Climate-Change-Guide.com

125 › www.wien.gv.at/umwelt/forstamt

126 › www.hamburg.de/strassenbaeume-online/ir-tun

127 › www.hamburg.de/mein-baum-meine-stadt

128 › www.urbanerwald.de

129 › Irene Burkhardt: »Urbane Wälder«, BfN, H. 63.

130 › www.bfn.de

131 › http://www.zsk.tum.de/index.php?id=5

132 › www.stadtentwicklung.berlin.de/umwelt/stadtgruen/stadtbaeume

133 › www.stadtentwicklung.berlin.de (Förderschwerpunkt 6 – Natur/Umwelt)

134 › www.frankfurt-greencity.de/umwelt

135 › www.more-trees-please.com

136 › www.stadtwaldhaus-frankfurt.de

137 › Kassel, »Merian«, 5/2012.

138 › Thomas-Erik Junge: »Wald in der Stadt« (http://www.7000eichen.de/?id=36)

139 › www.7000eichen.de

140 › www.stadtenwicklung.berlin.de/umwelt

141 › www.hamburg.de/gruenes-netz

142 › www.die-gruene-stadt.de

143 › www.stadt-zuerich.ch

144 › www.gruenezuerich.ch

145 › www.bz21.ch

146 › www.baeume.de

147 › www.treesforcities.org

148 › www.greeningdetroit.com

149 › www.milliontreesnyc.org

150 › www.taz.de/!136842/

151 › www.biotope-city.net

152 › Naturopolis, Folge 3: »Paris – der Traum vom Grün«, dt. Erstausstrahlung am 16.05.2014 auf arte

153 › www.stadtentwicklung.berlin.de/umwelt

154 › http://www.spiegel.de/gesundheit/psychologie/waldspaziergaenge-warum-sie-fuer-koerper-und-geist-gesund-sind-a-952492.html

155 › C. Arvay, Der Biophilia-Effekt, der Heilungscode der Natur

156 › I. Burkhardt u. a.: »Urbane Wälder«, Abschlussbericht 2008

157 › I. Burkhardt, K. Lohmann, »Urbaner Wald 2010«

158 › D. Rink, T. Arndt, »Urbane Wälder«, Leipzig 2011

159 › Alex L. Shigo: »Baumschnitt. Leitfaden für richtige Baumpflege«, Braunschweig 1991

160 › Jochen A. Pfisterer: »Gehölzschnitt nach den Gesetzen der Natur«, Stuttgart 1999

161 › Ingo Kowarik, TU Berlin – Biologische Invasionen in Deutschland, nichteinheimische Pflanzen

162 › Natur im Garten – Bäume, Sträucher, Amt der NÖ Landesregierung, unter www.naturimgarten.at

163 › www.gruen-berlin.de/gleisdreieck/besucherinformation

164 › http://natur-umwelt.albverein.net/publikationen/obstbaumwiesen

165 › www.mundraub.org

166 › www.streuobstwiesen.org

167 › www.geo.de/obst

168 › https://utopia.de/die-essbare-stadt-andernach-15197/ vom 05.04.2016

169 › »urban gardening« – von Christa Müller 2011 und www.urban-gardening.eu

170 › Ella von der Haide: »Die neuen Gartenstädte. Urbane Gärten, Gemeinschaftsgärten und Urban Gardening in Stadt- und Freiraumplanung«, München 2014

171 › www.muenchen.de/sehenswuerdigkeiten/orte/120243.html

172 › www.friedhof-hamburg.de/ohlsdorf

173 › http://www.europapark.de/de/park/themenbereiche

174 › http://www.forstpraxis.de/bedeutung-positive-wirkungen-baeumen

175 › http://web03.bruns.de/bruns/de/EUR/plants

176 › www.schotterrasen.at

177 › www.huebner-lee.de/rasengitter-aussenanlagen

178 › http://www.waldwissen.net/wald/naturschutz/arten/lwf_artenvielfalt/index_DE

179 › Artenvielfalt und Nationalpark, Studie von Patricia Balcar (Forschungsbereich Ökologische Waldentwicklung)www.wald-rip.de

180 › http://edoc.sub.uni-hamburg.de/klimawandel/home

181 › www.klimaaktiv.at

182 › www.deutsches-klima-konsortium.de

183 › https://de.statista.com/themen/689/klimawandel

184 › Der Hohenheimer Jahrringkalender, Universität Hohenheim, Dendrochronologie

185 › Jean Giono, Quint Buchholz: »Der Mann, der Bäume pflanzte«, 8. Aufl., München 2014

186 › www.youtube.com, Jadav Payeng, »The Man Behind Mulai Forest«

187 › http://www.wald-und-forst.de/wald-erholungsraum.php

188 › http://www.janegoodall.de (Aufforstungen weltweit)

189 › www.desert-greening.com

190 › »Nationale Strategie zur biologischen Vielfalt«, Bundesamt für Naturschutz (BfN), Kabinettsbeschluss vom 07.11.2007

191 › Erwin Thoma mit Büchern wie »Holzwunder« oder »Dich sah ich wachsen« u. a.

192 › http://www.bodenwelten.de/content/naturnahe-waldnutzung

193 › Georg Josef Wilhelm, Helmut Rieger: »Naturnahe Waldwirtschaft mit der QD-Strategie«, Stuttgart 2013

194 › http://www.waldwissen.net/waldwirtschaft/waldbau/verjuengung/bfw_mischwald_bewirtschaften/index_DE

195 › www.waldbaden.com

196 › www.infom.org

197 › Siegfried Molan-Grinner: »Therapeutische Wirksamkeit im Naturraum Wald«, 1. Österreichische Tagung Wald und Gesundheit, Schloss Reichenau, 28.10.2011

198 › Clemens G. Arvay: »Der Biophilia-Effekt. Heilung aus der Natur«, Wien 2015

199 › http://www.umweltbundesamt.de/themen/verkehr-laerm/laermwirkung/stressreaktionen-herz-kreislauf-erkrankungen

200 › www.therapiesalon.at

201 › Forest Medicine (Nova Biomedical Verlag), NY 2013

202 › https://www.eag-fpi.com/kurzzeit-ausbildungen/naturnahe-therapie-formen/waldtherapie/

203 › Detlev Arens: »Der deutsche Wald«, 2. Aufl., Köln 2011

204 › Peter Laufmann, Olaf Schulz: »Deutschlands Wälder«, München 2010.

205 › www.bfw.ac.at

206 › www.sdw.de/waldwissen

207 › www.waldwissen.net

208 › Peter Wohlleben: »Das geheime Leben der Bäume. Was sie fühlen, wie sie kommunizieren – die Entdeckung einer verborgenen Welt«, München 2015

209 › Georg Sperber, Stephan Thierfelder: »Urwälder – Deutschlands archaische Welten«, 3. Aufl., München 2008

210 › Matthias Schickhofer: »Urwald in Österreich. Die letzten wilden Waldparadiese«, Wien 2013

211 › Markus Mauthe, Thomas Henningsen: »Europas wilde Wälder«, München 2011

212 › http://www.nms-hittisau.at/archiv/projekte-2013-14/schutzwaldprojekt

213 › Forststrategie 2018 des Landes Vorarlberg, Bregenz 2009

214 › Natur und Mensch, 5/2011, CH

215 › www.silvaforum.ch

216 › www.wsl.ch

217 › www.riserveforestali.ch

218 › www.schwarzwald-nationalpark.de/aktuelles

219 › www.wissen-nationalpark.de

220 › Nationale Strategie zur biologischen Vielfalt 2007, Bundesumweltministerium, Deutschland

221 › www.steigerwald-info.de

222 › www.bundesforste.at

223 › www.infom.org (International Society of Nature and Forest Medicine, Osaka, Japan)

224 › www.wildnisgebiet.at

225 › Christoph Leditznig, Reinhard Pekny: »Wildnisgebiet Dürrenstein. Wälder aus längst vergangenen Tagen«, Scheibbs 2010

226 › Rudolf Wittmann, Jacob Zwisselie: »Hofbäume. Tradition, Baumarten, Pflege«, Stuttgart 2008

227 › Maximilian Moser, Erwin Thoma: »Die sanfte Medizin der Bäume. Gesund leben mit altem und neuem Wissen«, 3. Aufl., Salzburg 2014

228 › Rathschläge über den Blitzschutz der Gebäude von F. Findeisen 1905

229 › http://www.holzfaellerdienst.de/Archiv/Schwarzpappel/Nutzung.html

230 › Conrad Amber: »Baumwelten und ihre Geschichten«, Stuttgart 2015

231 › www.hindenburglinde.de

232 › www.zurlinde.biz

233 › Conrad Amber: »Baumwelten und ihre Geschichten«, Stuttgart 2015

234 › www.agb.at

235 › http://www.enea.ch

236 › http://www.enea.ch/baummuseum (Enea's private gardens)

237 › Beth Chatto, Fergus Garrett, Rachel Warne: »Ein Leben für den Garten«, München 2012

238 › www.naturgarten.org

239 › www.baumexperten.at

240 › http://www.v-a-i.at/projekte/architektur-vorort

241 › http://www.creativegartenplanung.de/gartenbau-topiaria-gmbh-in-kiel-20125

242 › Naturkatastrophen in Deutschland, Schadenerfahrungen, 1999 Münchener Rückversicherungsgesellschaft

243 › www.baeumeundrecht.de/vsp/ziffer19.htm

244 › Conrad Amber: »Baumwelten und ihre Geschichten«, Stuttgart 2015

245 › www.linnerlinde.ch

246 › www.sababurg.de/guidedtour/guidedtour.php?startseite=14

247 › www.friedwald.de

248 › www.naturbestattung.at

249 › www.die-letzte-ruhe.ch

250 › www.anternia-bestattungen.de

251 › www.ruheforst-huemmel.de

252 › https://www.friedwald.de/standorte

253 › www.ruheforst-deutschland.de

254 › www.paxnatura.at

255 › www.schweizer-naturbestattung.ch

256 › www.friedwald.de

257 › Fred Hageneder: »Die Eibe in neuem Licht«, Saarbrücken 2007

258 › »Völuspá«, Nationalgedicht aus Island

259 › Fred Hageneder: »Die Weisheit der Bäume. Mythos, Geschichte, Heilkraft«, Stuttgart 2014

260 › Wolfgang Bauer, Sergius Golowin, Herman DeVries: »Heilige Haine – Heilige Wälder«, Saarbrücken 2005

261 › Fred Hageneder: »Der Geist der Bäume. Eine ganzheitliche Sicht ihres unerkannten Wesens«, 5. Aufl., Saarbrücken 2014

262 › Wolf E. Matzker: »Der heilige Wald. Magie, Schönheit und Spiritualität des Waldes«, Norderstedt 2016

Interessante Adressen und Kontakte

» Thema Grüne Häuser: Dachgärten

Verband für Bauwerksbegrünung
DI Vera Enzi
Wiedner Hauptstraße 63
A-1045 Wien
Tel.: 0043 (0) 6506349631
office@gruendach.at
www.guenstadtklima.at

Deutscher Dachgärtner Verband e. V.
Postfach 20 25
D-72610 Nürtingen
Tel.: 0049 (0) 7022301378
contact@dachgaertner-verband.de
www.dachgaertnerverband.de

Green4CitiesLtd
Westbahnstraße 7, Top 6a,
A-1070 Wien
office@green4cities.com
Tel.: 0043 (0) 6766700215
www.green4cities.com

» Thema Umsetzung von Dachgärten

Optigrün International AG
Am Birkenstock 15–19
D-72505 Krauchenwies-Göggingen
Tel.: 0049 (0) 7576 772-0
info@optigruen.de
www.optigruen.de

ZinCo GmbH
Lise-Meitner-Straße 2
D-72622 Nürtingen
Tel.: 0049 (0) 70226003-0
info@zinco-greenroof.com
www.zinco.de

Rollrasen Müller GmbH
Dr.-Georg-Schaeffler-Straße 15
D-77933 Lahr/Schwarzwald
Tel.: 0049 (0) 7821955951
info@mueller-rollt-rasen.de
www.mueller-rollt-rasen.de

Jürgen Quindeau
Talburgstraße 75
D-42579 Heiligenhaus
Tel.: 0049 (0) 205624968
guindeau@gruenundddach.de
www.gruenunddach.de

Zwirner Dachbegrünungen
Dipl.-Ing. Holger Zwirner
Scheifhackenweg 11
D-45470 Mülheim an der Ruhr
Tel: 0049 (0) 208480006
info@holgerzwirner.de
www.zwirner-
dachbegruenung.de

Dachbegrünungen
Christian Lang &
Waldemar Weiß GmbH
Hauptstraße 5
D-79238 Ehrenkirchen
Tel.: 0049 (0) 76339333104
info@top-gruen.de
www.top-gruen.de

**Rund 60 österreichische
Firmen und Partner beim
Verband für Bauwerksbe-
grünung der Österreichischen
Wirtschaftskammer**
Wiedner Hauptstraße 63
A-1045 Wien
office@gruenstattgrau.at
gruenstattgrau.at/mitglieder/

**Amann – die DachMarke GmbH
Planung und Zinco Vertrieb**
Industriestraße 1
A-6972 Hard
Tel.: 0043 (0) 557479301
info@amann-dachmarke.at
www.amann-dachmarke.at

Bauder GesmbH
Gewerbepark 16
A-4052 Ansefelden
Tel.: 0043 (0) 722969130-0
info@bauder.at
www.bauder.at

Dachgrün GmbH
Kleinweikersdorf 76
A-2023 Nappersdorf
Tel.: 0043 (0) 14789949
office@dachgruen.at
www.dachgruen.at

ZinCo AG Dachbegrünungs-
systeme
Industriestrasse 28
CH-4622 Egerkingen
Tel.: 0041 (0) 623890160
info@zinco.ch
www.zinco.ch

Climagrün GmbH
Weingartenweg 43
I-39100 Bozen
Tel.: 0039 (0) 471913832
wwww.climagruen.de
info@climagruen.it

» Thema Grüne Häuser: Grünfassaden

**Hydroflora GmbH
Objekt-Begrünung**
Hugenottenallee 65–67
D-63263 Neu-Isenburg
Tel.: 0049 (0) 610225000-0
info@hydroflora.de
www.hydroflora.de

Polygrün Kletterhilfen
Thorwald Brandwein
Heerstraße 80
D-53886 Mechernich
Tel.: 0049 (0) 24439863629
brandwein@biotekt.de
www.biotekt.de

Fassadengrün e. K.
Sven Taraba
Leopoldstraße 12
D-04277 Leipzig
Tel.: 0049 (0) 3412257810
info@fassadengruen.de
www.fassadengruen.de

Vertical Magic Garden
Am Ökopark 8
A-8230 Hartberg
Tel: 0043 (0) 333261113
office@vertical-magic-
garden.com
www.vertical-magic-
garden.com

90deGreen GmbH
Laxenburger Straße 10
A-2351 Wiener Neudorf
Tel: 0043 (0) 277342540
office@90degreen.com
www.90degreen.com

**Schweizerische Fachvereini-
gung Gebäudebegrünung**
Uttigenstraße 75
CH-3661 Uetendorf
Tel.: 0041 (0) 332233757
info@sfg-gruen.ch
www.sfg-gruen.ch

Hydroplant AG
Neunbrunnenstraße 50
CH-8050 Zürich
Tel.: 0041 (0) 449429393
website@hydroplant.ch
www.hydroplant.ch

**Tobra Begrünungssysteme
GmbH**
Im Jägeracker 5
CH-4419 Lupsingen
Tel.: 0041 (0) 617215541
info@tobra.com
www.tobra.com

Zum Weiterlesen

Ansel, Wolfgang: *Kommunale Gründach-Strategien*, Verlag DDV e. V. Auf Grundlage einer Initiative des Deutschen Dachgärtner Verbands ist diese Studie erstellt worden. Sie ist ein sehr guter Führer durch die wichtigsten Fragen der Dachbegrünung. Anhand einiger Beispiele aus Stuttgart, Berlin oder Hannover werden die Erfahrungen und Auswirkungen der Gebäudebegrünung erläutert.

Appl, Roland & Reimer Meier: *Dachbegrünung in der modernen Städtearchitektur*; Tagungsband Internationaler Gründach-Kongress 2009. Die beiden Autoren haben jahrelange Erfahrung für Gründächer und zeigen anhand zahlreicher internationaler Objekte erfolgreich umgesetzte Projekte. Übersicht über den Stand der Technik und wertvolle Hinweise über die Vegetationsformen. In Zusammenarbeit mit International Green Roof Association IGRA.

Böhlmann, Dietrich: *Nadelbäume* sowie *Laubbäume*, Patzer 2014 sowie 2015. Eine riesige wissenschaftliche Sammlung, aufgeteilt in zwei prächtige Bücher, die zur Artenbestimmung der Gehölze zusammengetragen wurde. Ein fundiertes Wissen und eine unglaubliche Vielfalt erwarten den Leser. Gedacht für Pflanzenprofis und Biologen.

Burkhardt, Irene, u. a.: *Urbane Wälder*, Band 63, *Naturschutz und Biologische Vielfalt*. Für das deutsche Bundesamt für Naturschutz (BfN) in Leipzig wurden in den letzten Jahren einige zukunftsweisende Waldprojekte umgesetzt und wissenschaftlich begleitet. Anhand dieser Erfahrungen – verglichen mit anderen Projekten aus Europa – wurden Standards und Empfehlungen erarbeitet.

Dreyer, Eva-Maria & Wolfgang Dreyer: *Der Kosmos-Waldführer*, Kosmos 2015. Ein handlicher Naturführer mit wertvollen Informationen über Tiere, Blumen, Bäume; auch gut als Nachschlagewerk für zuhause geeignet.

Erlbeck, Reinhold, u. a.: *Das Kosmos Wald- und Forstlexikon*, Kosmos 2016. Ein über 1000-seitiges Nachschlagewerk über alle Themen des Waldes und Forstes; reich bebildert und ein Standardwerk für das aktuelle Wissen, für Profis und allgemein Naturinteressierte.

Jünger, Wibke: *Stadtgrün statt grau*, Ulmer 2015. Die Autorin stellt 61 Projekte vor, die sich alle mit der Begrünung befassen und besonders den Gärten in Städten Beachtung schenken. Vom urbanen Gärtnern bis zur Dachbegrünung informiert und motiviert dieses Büchlein die Gartenmenschen, die in den modernen Städten leben.

Thoma, Erwin & Maximilian Moser: *Die Sanfte Medizin der Bäume*, Servus 2014. Über 20 heimische Bäume und Sträucher, die sehr eingehend und zum Teil mit völlig neuem Wissen beschrieben werden: medizinische Heilkraft, Wirkung von Blüte, Blatt, Rinde sowie Verwendung des Holzes in sinnvoller Weise.

Wilhelm, Georg Josef & Helmut Rieger: *Naturnahe Waldwirtschaft*, Ulmer 2013. Beide Autoren kommen aus der Praxis und erklären sehr anschaulich, wie ein naturnaher Wald angelegt und bewirtschaftet werden soll. Hier wird deutlich, wie viel Fehlentwicklungen es heutzutage gibt und wie man wieder zu einer ökologischen und ökonomischen Waldwirtschaft gelangt. Pflichtlektüre für die Mitarbeiter der Forstämter und die Waldbesitzer.

Wohlleben, Peter: *Der eigene Wald – Privatwald optimal bewirtschaften*, Ulmer 2014. Der Autor ist ein erfahrener Förster, Baum- und Waldkenner und kann aus der eigenen Praxis berichten. Wohlleben gehört zu den bekanntesten Autoren im Bereich des Baumwissens. Hier gibt er zahlreiche Tipps für Waldbesitzer für den Aufbau, die Pflege und Bewirtschaftung, immer im schonenden und naturnahen Umgang mit dem Wald.

Interessante Vereinigungen und wertvolle Seiten im Netz

Deutsche Dendrologische Gesellschaft e. V. Diese Vereinigung von ausgewiesenen Baumexperten unter Dr. Mirko Liesebach führt ein reges Vereinsleben mit professionellen Ausflügen zu besonderen Bäumen und Wäldern in Deutschland und Europa. Die Website der Gesellschaft umfasst einen wissenschaftlichen Überblick über die ältesten Bäume Deutschlands.

Schweizerische Dendrologische Gesellschaft. Die Schweizer Baumprofis unter der Führung von Oskar Hugentobler sind ebenso eine sehr aktive Vereinigung. Sie bieten neben jährlichen Aussendungen und Treffen auch zahlreiche Reisen und Ausflüge zu den interessantesten Bäumen und Waldgesellschaften Europas an.

VAI steht für *Vorarlberger Architektur Institut.* In dieser Vereinigung, die von Verena Konrad mit großem Engagement geleitet wird, finden sich die wichtigsten Vertreter der Vorarlberger Architektur, die weithin über das Land bekannt sind, gerade für ungewöhnliche architektonische Lösungen und Projekte.

www.alpenverein.de und **www.alpenverein.at** Riesiges Netzwerk, wertvolle Informationen, naturschützend unterwegs.

www.bfn.de Seite des *Bundesamtes für Naturschutz* mit hohem Informationswert für alle Bereiche, immer sehr aktuell.

www.kosmos.de Verlag für Naturführer und Naturbücher für Erwachsene wie für Kinder; Naturschutz fängt mit der Kenntnis der Fauna und Flora an; herausragende Fachautoren.

www.nabu.de Umfangreiche Seite des *Bundes für Naturschutz* Deutschlands mit aktuellen Berichten und Infos zum Nachlesen.

www.nationalpark.ch Die Schweizer sind mit ihrem Nationalpark und anderen Naturprojekten die Vorreiter in ganz Europa.

www.naturschutzbund.at Der *Bund für Naturschutz* Österreichs vereint alle Landesorganisationen, engagiert und oft unbequem – aber erfolgreich.

www.parks.it/Gindex.php Thematisiert rund 24 Nationalparks in Italien; wertvolle Tipps für naturverbundene Italien-Reisende.

www.pronatura.ch Seite des Schweizer Naturschutzes; 600 Naturschutzgebiete in diesem kleinen Land – eine echte Leistung.

www.terrain.de/breathe-austria/ Beeindruckende Naturprojekte, darunter der Österreichische Pavillon auf der Mailänder Expo 2015.

www.wanderdoerfer.at Hier findet die Zukunft bereits statt; statt Flugreisen besser Sommerfrische, Wandern, Natur – vorbildlich.

www.weltnaturerbe-buchenwaelder.de Ein Besuch der Seite und natürlich eine Reise in einen der geschützten Buchenwälder sind bleibende Erlebnisse.

www.greenpeace.org Weltweiter Einsatz für Tiere und Pflanzen. Ganz aktuell sind auch die Urwälder Europas und der Welt ein Thema bei www.greenpeace.de. Lesenswert!

www.waldproblematik.de Sachliche Informationen zu kontroversen Themen rund um die Situation des Waldes in Deutschland, unabhängig von Forstwirtschaft, Jagd oder anderen Lobbys.

Mein Dank

gilt all den naturnahen Menschen, die ich im Zuge der Recherchen für dieses Buch kennenlernen durfte oder mit denen ich seit Jahren in Kontakt stehe. Ihr Mut, ihr Engagement, ihre Haltung können nicht genug gelobt werden. Sie stehen stellvertretend für alle anderen, die sich für unsere Zukunft stark machen und weiter denken können als so mancher Verantwortliche.

Ohne die Vision eines Verlages, der durch die Dynamik und den ansteckenden Optimismus seines Chefs Michael Fleissner solche Projekte ermöglicht, ohne die starke Unterstützung, Motivation und das unentbehrliche Fachwissen von Dr. Stefan Raps und ohne die unermüdliche Arbeit meines Lektors Elmar Klupsch, der es geschafft hat, meinen Text lesbar zu machen, wäre dieses Buch nie entstanden.

Meinem Baumfreund Erwin Thoma, den ich – ob seinem unerreichten Wissen über Bäume und Holz – sehr schätze und Bauminteressierten stets empfehle, danke ich für sein Vorwort in diesem Buch!

Dank an alle, die an die Bäume der Zukunft glauben und sich berechtigte Hoffnung machen, dass viele der in diesem Buch beschriebenen Projekte realisiert werden und weite Verbreitung finden. Und eine naturgewaltige Energie all jenen, die diese Ideen umsetzen werden, denn sie haben es in der Hand, die grüne Zukunft unserer Erde einzuleiten: Marius Amann, Clemens G. Arvay, Hanna Bornholdt, Michel Brunner, Jan Dube, Rolf Dung, Marcel Einspieler, Enzo Enea, Vera Enzi, Helga Fassbinder, Peter Feuersinger, Werner Gamerith, Johannes Gepp, Stefan Gieselbrecht, Silvia Gonzalez, Bernhard und Tobias Ilg, Helmut Kern, Verena Konrad, Jürgen Kruse, Fritz Marti, Pascal G. Martin, Florian Mayer, Klemens Nenning, Christoph Ölz, Reinhard Pekny, Oliver Pernhaupt, Claudia Plot, Ulla Reck, Elmar Rhomberg, Jens Schiller, Reto Sigel, Peter Vetsch, Andreas Ziemann – und vor allem meinen Töchtern: Lea, Hanna und Emilia!

Conrad Amber

Bleiben wir in Kontakt

Ich freue mich, wenn Sie mehr erfahren und sich vielleicht sogar aktiv einbringen wollen. Besuchen Sie meinen Blog im Netz. Dort finden Sie zahlreiche Beispiele für vorbildliche Projekte wie auch für ganz schreckliche Fehlentwicklungen – aus denen wir aber viel lernen können. Fragen, Informationen, Gedankenaustausch, Vorschläge, Projektideen und weitere zukunftsweisende Impulse: Das ist die Plattform, um sich auszutauschen. Am Anfang ist das Wort und auch das Bild – dann folgen die Taten. Mit einem Klick sind Sie dabei:

Der Blog für alle Interessierten:
› Facebook / Conrad Amber / Bäume auf Dächer,
  Wälder in die Stadt!

Weitere stets aktuelle Informationen:
› Facebook / Conrad Amber / Baum Wald
› Facebook / Conrad Amber / Baumwelten

Filme auf Youtube:
› Conrad Amber / Baumwelten
› Conrad Amber's Adventures
› Conrad Amber 2016

Außerdem:
› Pinterest: Conrad Amber
› Instagram: Conrad Amber
› www.conradamber.at
› www.baumwelten.at
› www.bildarchiv.conradamber.at
› www.kosmos.de

Register

— Die stille Kraft der Bäume und Wälder

Conrad Amber

BAUMWELTEN
UND IHRE GESCHICHTEN

448 Seiten, ca. €(D) 49,99

Bäume und Wälder berühren unsere Seele – vor allem, wenn sie alt werden durften und ein „Gesicht" haben. An einer uralten Linde zu verweilen oder gar in einem Hain von Eichen zu stehen, die es bereits im Mittelalter gab, erfüllt die meisten Menschen mit Ehrfurcht oder einem tiefen Gefühl inniger Verbindung.

Ähnlich ist es mit natürlichen Wäldern, die weitestgehend ohne menschliche Eingriffe wachsen durften. Sie entführen uns in längst vergangene Zeiten und in die Tiefe des eigenen Wesens. Dieser prachtvolle Bildband zeigt, wo wir solche Erfahrungen machen können.

kosmos.de